X.media.interaktiv

Springer-Verlag Berlin Heidelberg GmbH

Nach dem Studium der Biologie und Medizin und langjähriger Berufstätigkeit im Bereich internationales Marketing und Kommunikation gründete **Dr. Richard Schifman** 1990 die Firma Digital Fusion. Die Schwerpunkte seiner Aufgaben umfassen hier Beratung und Design von Kommunikationsstrategien, die Programmentwicklung sowie die Filmproduktion für On- und Offline-Medien. Zudem referiert er seit Jahren über neue Medien an Hochschulen und Lehrinstitutionen im In- und Ausland.

Yvonne Heinrich spezialisierte sich nach dem Studium der Grafik, Kunst und Kunstgeschichte auf Computerkunst im Business-to-Business-Bereich, aber auch für Kinder- und Jugendbücher. Sie ist Spezialistin für 2D- und 3D-Grafik-Design und führt auch Softwareschulungen für Frauen durch.

Günther Heinrich studierte Elektrotechnik und Informatik. In dem gemeinsam mit seiner Schwester Yvonne gegründeten Unternehmen pan.M Multimedia ist er vor allem zuständig für Beratung, Schulung, Programmierung und Programmdesign sowie Netzwerkplanung, Animationen, Ton- und Spezialeffekte.

Das Autorenteam arbeitet seit Jahren in der Multimediaentwicklung, auch in internationalen Entwicklungsgruppen, eng zusammen.

Richard S. Schifman
Günther Heinrich
Yvonne Heinrich

Animation und Interaktion im WWW

Mit Shockwave und Flash

Springer

Dr. Richard S. Schifman
Digital Fusion
Schultheiß-Straße 21
D-81447 München

Günther Heinrich
Yvonne Heinrich
Wilhelm-Kuhnert-Straße 24
D-81543 München

Additional material to this book can be downloaded from http://extras.springer.com

ISBN 978-3-642-48791-0   ISBN 978-3-642-48790-3 (eBook)
DOI 10.1007/978-3-642-48790-3

Die Deutsche Bibliothek – CIP-Einheitsaufnahme
Animation und Interaktion im WWW [Medienkombination]: mit Shockwave und Flash /
Richard S. Schifman; Günther Heinrich; Yvonne Heinrich. –
Berlin; Heidelberg; New York; Barcelona; Budapest; Hongkong;
London; Mailand; Paris; Singapur; Tokio: Springer
(X.media.interaktiv)

Buch. 1998 Gb.   Hybrid-CD-ROM. 1998

Umschlaggestaltung: Künkel + Lopka Werbeagentur, Heidelberg
Satz: Word-Dateien vom Autor; Belichtung: perform, Heidelberg
SPIN: 10664597   33/3142 – 5 4 3 2 1 0 – Gedruckt auf säurefreiem Papier

Vorwort

Für Laura und Lea, unsere Cyberspace Kids

Oh Gott! Kaum eine „richtige" Webadresse erfahren, kreuzt der Lastwagen von T-Online auf, weil die Verbindung zum Hostrechner nicht klappt. Kommt man endlich an, zeigt sich die Bescherung – eine Landschaft voll von Text und Microbildern. Tolle Sache, das Netz. Es ist jedoch leider häufig bleischwer, reizlos und vor allem statisch bis in die oberen Hirnwindungen!

Es wäre nicht so tragisch, wenn der eine oder andere der ca. 50 Millionen Autoren im Netz zumindest gelegentlich an die letzten Worte des Flann O'Brein dächte:

> *„Dies, lieber Leser, sind meine letzten Worte. Behalte sie und hege sie. Nie wieder kannst du meine unsterbliche Prosa lesen, denn meine Zeit, die eine gute Zeit war, ist abgelaufen.*
> *Denk an mich und bete für mich.*
> *Adieu".*
>
> Flann O'Brein,
> Schwimmen-Zwei-Vögel, deutsch von Harry Rowohlt

Wer textet, sollte auch mit Bildern arbeiten. Wer im Netz Erfolg haben möchte, sollte die Möglichkeiten von bewegten und vertonten, wenn nicht sogar interaktiven Bildern ausschöpfen.

Für diejenigen, die ihr Publikum erreichen und mit ihm interaktiv kommunizieren möchten, wollen wir die Methoden der „Wiggles, Tickles und Wriggles" näher erläutern.

Wenn Sie fesselnde Texte schreiben, brauchen Sie dieses Werk vielleicht nicht. Aber wenn Sie außerdem Freude am Netz haben wollen und ihrem Besucher Spaß gönnen und ihn wiedersehen möchten, finden Sie hier einige Lösungen für Ihre Netzkommunikation. Wenn Sie das Web „shocken" oder den Vorteil interaktiver

Vektorseiten/Animationen ausnutzen möchten, wollen wir Ihnen die Methoden der „Wiggles, Tickles und Wriggles" näher bringen.

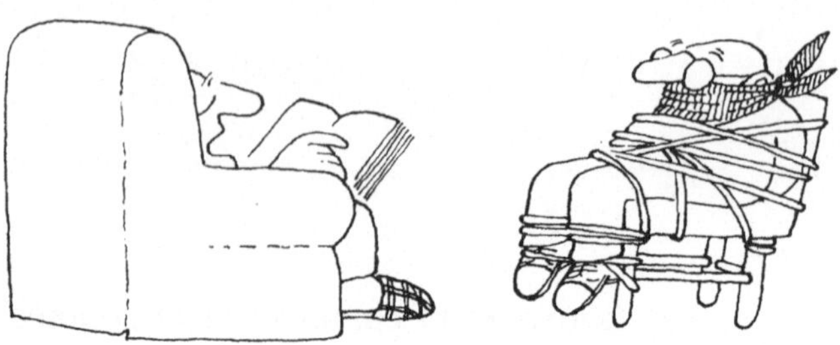

Zum Verständnis längerer zusammenhängender Texte
VOLKER KRIEGEL

aus: Volker Kriegel, Manchmal ist es besser, man sagt gar nix
© 1998 by Haffmans Verlag AG Zürich

An dieser Stelle möchten wir Herrn Gregor Reichle vom Springer-Verlag Heidelberg danken, mit dessen freundlicher Unterstützung wir dieses Werk entwickeln konnten, Frau Ursula Zimpfer für ihre liebevolle und außerordentlich hilfreiche Lektoratsarbeit sowie Frau Gabriele Fischer für ihre geduldige Unterstützung bei der Herstellung.

Wir wünschen allen Lesern viel Spaß und freuen uns auf einen interaktiven Dialog!

München, April 1998
Richard Schifman
Günther Heinrich
Yvonne Heinrich

Inhalt

1 Einleitung 1

2 Inlook 3

2.1 Net Me – Net You 4

2.2 Web & Design 7

2.2.1 Konzeptionelles Design 9
2.2.2 Strukturelles Design 10
2.2.3 Visuelles Design 11
2.2.4 Technische Architektur 12
2.2.5 Implementierung 14
2.2.6 Pflege 15

2.3 Checkliste: Internet-Kommunikation 16

3 Web-Media 17

3.1 Text 17

3.2 Grafik – Bitmap vs. Vektor 18

3.3 Animation 19

3.3.1 2D-Animation 20
3.3.2 QTVR 20
3.3.3 3D-Animation / VRML 21

3.4 Video 22

3.5 Audio 23

4 Web & Datenmenge 25

4.1 Netzwerke 26

4.2 User-Umgebung 28

4.2.1 Display 28
4.2.2 Speicherplatz 29

4.2.3 Prozessor...31
4.2.4 Browser...32

4.3 Text & Web..**32**
4.3.1 Fonts & Web...33
4.3.2 Text als Bitmap-Grafik..37
4.3.3 Texteditor-Text...38
4.3.4 Feldtext..39
4.3.5 Skalierbare Fonts...40
4.3.6 Textausdruck in Shockwave.....................................42

4.4 Farbe & Web..**43**
4.4.1 Paletten...43
4.4.2 Checkliste: Ausnutzung von Farbe..............................45
4.4.3 Kacheln und animierte Kacheln.................................48
4.4.4 Farb-/Musterzyklen und Formanimationen....................49

4.5 Checkliste: Webanimation und Dateigröße...............**52**

4.6 Kompression und Streaming...................................**53**

4.7 Hybridsysteme...**55**

5 Shockwave...**59**

5.1 Arbeitsumgebung...**61**

5.2 Systemvoraussetzungen...**63**

5.3 Downloading von Shockwave-Plug-In.......................**64**
5.3.1 Smart-Shockwave...65

5.4 Einrichten des Browsers..**68**

5.5 Funktionstest und Beispiele....................................**72**

5.6 Shockwave für Authorware....................................**73**
5.6.1 Das Prinzip von Authorware.....................................73
5.6.2 Authorware im Netz...74
5.6.3 Arbeiten mit Shockwave..75

5.7 Shockwave für FreeHand......................................**76**
5.7.1 Vektorbasierte Grafik mit FreeHand............................76
5.7.2 Tips und Methoden..78
5.7.3 Verwenden des Xtras „URL-Editor"...........................79
5.7.4 Verwenden des Xtras „Afterburner"...........................81
5.7.5 FreeHand-Dokumente in HTML einbetten.....................83
5.7.6 FreeHand-Dokumente in einem Browser......................85
5.7.7 Beschränkungen beim Drucken aus einem Browser...........88

5.8 Shockwave für Audio...**89**

6 Workshop Shockwave für Director 91

6.1 Shockwave für Director 91

6.2 Konzeption 92

6.3 Arbeitsumgebung 93

6.4 Einfache Animation 93

6.5 Einbindung mittels <EMBED> 95

6.6 Einbindung mittels <OBJECT> 97

6.7 Komplexe Menüleiste mit gotoNetPage 98

6.8 Von Film zu Film mit gotoNetMovie 100

6.9 Ein kleiner News-Browser 101

6.10 External-Parameter 104

6.11 Überprüfung Shockwave-Plug-In 108

6.12 Kommunikation Browser – Shockwave 111

6.13 Kommunikation Shockwave – Browser 114

6.14 Einbindung von Shockwave-Audio 117
6.14.1 Verwenden von internen Soundfiles 117
6.14.2 Verwenden von externen Soundfiles 118
6.14.3 SWA-Player 120

6.15 Verwendung verknüpfter Medien 122
6.15.1 Erzeugen einer Voreinstellungs-Datei 124
6.15.2 Hybridlösungen 125

7 Workshop Shockwave für Flash 127

7.1 Flash – die vektorbasierte Alternative 128

7.2 Aufbau der Interaktion 131

7.3 Einbindung mittels <EMBED> und <OBJECT> 135
7.3.1 Shockwave-Parameter für Flash 136
7.3.2 Einbindung mittels <OBJECT>-Tag 138

7.4 Interaktive Einführung in Flash 138

7.5 Probieren, Testen, Publizieren 142

8 Überlegungen zur Interaktion im Netz 145

8.1 Erscheinung unserer Zeit 146

8.2 Rollout 147

9 Outlook..**149**

9.1 Export-Xtra für Java **149**
9.1.1 Class-Scripts 151
9.1.2 Java als Alternative für Shockwave Director 152
9.1.3 Weitere Optionen.. 153
9.1.4 Hinweise zur Kompatibilität von Lingo 154
9.1.5 Streaming & Linked Media 155
9.1.6 Multiple Applets auf einer Seite.............................. 156
9.1.7 Font Support 157
9.1.8 Sound 157
9.1.9 Debugging 157
9.1.10 Behaviors 158

9.2 Dreamweaver **159**

9.3 Scaleable Movies **160**

10 Service..**165**

10.1 Wo finde ich Shockwave? **165**

10.2 Sehenswerte Sites................................ **165**

10.3 Hilfsangebote.................................... **166**

10.4 Programmer's Guide.............................. **168**
10.4.1 netLingo-Lexikon 169
10.4.2 Eingeschränkt verfügbares Lingo für Shockwave............. 188
10.4.3 Ausgeschlossenes Lingo für Shockwave....................... 194
10.4.4 Potentiell verfügbares Lingo für Shockwave 198

11 CD-ROM **199**

11.1 Demo-Programme **199**
11.1.1 Demosoftware.. 200
11.1.2 Webserver für PC 200

11.2 Beispiele.. **200**

11.3 Workshop für Director **201**

11.4 Workshop für Flash **202**

12 Index **203**

1 Einleitung

Das Internet, insbesondere das World Wide Web (WWW), ist wahrscheinlich die wichtigste Entdeckung zur Informationsverbreitung und Kommunikation seit der Erfindung des Buchdrucks. Es verändert mit seinen Einsatzmöglichkeiten die Strukturen und das Verhalten von Unternehmen und ihren Mitarbeitern, wenn nicht sogar ganzer Kulturen und Gesellschaften.

Wir wollen jedoch keine philosophische Abhandlung mit Prognosen über die Zukunft schreiben, sondern Ziel dieses Werkes ist es, Leben in die Netzseiten zu hauchen und ein Schmunzeln, Lächeln und Knopfnicken beim Leser und Surfer hervorzurufen, und zwar durch das Design und den Einsatz von Animation und Interaktion im WWW. Denn was könnte schöner sein, als Erfolg und Akzeptanz zu haben bei den eigentlichen Kunden, der Web-Community?

Nun gibt es hierfür diverse Techniken, die unterschiedlich schwierig zu beherrschen sind. Eine weitverbreitete Möglichkeit ist JavaScript, das einiges an Programmiersprachenkenntnis voraussetzt. Eine weitere Methode ist Shockwave für Audio, FreeHand, Authorware und Director. Dazu muß man sich nur mit diesen Authoring-Tools gut auskennen, um pfiffige Sachen zu kreieren. Gerade deswegen möchten wir uns mit Vorteilen, Handhabung und Einsatzmöglichkeiten von Shockwave beschäftigen. Wir setzen dabei voraus, daß der Leser bereits Grundkenntnisse der Autorensysteme Director, Flash und FreeHand besitzt.

Eine andere Methode, interessante Effekte und Interaktionen zu erzeugen, liegt in dem Einsatz von QuickTime VR. Vor allem Navigationsinstrumente, Darstellung komplexer Szenen und Gegenstände lassen sich mit QTVR wunderbar und einfach darstellen. Dieses Thema benötigt aufgrund seines Umfangs ein eigenes Werk, weswegen wir hier nur darauf hinweisen.

Unabhängig davon, ob Sie „shocken“, QuickTimeVR oder Java einsetzen wollen, gibt es natürlich einige Überlegungen, Anforderungen, Tips und Tricks und Anregungen. Am Anfang wollen wir deswegen zunächst einige Grundsatzüberlegungen anstellen.

Danach möchten wir die Eigenschaften des Bitstreamings untersuchen. Dabei werden den Themen Bandbreiten, Downloadzeiten, Browser- und Plattformunterstützung und Interface-Design zentrale Bedeutung beigemessen.

Mit alledem im Gepäck werden wir uns einige Möglichkeiten des Einsatzes von Medien im Web anschauen, wie man sie beispielsweise <EMBED> oder als <OBJECT> einbinden kann, sowie die verfügbaren Instrumentarien für Authoring und Erstellung von automatisch skalierbaren Filmen erläutern.

Es folgt eine kleine netzfähige Lingo-Bibliothek mit Funktionserklärungen für den eigenen Gebrauch.

Zum Abschluß wollen wir noch einen Blick über den Tellerrand werfen, damit der Kenner auch Appetit auf die kommenden Runden im Web bekommt.

2 Inlook

I don't know why she swallowed the fly...

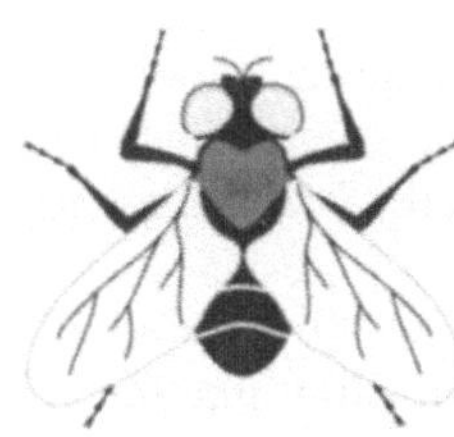

Kaum jemals hat es eine Zeit gegeben, in der ein Kunde so direkt selbst Entscheidungen trifft wie heute. Wenn wir uns die Eigenschaften bzw. Verhalten des modernen Kunden vor Augen führen, entdecken wir einige Merkmale, die mit dem Verhalten des Websurfers übereinstimmen. Der Kunde verhält sich plötzlich wehrhaft und nimmt nicht alles kommentarlos hin. Er sucht Erlebnis, Phantasie-Abenteuer und 99 Leben auf einmal. Das Verhalten ist auch erforderlich, denn wie sonst sollte man sich vor dieser Informationsflut retten?

Diese Entwicklung stellt neue Anforderungen an Kommunikationsspezialisten und Unternehmen, die zunehmend an einem „one to one business approach" ansetzen müssen, z.B.:

- Informationsdefizite durch ein bedarfsgerechtes, attraktives Angebot abdecken;

- mehr Wert legen auf Qualität als auf die Quantität der dem Kunden angebotenen Information;

- aktiven Dialog fördern, nicht einfach Wissen „abspulen";

- Hotlines einrichten;

- neue Services entwickeln und einführen;

- kundenspezifische Services zu einem Teil der Gesamtlösung für den einzelnen Kunden werden lassen und

- Komplexität der Serviceaufgaben mit der Qualifikation der Service-Mitarbeiter in Übereinstimmung bringen.

What do you want from life?
What do you get from life?
What do you give life?

2.1
Net Me – Net You

Es fällt wahrscheinlich vielen auf, daß kaum ein Mitarbeiter in irgendeiner Organisation in der Lage wäre, diesen neu definierten Bedarf zu decken. Entsprechend ist in den anglo-amerikanischen Ländern die Kultur des Vernetzens – des Networking – entstanden, um die Vorzüge jedes Mitwirkenden durch eine gegenseitige Unterstützung zu stärken. Hierfür werden Teams zusammengewürfelt, kurzfristig berufen und zielorientiert eingesetzt. Dabei werden ein hoher Grad an Kommunikation, Teamgeist und Über-den-Tellerrand-hinaus-Denken von jedem gefordert.

Um so wichtiger ist es, durch multimediale Unterstützung und moderne interaktive Kommunikationstechnologie den Mitarbeitern und dem Unternehmen zu einer qualifizierten Struktur zu verhelfen.

Daß diesen Mega-Trends nur wenige folgen, scheint uns nicht überraschend. Denn dies hängt mit der Evolution des Marketings eng zusammen.

Wenn wir diese Entwicklung betrachten, sehen wir eine Wandlung vom Verkauf eines Produktes als alleinigem Sinn und Zweck der Marketing-Aktivität zu einer Dienstleistungskombination von Produkt plus Service, wobei der Service als Hilfe und Erklärung des Produktes angeboten wurde. Es folgte das problemorientierte Verkaufen, bei dem versucht wurde, dem Kunden spezifische (Komplett-)Lösungen – sogenannte Prepared Solutions – anzubieten. Heute versucht man, noch individueller und direkter – auf einer „one-to-one"-Basis – die Wünsche des Kunden wahrzunehmen und zu befriedigen.

Aber nicht jede Firma hat diese Entwicklung komplett vollzogen. Wenn wir die Unternehmen und ihre jeweilige Stellung in und zum Markt betrachten, positioniert sich jede selbst auf dieser Evolutionsskala. Somit ist es nicht verwunderlich, wenn viele Firmen von den heute machbaren und vom Netzpublikum anscheinend begehrten Kommunikationsformen abweichen. Das gleiche gilt für die mangelnde Ausnutzung des Potentials der Vernetzung und des vernetzten Arbeitens, die das Internet bietet. Viele Unternehmen tun sich schwer, sich diese direkte Kommunikation vorzustellen, oder sträuben sich sogar dagegen.

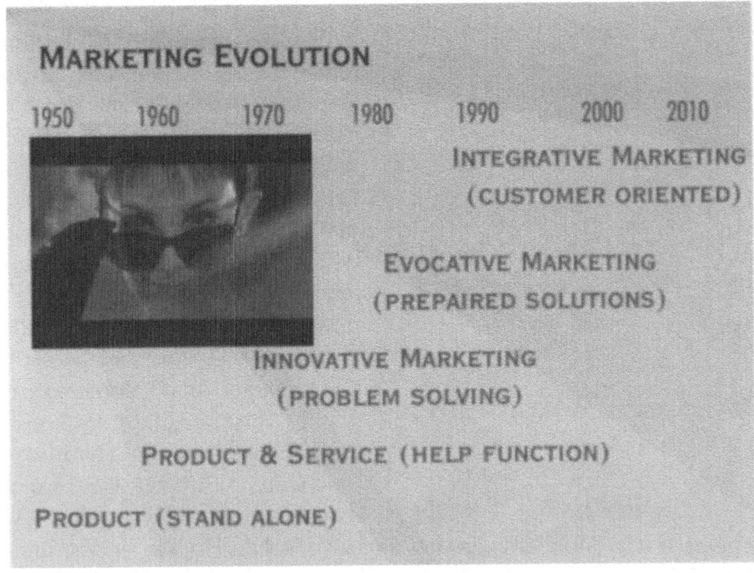

Es kommt allerdings noch dicker als zunächst vermutet! Denn nicht die Unternehmen allein spielen hier eine maßgebliche Rolle, sondern die Mitwirkenden, „Kunden" und „Technologie", tun ihr Bestes und ändern täglich die Spielregeln!

Als Berater und Programmentwickler sind wir oft überrascht darüber, welche festen Vorstellungen manche Gesprächspartner aus der Industrie in bezug auf das Internet haben und was sie als Homepage- bzw. Intranet-Betreiber erwarten. Es fällt bereits einem „Profi" schwer, mit den sich fortwährend ändernden Möglichkeiten der modernen Netzkommunikation sowie dem ebenfalls raschen Wandel an Erwartungen des Netzpublikums Schritt zu halten. Es dauert jedoch meistens nur einige Minuten, um herauszuhören, wie viel sie von der Materie wirklich verstehen und wie wenig realistisch ihre Vorstellungen sind. Dennoch scheint die Meinung der Industrievertreter oft erstaunlich unverändert zu bleiben.

Wir alle kennen das Bild: Es wird etwas Konventionelles und „Bewährtes" vorgesehen – meistens angelehnt an die traditionelle Erscheinung in Druck und Werbung. Dabei wird häufig übersehen, daß eine herkömmliche Darstellung des Unternehmens mit seiner Struktur und seinen Daten im Jahresbericht gedruckt mit Goldschnitt imponierend ausschauen mag, die Online-Kopie dagegen geradezu tödlich langweilig wirkt.

Cross-Media verlangt mehr als nur den Wunsch, Information im gedruckten und digitalen Format zu erstellen.

Woher mag diese Kluft kommen? Vielleicht liegt das am ungeheuren Angebot an Beratern, die durch ihre unterschiedlichen Auffassungen Verwirrung stiften. Oder liegt es an der Optik. Denn viele Firmen gehen um der Optik willen ins Netz und keineswegs, um zu kommunizieren.

Trotz oder gerade wegen dieser Diskrepanz beharren viele leitende Manager und Vorstandsmitglieder erstaunlich konstant in ihren Wünschen: bleischwere Erscheinung, langatmige Firmendarstellungen, Anzeige über Anzeige – wie Billboards an den amerikanischen Highways der fünfziger Jahre.

Es ist anscheinend sehr schwer, die traditionellen Formen der Werbung und Kommunikation zu verlassen. Man hat schließlich beinahe 50 Jahre Bewußtsein mittels Einflußnahme durch Wiederholung als den Schlüssel zum Erfolg kennen und lieben gelernt.

Wie kann man das Ganze in Sekundenschnelle, noch dazu im Cyberspace, über Bord werfen?

Jeder ernsthafte Berater empfiehlt seinen Kunden, sich intensiv mit dem neuen Medium auseinanderzusetzen und die neuen Spielregeln zu lernen. Das heißt in der Konsequenz auch, eine netzartige Kommunikation in der Organisation zu verankern. Dies scheitert oft. Denn nach Jahren der „Verteiler-Politik" und vertikaler Strukturen, wobei Wissen mit Macht gleichzusetzen ist, erscheinen die horizontalen Strukturen des Netzes und die omnipräsente Information für viele beinahe wie eine existentielle Bedrohung. Die dem heutigen Topmanagement nachfolgende Generation jedoch sieht das Internet und seine Möglichkeiten als ihre Chance. Wir sind sicher, daß wir erst am Anfang einer (R-)Evolution stehen, die unsere Arbeitssysteme und -prozesse sehr schnell umwandeln wird.

Natürlich ist dies alles mit Arbeit und Überwindung verbunden. Im Gegensatz zu mancher Meinung erfolgt die Umstellung nicht auf Knopfdruck, sondern erfordert eine Menge Planung, Bereitstellung und Fertigstellung, bevor eine netzwerkartige Kommunikation entstehen kann und erst recht mit Leben erfüllt wird. Es ist aber nicht nur eine Frage der Überwindung der eigenen Trägheit, denn was man selber nicht unternimmt, wird von einem anderen heutzutage kurz entschlossen erledigt.

Somit bietet diese zum Teil „unerforschte" Welt für den einen eine neue, beinahe grenzenlose Chance, die Dinge aus einer völlig anderen Perspektive darzustellen und neue Wege zu beschreiten, während es für den anderen Agonie bedeuten kann.

Sicherlich gibt es viele Merkmale und Anforderungen für Web-Kommunikation, die zum Erfolg führen, einige Überlegungen und Tips möchten wir hier vorstellen.

2.2
Web & Design

Was macht einen Internet-Auftritt zu einem guten Internet-Auftritt? Dafür gibt es einige Merkmale, die in der Web- und Multimedia-Community respektiert werden und deren Beachtung dazu führt, daß die Surfer und Zapper einem die Ehre geben, die Website – also das fertige „Werk" – anzusehen. Im Kern muß man stets daran denken, daß nur der Benutzer entscheidet, ob, wie, wann und in welchem Umfang es weiter geht. Es lohnt sich, die Anforderungen der Web-Community und der unmittelbaren Zielgruppe zu akzeptieren. Dies nicht zu tun, bedeutet Geld, Zeit und Energie zu vergeuden.

Hier nur einige typische Merkmale multimedialer Kommunikation im Web:

*We become
what we see*

- Direkte Kommunikation wird erwartet.
- Über Angebot, Informationstiefe/-breite entscheidet der Benutzer.
- Es herrscht Egonomics (Ich-bezogenes Wirtschaften).
- Erleben, Phantasie und Abenteuer werden gewünscht.
- Die Media-Mischung macht den Reiz.
- Verwendung der Sprache des Verbrauchers („wehrhafter Konsument") ist angesagt.
- Response-Management wird verlangt.

Noch wird das Netz vorwiegend von einem geringen Prozentsatz der Bevölkerung genutzt. Die demographischen Daten sind eindeutig: Männer und Frauen um die 35–45, hohes Einkommen, gute Ausbildung und Entscheidungskompetenz. Diese Gruppe wird ergänzt durch „the Kids" und die Studierenden, die der ersten Gruppe in Entscheidungskraft und im Verbalisieren im Netz nicht nachstehen. Sie suchen klare Kommunikation, bei der sie selber wählen und steuern können, was passiert. Das macht die Werbung im Web so schwierig. Niemand muß ein Banner anklicken. Niemand muß eine

Botschaft bis zu Ende anhören. Die Freiheit liegt bei dem Benutzer. Es entsteht eine Umkehrung in der Kommunikationspolitik, bei der die bisher Bestimmenden plötzlich um „Gehör" bitten und ringen müssen.

Da jeder Benutzer jederzeit den Kontakt zum Server abbrechen kann, muß sowohl das Angebot interessant gestaltet als auch der Inhalt strukturiert werden, damit die unterschiedlichen Niveaus der Interessenten getroffen werden. Diese Macht der Auswahl paßt sehr genau zu dem Psychogramm der Benutzer, die teilweise das Netz als „last frontier" bzw. „Land der eigenen Freiheit" empfinden. Hieraus wächst das Ich-bezogene Wirtschaften, neudeutsch: „Egonomics".

Lawless Web

Die Konsequenz dieser Macht bekommt jeder Webanbieter zu spüren. Denn nicht die Anzahl von „Hits" in den ersten Tagen oder im ersten Monat sind wichtig, wenngleich es jedem schmeichelt, einige Tausend erreicht zu haben, sondern wie viele einem über die Monate und Jahre hinweg treu bleiben.

Hier kommt der Wunsch des Benutzers zum Tragen, etwas zu erleben, Spaß zu haben und zu genießen. Deswegen wandern die Surfer von einer zur anderen Seite und suchen die Abwechslung und das „Glück des Augenblickes".

Als Website-Betreiber tut man gut daran, im Dialog zu bleiben: Nur wer Feedback- und Response-Management einführt und wahrhaftig mit Leben füllt, kann mithalten. Dies bedeutet für manche Unternehmen eine Modifizierung und für andere eine völlige Umstrukturierung.

Neben der Beachtung der Grundregeln der Kommunikation gibt es in der Entwicklungsphase einige Meilensteine, die unbedingt gesetzt werden sollten. Dies sind kurz gefaßt:

- Konzeptionelles Design
- Strukturelles Design
- Visuelles Design
- Technische Architektur
- Implementierung
- Pflege

Zum Auftakt ein kurzer Überblick über diese Entwicklungsphasen mit einigen ihrer Ziele.

2.2.1
Konzeptionelles Design

Überlegen Sie, mit wem und worüber Sie im Netz kommunizieren möchten. Sowohl die Definition des Zielpublikums als auch die Identifikation von Themen, Inhalten und Zielen der Kommunikation bestimmen, wie Sie Ihre Homepage gestalten sollen und entscheiden damit über Ihren Erfolg. Denn Ihr Publikum muß im Netz „direkt" angesprochen werden.

Haben Sie Ihr Publikum im Auge und wissen, welche Botschaften, Dienste, Inhalte und Dialoge Sie anbieten möchten, müssen Sie jetzt die Gewichtung, also die Tiefe und Breite, jedes Themas fixieren. Dabei sollte auch über die Dramaturgie in der Präsentation und die Homogenität des Angebots nachgedacht werden. Sicherlich kommen diese Faktoren in der Phase der visuellen Darstellung noch stärker zur Geltung. Dennoch müssen die groben Strukturen bereits in der Konzeption verankert sein.

Besuche ich beispielsweise die Seiten einer Versicherung, erwarte ich seriöse Auskünfte und eine klare Gliederung. Besuche ich aber eine Shopping-Mall mit diversen Angeboten, erwarte ich Abwechslung und eine bunte Mischung von Aufmachungen, Bildern, Texten und Funktionen. Benutze ich das Web für ein Training, erwarte ich eine ergonomische Funktionalität und eine erkennbare Didaktik in der Thematik und Vortragsweise. Wenn ich das Web zur Kommunikation mit Geschäftspartnern nutze, erwarte ich eine Unterstützung durch Working Tools, Inhalte und Kommunikationsinstrumente,

Law & Order?
Vision
Planung
Information
Priorität
Funktionalität
Informations-
verteilung
Flowchart

Standardschriftstücke, Möglichkeiten der Konferenzschaltung, Datentransfer und ggf. Videokonferenz.

Somit stellt die Auswahl von Themen und Inhalten sowie ihre Ausgewogenheit eine wichtige Aufgabe dar, die am Anfang eines Projektes zu klären ist. Neben dem Ausarbeiten und Erstellen dieser Details spielen diese auch eine erhebliche Rolle bei der Auswahl an Hard- und Software, die benötigt wird, um die ganze „Geschichte" ins Netz zu befördern. Aber mehr dazu finden Sie im Abschnitt 2.2.4 „Technische Architektur".

2.2.2
Strukturelles Design

Dialogorientierung ist ein Kernbestandteil des Netz-Auftrittes. Hierzu müssen immer wieder Inhalte erstellt und verarbeitet werden. Als Konsequenz müssen Feedback- und Response-Management und ein redaktionelles Backbone eingesetzt werden, damit die adäquate Aktualisierung der Site erfolgen kann.

Spätestens an diesem Punkt sind die firmeninternen Informations- und Kommunikationsstrukturen diesen Anforderungen anzupassen. Dies verlangt neue Workflows, neue Einstellungen und neues Verhalten im Unternehmen. Versuchen Sie, die Planung in Phasen einzuteilen und zu realisieren. Je genauer und umfassender dies geschieht, desto höher ist die Aussicht auf Erfolg. Beim strukturellen Design geht es um Ideen, Inhalte und Konventionen, die in die Homepage eingebracht werden sollen. Hierzu gehören Recherche, Bedarfs- und Zielgruppen-Analyse.

Erstellen Sie ein Flowchart über die Abfolge der Seiten und die Verteilung der Informationen. Auf jeder Seite sollte sich eine erkennbare und umfassende Information beziehungsweise eine Botschaft befinden. Überladen Sie die Seiten weder einseitig mit Text noch mit Bildern, da im Netz keiner gerne viel liest und Bilder viel Zeit für das Downloading brauchen. Überprüfen Sie dann, ob Sie mit diesem Flow-Design tatsächlich Ihre Idee „rüberbringen". Bereits in dieser Phase müssen Sie über den Angebotscharakter entscheiden und welche Art von Mehrwert dem „Besucher" angeboten werden soll.

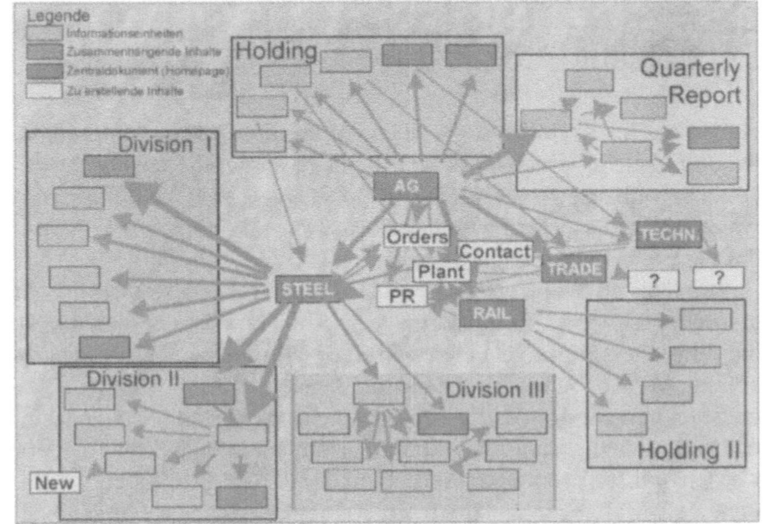

Legen Sie die Funktionalität des Angebotes fest. Versuchen Sie, die angewandte Technologie und die Inhalte mit dem Zielgruppen-Benutzerprofil abzustimmen.

Spiele, Tombolas, Umfragen etc. können Instrumente sein, die den Websurfer anregen, Ihre Website wieder zu besuchen. Die Gewinnung von E-Mail-Adressen durch diese Aktionen ist eine wertvolle Marktsegmentierung. Hierauf aufbauend können Sie neue Aktivitäten aufsetzen, Zusatzangebote mit direkter Kommunikation gestalten und gegebenenfalls auch Kommunikation unter den Besuchern Ihrer Homepage ermöglichen.

2.2.3
Visuelles Design

Haben Sie das Strukturdesign erstellt, müssen Sie der Site ein visuelles Design geben. Versuchen Sie, die Seiten mit Überschriften und Abbildungen übersichtlicher zu gestalten. Bitte denken Sie daran: Ihr Interface ist Ihre Visitenkarte. Versuchen Sie, eine Corporate Identity zu entwickeln. Vielleicht nehmen Sie dabei eine Metapher als Leitlinie zu Hilfe (virtuelle Stadt, Buch oder Phantasiewelt). Bauen Sie eine Stil-Richtlinie auf, damit die Seiten einheitliche Elemente aufweisen (Gruppierung, Blöcke, Navigation, Headlines, Typographie, Bildunterschriften, Auszeichnungen etc.). Gestalten Sie Ihre Site weder gesichtslos noch überladen, sondern geben Sie Ihrer Homepage eine persönliche Note!

2.2.4
Technische Architektur

Haben Sie Ihr Konzept für Botschaften und Inhalte sowie strukturelles und visuelles Design definiert, geht es daran, die technische Architektur umzusetzen. Es gilt zu entscheiden, welche Information welche Priorität hat, in welcher Form sie präsentiert wird und wie das Ganze technisch umgesetzt werden soll.

Die meisten Webpages sind mit HTML (HyperText Markup Language) geschrieben. Dies ist eine sehr einfache Programmiersprache, die eine eher primitive Form von Word Processing und Layouting erlaubt. Weil es sehr viele Unterstützungstools für HTML gibt, ist es meist nicht mehr notwendig, die Sprache selbst zu beherrschen. Wenn mehr als nur ein statisches Schild in die Internetlandschaft gestellt werden soll, müssen zusätzliche Funktionen wie Formulare, Animationen, E-Mail oder andere Internet-Dienste technisch in die Seite integriert werden. Beachten Sie dabei, daß die Übertragungszeit der Flaschenhals im Internet ist.

Deshalb sollte die Größe einer Seite, gemessen in Bytes, relativ klein gehalten werden, was wiederum dazu führt, daß nicht zu viele und möglichst einfache Bilder in den Webpages verankert werden sollten. Die folgende Tabelle vergleicht die Übertragungszeiten für Bildmaterial in den Formaten RGB, 8-Bit-Graustufe und 1-Bit-Grafiken.

Downloadzeiten für Bilder im Netz					
Format	Bildgröße	Dateigröße	Übertragung in Sek. mit Baudrate		
	in cm	in KByte	9.800	14.400	28.800
RGB	8 x 3	151	128	86	48
	2 x 9	42	36	24	12
Grau-stufen	8 x 3	51	43	29	14
	2 x 9	15	13	9	4
1-Bit	8 x 3	7	6	4	4
	2 x 9	2	2	1	0,5

HTML bietet hierzu zwei Lösungsansätze: Erstens können Bilder als Referenz aufgerufen werden, so daß ein geladenes Bild mehrfach in einer Homepage erscheinen kann. Die zweite Möglichkeit sind Interlaced GIFs. Dieses Verfahren erlaubt, daß das Bild als Umriß sehr früh erkennbar ist. Es wird nach und nach mit zunehmender Datenübertragung „schärfer". Wegen der frühen Erkennbarkeit weiß der Benutzer, um was es sich handelt. Er kann rasch entscheiden, ob er auf das Bild wartet oder eine schnellere Seite besucht.

Vektorgrafiken und -animationen oder gleich ganze Vektorseiten sind schnell transportiert, da die Datenmenge sehr klein gehalten werden kann und dabei selten 200 KByte überschreitet. Ferner können sie oft in Bitstreams erstellt werden. Bei einer Bitstream-Animation fängt die „Show" an, sobald das erste Bild geladen ist; die restlichen Bilder werden im Hintergrund nach und nach geliefert. Die Bilder sind frei skalierbar. Somit ist es mehr eine Frage der Rechnerkraft als der Netzleistung, wie schnell und glatt die Animation abläuft und wie groß sie erscheint. Diese Technik wird zunehmend beliebter.

Egal welche Techniken Sie anwenden, planen Sie immer mit den längsten Downloadzeiten und strukturieren Sie Ihre Animationen, Bilder, Effekte und Filme entsprechend. Obendrein empfehlen wir, den Bildframe mit einer Beschriftung über den Inhalt und Zweck zu versehen, insbesondere wenn das Bild einen Hyperlink darstellt, damit der schnelle Surfer (mit ausgeschaltetem Browser-Bild-Import-Filter) sich orientieren kann.

Hat man einen klaren Plan über die Site, ist es an der Zeit, die Hardware- und Software-Anforderungen zu definieren. Je nach Medienauswahl und -menge sowie der erwarteten Besucherfrequenz und Zugriffsdauer werden Server und Router ausgesucht. Denn die Anforderungen an den Server unterscheiden sich, wenn man z.B. viel Audio- und/oder Videodateien oder nur Text bereitstellen möchte. Erwartet man 500.000 Hits/Monat oder großen FTP-Verkehr, benötigt man auch entsprechende Router- und Serverkapazität, um die Aufgabe zu bewältigen. Die genaue Spezifikation für den geeigneten Server und den Router sollte man eng mit einem Provider oder Multimedia-Berater treffen. Wir können hier nur kurz darauf hinweisen.

Die Entscheidung über Werkzeuge für die Erstellung der Site hängt weitgehend von dem geplanten Charakter und den Funktionen ab. Auf jeden Fall wird man einen HTML-Editor nicht entbehren können. Ob Sie Software für Site-Management, Datenbank-Anbindung, Filmbearbeitung und -encoding, Audioaufnahmen, Bildbearbeitung und mehr benötigen, hängt von Ihren Fähigkeiten und Zielsetzungen ab. Es gibt eine Vielzahl von Software-Programmen für diese Aufgaben. Auch hier kann ein Multimedia-Berater Ihnen bei der Suche nach einer geeigneten Kombination von Programmen behilflich sein. Außerdem bietet das Web hierzu eine

ausführliche Unterstützung für HTML-Entwickler, einige gängige
Adressen sind:

www.netzwelt.com/selfhtml/
www.iwns.de/edit.html
www.royal.owl.de/kurz.html
www.netsacpe.com/assist/net_sites/index.html
www.microsoft.com/workshop/
www.stars.com
www.browserwatch.iworld.com/activex.html

2.2.5
Implementierung

Umfangreiche und komplexe Homepages, Informationen mit ra-
schem Wechsel und hoher Interaktivität lassen sich am besten aus
einer Datenbank „dynamisch generieren". Denken Sie an Teleshop-
ping, Gebrauchtwagenmarkt, Immobilienangebote, Nachrichten etc.,
die fast täglich, wenn nicht schneller, aktualisiert werden müssen.

Mit einer Datenbankstruktur kann man die neue Information einfach und in geeigneter Form erfassen, und durch die dynamische
Generierung wird die Website beim nächsten Abruf automatisch
aktualisiert. Nun gibt es zwei Arten der dynamischen Generierung:
Es können gesamte HTML-Seiten direkt aus der Datenbank generiert
werden, sogenannte „on the fly site building". Die zweite Möglichkeit besteht in der Bestückung von gezielten Inhalten einer oder
mehrerer Seiten, um das Angebot ständig zu aktualisieren.

Eine feine Sache – keine Kopfschmerzen, keine langen Redaktions-
wege und keine Unordnung. Stellen Sie sich vor, Ihre Homepage hat
250 bis 12.000 Seiten und Sie wollten nur 10 bis 15 Prozent monat-
lich ändern. Da wäre es praktisch unmöglich, die jeweils neu zu

strukturierenden Seiten zu suchen und mit allen erforderlichen Links umzubasteln. Auf die oben genannte Art und Weise wird es ein „Kinderspiel".

Hilfreich ist die Festsetzung von Meilensteinen für die Implementierung. Nutzen Sie eine prototypische Umsetzung von Seiten, Bereichen und bestimmten Funktionen, um zu prüfen, inwiefern Ihre Vorstellungen erfüllt werden. Jetzt müssen auch die Wege für Freigaben, Reviews und Neubestückung endgültig festgelegt werden.

2.2.6
Pflege

Ist man stolzer Website-Betreiber, fängt die eigentliche Arbeit erst an. Wir erinnern uns: Wir wollten interaktiv, aktuell und interessant bleiben. Hierfür sorgt die Pflege der Site. Das heißt:

- Langfristiger Ausbau der Redaktion;
- Institutionalisierung der Verbindung von interner und externer Kommunikation;
- Etablierung eines Feedback- und Response-Managements;
- Initiierung eines Webtracking für die Evaluation;
- Markt- und Akzeptanzforschung über Fragebögen und Marktsondierung;
- In der Konsequenz bedeutet das: Re-Design von Modulen und damit Anpassung an die Wünsche der Benutzer sowie Anwendung neuer Technologien, z.B. Push-Techniken.

Nur mit diesen Mitteln bleibt die Site attraktiv und vital. Im Unternehmen müssen die entsprechenden Strukturen geschaffen werden, damit der begonnene Dialog mit allen seinen Versprechungen erfüllt wird.

2.3
Checkliste: Internet-Kommunikation

Ihr Webpartner hat Hunger nach Wirklichkeit und Erlebnis. Hook
them with ergonomics, contents, fun and design! Hier einige Vorschläge für Ihren Auftritt. Versuchen Sie, die Checkliste vor Auf-
nahme Ihrer Web-Kommunikation zu beantworten.

- Wer ist Ihr Zielpublikum? Eigene Mitarbeiter, Lieferanten, Kunden oder potentielle Kunden?

- Wie ist Ihre Stellung im Markt? Wollen Sie regional, überregional
  oder international wirken?

- Wie stellen Sie sich die Web-Community vor? Worauf basiert
  Ihre Vorstellung?

- Leben/wirken Sie in einer horizontalen Struktur? Verstehen Sie
  diese Form der Kommunikation und Managementführung?

- Wollen Sie Information bereitstellen oder PR, Marketing, Sales
  betreiben?

- Wollen Sie zum Dialog auffordern?

- Wollen Sie Transfers zum Beispiel von Daten, Zahlungen,
  E-Mails etc. gestatten?

- Wollen Sie Internet- und/oder Intranetfunktionalität?

- Was wollen Sie in einem Jahr? In zwei Jahren?

- Soll der Auftritt in Phasen erfolgen? In welchen?

- Welche Abteilung(en) soll(en) wann/wie involviert werden (Konzept, Erstellung, Pflege etc.)?

- Wo liegen die Schnittstellen? Wer koordiniert das Ganze?

- Stimmen diese Pläne mit der Unternehmenskultur überein?

- Welches interne Know-how ist vorhanden, um das Projekt zu
  realisieren? Muß externe Unterstützung in Anspruch genommen
  werden? Wofür und wie lange?

- Wollen Sie den Auftritt alleine vornehmen oder im Verbund mit
  anderen Firmen? Ist genügend „Stoff" vorhanden, um die Site
  aktuell und vital zu halten? Oder bietet eine Kooperation möglicherweise Vorteile?

3 Web-Media

Heute verstehen wir unter Multimedia die interaktive Darstellung eines Themas unter Einbindung von Text, Grafik, Animation, Audio, Video und/oder Computer-Rechnerfunktionen. Bislang war dies die Domäne der Offline-Medien, z.B. CD-ROM. Durch die Erweiterung des Internets durch das World Wide Web in Verbindung mit den Unterstützungsmöglichkeiten moderner Browser entwickelt sich das Web zum dynamischsten Medium für Information in unserer Zeit. Im folgenden betrachten wir die Medienkomponenten, die heute schon im Web vertreten sind.

3.1 Text

Neben ASCII (American Standard Code for Information Interchange), welcher z.B. die Basis für E-Mail-Kommunikation bildet, werden die meisten Web-Dokumente in HTML (HyperText Markup Language) verfaßt. HTML benutzt ASCII-Text sowohl für die Befehle als auch für die schriftlichen Inhalte. Somit bleibt ASCII das am häufigsten angewandte Format für Text.

Das Web evolviert beinahe täglich weiter. Dadurch entstehen andere Formate für Text-Transfer; die wichtigsten sind:

- Acrobat von Adobe Systems Incorporated. Acrobat ermöglicht durch das Portable Document Format (PDF), daß Dokumente mittels eines Plug-Ins innerhalb des Browsers im Original-Layout erscheinen inklusive Fonts und Grafiken. Der Text kann mit Hyperlinks interaktiv gestaltet werden und mit einem eigenen Viewer auf jedem Computer (plattformunabhängig!) gelesen und layoutgetreu ausgedruckt werden. Somit stellt Acrobat eine der vielen Möglichkeiten dar, sogenannte Cross-Media-Lösungen zu entwickeln.

- Envoy von Tumbleweed Software. Envoy ist ein ähnliches Tool wie Acrobat. Envoy benutzt die TrueDoc Font-Embedding-Technologie von Bitstream Corporation – eine hervorragende Technik, Fonts für das Netz zu generieren, um beliebige Arten und Größen von Fonts (ohne Lizenzprobleme) zu transferieren und dabei sämtliche Texte (auch Überschriften und Titel!) in Volltext-Retrieval-Funktionen einbinden zu können.

- Word-Viewer-Plug-In von INSO Corporation. Hiermit kann man Mircrosoft-6.0- oder 7.0-Dokumente, die in einer Webpage eingebettet sind, anschauen.

3.2
Grafik – Bitmap vs. Vektor

Primär muß man zwischen Bitmap und Vektorgrafiken unterscheiden. Während eine Bitmap aus einer bestimmten Dichte von Farbpixeln besteht, stellt eine Vektorgrafik eine mathematische Gleichung eines Bildes dar. Eine Vektorgrafik ist zwar auflösungsunabhängig, bedarf aber einer bestimmten Umgebung für die Entfaltung und muß „berechnet" werden. Gerade die letzte Eigenschaft macht die Darstellung solcher Bilder von der Prozessorgeschwindigkeit und Bildkomplexität abhängig.

Vektorgrafiken finden häufigen Gebrauch im CAD-Design und bei Illustrationen. Sie können, wie Bitmaps, mit Links versehen werden, aber sie lassen sich dehnen und zoomen ohne Qualitätsverlust, und die Grafikdateien sind im allgemeinen kleiner als vergleichbare Bitmap-Bilder.

Unter den netzfähigen Bitmap-Grafiken bietet das JPEG-Format (Joint Photographic Expert Group) nach wie vor die beste Qualität für photorealistische Bilder. JPEG ist weitverbreitet und wird von den meisten Browsern direkt unterstützt. Ähnliche Kompressionsformate sind z.B. Lightning Strike und Wavelet.

GIF (Graphics Interchange Format) ist auf allen Plattformen zu Hause (auch UNIX) und bietet die Möglichkeit, eine der 8-Bit-Farben transparent zu schalten. Ferner lassen sich GIFs, falls sie im Interlaced-Format gespeichert wurden, „bitstreamen", d.h., die Bil-

der erscheinen zunächst in niedriger Auflösung und werden mit
zunehmender Datenübertragung detailreicher

Eine interessante Alternative bietet Shockwave Imaging für Free-
Hand, wenn man Bilder scrollen und/oder zoomen (bis 26.500%!)
möchte. Wie im Programm selbst können ausgewählte Anteile des
Gesamtbildes betrachtet werden, ohne daß das Gesamtbild übertragen werden muß.

Für Anwendungen, die sich nicht auf Internet-Paletten beschrän-
ken sollen, bietet PNG Live von Siegel und Gale eine komfortable
Lösung mit Plug-Ins (Netzscape und Explorer) für bis zu 32 Bit
Farbauflösung, eingebaute Gammakorrektur, multiple Transparenz-
Layers und Interlacing.

Typische Plug-Ins für Vektorgrafiken sind:

- Corel Visual CADD von Corel Corporation

- Shockwave Imaging für FreeHand

- Quicksilver von Micrografx

- Intercap Inline von Intercap Graphics Systems

- SVF/DWG/DXF Plug-Ins von SoftSource

3.3
Animation

Es gibt kaum ein Medium im Web-Bereich, dem so viel Zukunft
vorhergesagt wird, wie der Animation. Im Prinzip bildet Animation
die Basis für die Multimedialität des Webs. Denn ohne die vielen
kleinen Applets, Shocklets oder wie sie auch zukünftig heißen werden, wäre das Web öde und relativ gesichtslos. Was man alles mit
Animation machen kann, wird täglich weiterentwickelt. Hier nur ein
kleiner Überblick der gängigen Animationsarten.

3.3.1
2D-Animation

Die einfachste Art, eine Animation im Web zu erstellen, bietet die
„Server Push Animation": eine Serie von Bildern wird vom Server
zum Client gemäß der Steuerung durch CGI-Scripts (Common Gate-
way Interface Scripts) automatisch übertragen. Ein CGI-Skript wird
auf dem Hostrechner gespeichert, um Befehle für den Abruf von
HTML-Seiten und/oder Netzfunktionen zu steuern. CGI-Scripts
ermöglichen z.B. auch den Versand von Bestellformularen, Faxen
und E-Mails aus einer Homepage sowie unzählige andere Funktionen. Beispiele für CGI-Scripts finden Sie z.B. auf folgenden Sites:

```
http://www.worldwidemart.com
http://lightsphere.com
http://www.claris.com/support/products/clarispage/docs cgi.html
```

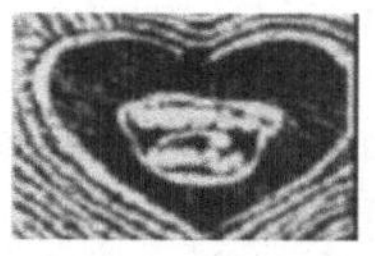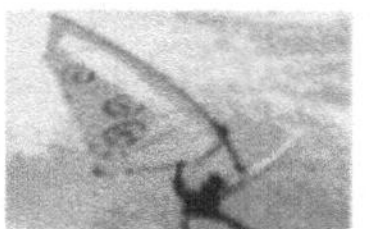

Das Animated-GIF wird häufig eingesetzt. Es handelt sich um eine
Serie von GIF-Bildern, die vom Server zum Client-Rechner
„gepusht", also hintereinander zwangstransferiert werden. Leider
besteht keine Bitstream-Option für GIF-Animationen.

Shockwave für Director bietet sehr komfortable Möglichkeiten
der Animation. Theoretisch wird dadurch jedes Director-Movie webfähig.

Astound WebMotion bietet ebenfalls ein Plug-In und Entwick-
lungstools zur Webanimation, die, wie Shockwave, verschiedene
Medien kontrollieren.

Flash ist ein 2D-Animationstool auf Vektorbasis, mit dem extrem
kleine Dateien kreiert werden, die sogar ganze interaktive, animierte
Seiten bilden.

3.3.2
QTVR

QuickTime Virtual Reality (QTVR) stellt eine preiswerte und effek-
tive Möglichkeit dar, in 2D auch 3D-artige Beweglichkeit und
Raumvorstellung zu erzeugen. Die Scrollfunktion bietet sich als
Menüleiste an. Die Knotenverknüpfungsfunktion ermöglicht das
Aufsuchen und Explorieren von tiefer liegenden Ebenen (Räume
und Themen) sowie den Abruf von weiteren HTML-Seiten. Die

Vielfalt des Einsatzes von QTVR bedarf einer ausführlichen Abhandlung und würde den Rahmen des Werkes sicherlich sprengen.

3.3.3
3D-Animation / VRML

3D-Animation wird immer beliebter. Mit Virtual Reality Modeling Language (VMRL) werden z.B. Chats konstruiert, d.h. Umgebungen, in der Besucher sich sowohl bewegen als auch vorgegebene Gestalten annehmen können, um miteinander zu kommunizieren. Den anderen Schwerpunkt der 3D-Animation bilden CAD-Zeichen, womit Objekte und Umgebungen realitätsnah animiert werden können. Beide 3-D-Arten eignen sich sowohl für Filme wie auch Navigationsinstrumente und benötigen spezielle Werkzeuge für die Erstellung und oftmals Plug-Ins für das Abspielen im Browser:

- Live3D von Netscape ist ein Add-on zu Netscape Navigator, um interaktive 3D-Dateien abzuspielen. Das Programm generiert auch JavaScript und Java zur Einbindung von 3D-Applikationen.

- VRML-Support von Microsoft ist ein Add-on für Internet Explorer.

- WebFX von Paper Software, Inc. ermöglicht sowohl Netscape als auch Explorer die Wiedergabe von VRML und kann als Browser wirken.

- Vrealm von Integrated Data System steht als Stand-Alone-Tool und als Plug-In zur Verfügung.

- Virtus Voyager ist ein VRML-Browser (Stand Alone) für Windows und MAC.

- Whurlplug von Apple Computer ist ein Plug-In für die Betrachtung von Objekten im QuickDraw 3D-Meta-File-Format.

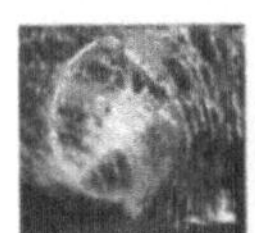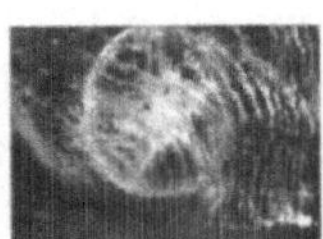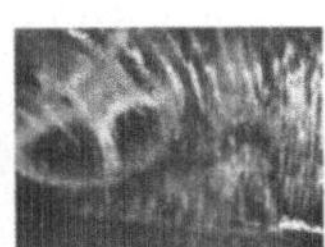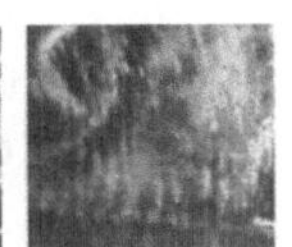

3.4
Video

Viele Menschen glauben, daß Multimedia aus Video besteht, und können sich eine Welt ohne Bewegtbilder kaum vorstellen. Allerdings stellt Video mit die größten technischen Forderungen ans Netz. Die Dateien sind verständlicherweise sehr groß und führen zwangsläufig zu einem Konflikt zwischen Wunsch und Bandbreite.

Bereits beim CD-Publishing gerät man in Konflikt mit der Anzahl und Länge gewünschter Videobeiträge und dem notwendigen Speicherplatzbedarf. Deswegen setzt man selten „Full Screen Full Motion" ein, sondern zielt höchstens auf eine Bildfläche von 340 x 280 Pixel mit etwa 12 Bildern pro Sekunde ab, um die Movie-Datei auf einer erträglichen Größe zu halten.

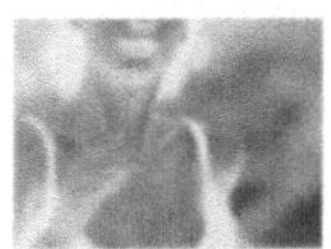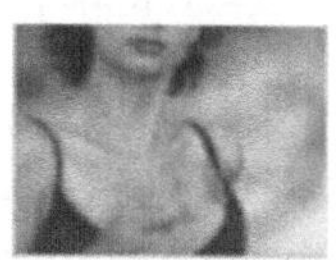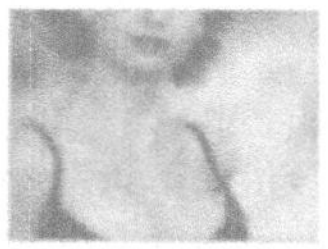

Noch eklatanter stellt sich das Problem beim Web-Publishing dar. Hier gibt es sowohl die Speicherplatz-Problematik am Hostserver (Kosten!) als auch die Übertragungsproblematik im Netz. Deswegen wird Video für das Netz besonders stark komprimiert und das Format kleiner: 240 x 180 Pixel mit etwa 8 Bildern pro Sekunde. Die gängigen Methoden kennen wir von CD-ROM-Produktionen: QuickTime, AVI, VfW, ClearVideo, RealVideo und MPEG. Allerdings werden im Web oft noch niedrigere Auflösungen und kleinere Bildflächen benutzt als auf der CD. Kleinere, unschärfere Bildsequenzen mit weniger Farben sind oft das Resultat, um die Übertragungszeit mit der Geduld der Benutzer in Einklang zu bringen.

- QuickTime ist sehr flexibel, da es digitalisiertes Video, Audio, Musik, Text und Bildmaterial in synchronisierter Form mit einem Timecode wiedergibt. QuickTime kann man skalieren und es unterstützt diverse Kompressionsverfahren und -qualitäten.

- MovieStar von Intelligence at Large ermöglicht die On-the-fly-Wiedergabe von QuickTime-Movies, die in einer Webpage eingebaut sind. Es bedarf eines Plug-Ins für Netscape zur Wiedergabe, die Seitenerstellung muß mit entsprechenden Editoren der Firma erfolgen.

- ViewMovie QuickTime ist ein Freeware-Plug-In für Macintosh zur Wiedergabe von QuickTime-Movies in Webpages.

- AVI in Form von Microsofts Video for Windows, Intels Indeo oder auch ClearVideo stellen Alternativen zu QuickTime dar. AVI Movies können ebenfalls mit einem Plug-In, z.B. CoolFusion, im Browser betrachtet werden.

- MPEG bringt das beste Ergebnis an Bildqualität mit dem höchsten Grad an Kompression. Die Erstellung (Encodierung) erfordert mehr Aufwand und die Wiedergabe spezifische Plug-Ins. ActiveMovie von Microsoft ermöglicht in Explorer zusammen mit ActiveX-Technologie die Wiedergabe von MPEG-2 sowie von anderen Formaten (AVI, QuickTime, Audio [AU, WAV, MIDI und AIFF]).

- RealVideo ist eine Methode, mit der man eine relativ hochwertige Wiedergabe des Bewegtbilds mit hoher Tonqualität bei enorm hoher Komprimierung erreicht.

3.5
Audio

Der Einsatz von Audioelementen im Web steigt; neben dem Einsatz von Audiodateien werden auch Voicemail und Netztelefonieren zunehmend beliebter. Allerdings sind hier einige technische Grenzen zu beachten.

Kompresion und Samplingraten bestimmen die Qualität, z.B. bedeutet CD-Qualität eine Abtastfrequenz von 44,1 kHz und eine Digitaliserungsrate von 16 Bit (Stereo), eine solche Datei ist acht mal so groß wie die gleiche Information in Mono, d.h. 22 kHz, und einer 8-Bit-Digitalisierungsrate. Der qualitative Unterschied dürfte für jeden erkennbar sein: Stellen Sie sich klassische Musik von der Stereoanlage vor, und denken Sie, wie sie aus dem Telefonhörer klingen mag – flacher, stumpfer, weniger Klangvolumen.

Kompression hat zum Ziel, eine bestehende Datei kleiner und kompakter zu machen, um Speicherplatz und Transferzeit zu verringern. Audio läßt sich allerdings nur bedingt komprimieren, da dies in jedem Falle zu einem Qualitätsverlust führt. Eine Audiodatei, die bereits mit einer niedrigen Samplingrate aufgenommen wurde, verliert durch die Kompression noch mehr an Qualität.

Heute stehen viele Kompressionsverfahren mit realtiv hoher Wiedergabe-Qualität zur Verfügung. Neben der Kompressionsmethode spielt auch die Art des Datentransfers für die Performance eine große

Rolle. Es werden zwei Arten des Audiodatentransfers eingesetzt: Entweder wird die Datei durch Downloading zunächst komplett übertragen und anschließend abgespielt oder es wird ein Bitstreaming-Verfahren eingesetzt. Im ersten Fall kann jegliche Audioqualität eingesetzt werden, da die Problematik nur in der Transferzeit liegt. Im zweiten Falle wird On-the-fly-Playback (auch simultan mit Bildbetrachtung) ermöglicht, d.h., sobald die ersten Inhalte der Datei auf dem Client-Rechner landen, wird die Audiodatei gestartet. Diese Methode ist allerdings störanfällig, da sie von momentanen asynchronen Netzverbindungen, Modem und Rechner abhängig ist. Meistens wird deswegen die Soundqualität durch Sampling und Kompression entsprechend reduziert, um die Bandbreiten-Problematik zu umgehen, wie z.B. beim Internet-Broadcasting.

Eine Auswahl verfügbarer Streaming-Audio-Tools:

- Shockwave für Director, Authorware oder Sound Edit II (MAC) bzw. Sound Forge (PC), erlaubt hochqualitatives Audio (s. Kapitel 5.8).

- RealAudio von Progressive Networks ermöglicht hohe Kompression mit sehr gutem Playback.

- RapidTransit von MonsterBit erlaubt einen Transfer in CD-Stereo-Qualität in einer Kompression von ca. 20:1, allerdings ohne Bitstreaming.

- Crescendo von LiveUpdate ermöglicht als Plug-In das Abspielen von MIDI-Dateien.

- CoolTalk von Netscape stellt die weitverbreitete, plattformunabhängige Basis für das Internettelefon dar und ist Bestandteil ab Netscape Version 3.0.

- ToolVox von VoxWare liest ASCII-Texte mit einer synthetischen Stimme vor.

- QuickTime-Audio und QuickTime-MIDI gehören zu den Standards für Web- und CD-ROM-Publishing.

4 Web & Datenmenge

Die größte technische Herausforderung im Web stellt die Minimierung der Übertragungszeit dar. Nicht nur der Flaschenhals „Endstrecke" (= Modem – Telefonleitung) im Netz, sondern auch die asymetrische Übertragung spielen hier eine maßgebliche Rolle. Tatsache ist, so leidlich es scheinen mag, daß man hier eher von der Entdeckung der Langsamkeit ausgehen muß. Dies gilt auch für Intranets, insbesondere wenn sehr viele Benutzer gleichzeitig und/oder ein Zusatznetz (vielleicht über eine schwächere Leitung) angeschlossen sind.

Dennoch stehen die Aussichten auf schnellere Übertragungsraten, z.B. via Satellit, sehr gut. Es gibt einige Parameter, mit denen die Datenmenge und -handhabung optimiert werden können, um auch heute pfiffige Dinge im Netz zu vollbringen. Gerade Java und Shockwave erlauben ein „Feintuning". Die folgenden Faktoren haben einen wesentlichen Einfluß auf die Performance:

- Netzwerke
- User-Umgebung
- Text & Web
- Farbe & Web
- Skripting vs. „Bühnenbilder"
- Kompression und Streaming
- Hybridlösungen

4.1
Netzwerke

Der typische Webnutzer verfügt über ein Modem mit einer durchschnittlichen Übertragungsrate von 14.400 oder 28.800 Bit pro Sekunde; ein 28.8-Kbps-Modem überträgt im besten Falle etwa 3 Kilobytes an Daten pro Sekunde.

Wenn wir an die hochwertigen Medien wie Bilder, Ton, Video, Animation etc. der CD-ROM-Welt denken, die lediglich von einem alten Doublespeed-Laufwerk übertragen werden, stehen uns immerhin 300 Kilobytes/Sekunde! zur Verfügung. Hier wird die Diskrepanz zur Web-Performance offensichtich. Eine kleine Übersicht der Transferraten:

ÜBERTRAGUNGSMODUS	MAX. TRANSFERRATE
	(BITS PRO SEC / BYTES PRO SEC)
14,4-Kbps-Modem	14,4Kbps / 1,8kB
28,8-Kbps-Modem	28,8Kbps / 3,6kB
56-Kbps-Modem	56Kbps / 7kB
Einzelner ISDN B-Kanal	64Kbps / 8kB
ISDN BRI (2 B-Kanäle)	128Kbps / 16kB
ISDN PRI (23 B-Kanäle)	1,472Mbps / 184kB
T1	1,5444Mbps / 193kB
Ethernet	10Mbps / 1,25MB
T3	44,736Mbps / 5,592MB
Fast Ethernet	100Mbps / 12,5MB
ATM / B-ISDN /SONET OC-3	155,520Mbps / 19,44MB

Als nächster Faktor kommt der User-Computer ins Spiel, der die Decodierung, Verknüpfung, den grafischen Auf-/Abbau und das Display der übertragenen Daten bewerkstelligen muß. Langsame Rechner können hier leicht in die „Knie" gehen! Trotz der weitverbreiteten Meinung, daß mittlerweile jeder einen hochwertigen Rechner besitzt, gibt es in der Realität eine große Anzahl von langsamen 486er, 386er und sogar 286er Rechner in Büros und zu Hause.

Eine weitere Komponente ist der Webserver. Hierbei gibt es Begrenzungen bezüglich der Server-Rechnergeschwindigkeit selbst und in der Anzahl möglicher gleichzeitig zu behandelnder Verbindungen. Ähnlich wie beim Client-Status kann der Server für die vorgesehenen Tasks zu „klein" sein. Dies kann sich in der Rechnergeschwindigkeit und in der Einlogging-Kapazität auswirken. Beide Einschränkungen weisen auf einen Bedarf an Upgrading hin, was einen nicht zu unterschätzenden Kostenfaktor darstellt.

Zum guten Schluß ist das Web selbst zu nennen. Die Entfernung zwischen Server und Client ist im Gegensatz zu den virtuellen Inhalten real. Somit entsteht zwangsläufig eine Verzögerung in der Übertragung mit zunehmender Entfernung (Propagation Delay).

Auch wenn Daten bei Lichtgeschwindigkeit im ganzen Webnetz ausgetauscht würden, würde dies einen Verlust von ca. 16 Millisekunden für jede Übertragungseinheit bedeuten. Bei Austausch von Daten auf internationalen Ebenen spielt dies bereits eine erkennbare Rolle. Da wir es mit einem Ring von Rechnern, Verbindungen und Multipathways zu tun haben, können die Entfernungen sich sprunghaft vergrößern, die Verbindungen aus aktuellen Kapazitätsgründen unterschiedlich gut klappen und, je nach momentanem Status, die jeweiligen Zwischenhosts auf „halbe Kraft voraus" sein. So entstehen durch Propagation Delay längere Übertragungszeiten als „geplant".

Ferner gibt es eine Reihe von Protokollen und Transfer-Error-checks, welche die asynchrone Übertragung von Daten zwischen den Serverknoten überwachen und regeln. Sie sollen verhindern, daß ein unvollständiger Datentransfer stattfindet. Meistens geben sie nur eine Zeichenkette bei Unterbrechungen zurück, z.B. „Dokument Transfer unterbrochen", sie können aber auch den Transfervorgang erneut abrufen. Egal welche Funktion sie erfüllen, ihre Durchführung nimmt Zeit in Anspruch.

Um diese Einschränkung auszugleichen, sollte man versuchen, die Größe einer Webseite etwa 30–50 KByte nicht überschreiten zu lassen, es sei denn, man ist sicher, daß die benutzte Bandbreite eine höhere Übertragung zuläßt.

Mit einem kleinen Trick kann man die bestehende Bandbreite testen oder abfragen und dementsprechend eine passende Datei anbieten. Man nennt dies „scaling", also größere und komplexere Dateien für schnelle Leitungen (etwa ISDN oder T1) und kleinere und weniger aufwendige Dateien für die schmalbändigere Übertragung bereitstellen. Das Thema scaleable Movies wollen wir im Outlook (Kap. 9.3) näher betrachten. Dennoch soll hier auf etwas Grundsätzliches hingewiesen werden:

Will man diesem Weg folgen, muß man unterschiedliche Animationen, Bilder, Tondateien, Videos, (sogar ganze Websites) etc. erstellen. Da es grundsätzlich unkomplizierter ist, eine Datei zu verkleinern und zu vereinfachen als umgekehrt, bietet es sich an, mit der höchsten „Auflösung" zu beginnen. Dabei sollten Sie versuchen, gleich in der Designphase eines skalierbaren Shockwave-Movies Lingo-Skripts und Score-Strukturen derart modular aufzubauen, daß für niedrigere Baudraten einfach nur Bestandteile herausgenommen

Fallgruben der Datenüber-tragung im Internet

werden müssen (z.B. anstelle einer 12-Frame-Animation nur 3–4 Frames zu verwenden).

Shockwave komprimiert Director-Dateien, je nach Art der Inhalte, erheblich: Ein ca. 200 KByte großes Movie wird etwa auf 40 Kbyte reduziert. Flash-Dateien können sogar mit gleichem Inhalt um einiges kleiner sein. Wir sprechen hier von der Größe einer kompletten interaktiven Seite! Somit bieten diese Tools faszinierende Möglichkeiten für das Web an.

4.2
User-Umgebung

Auch wenn Shockwave und Flash neue Türen öffnen, gibt es Restriktionenen durch das System des Benutzers. Man muß davon ausgehen, daß wir es hier mit sehr unterschiedlichen Plattformen zu tun haben. Für den Entwickler heißt dies, einen gemeinsamen Nenner zu suchen, um ein breites Publikum zu erreichen. Die Überlegungen ziehen folgende Konfigurationsaspekte in Betracht:

- Display
- Speicherplatz
- Prozessor
- Installierter Browser

4.2.1
Display

Die Mehrheit aller Computer ist mit Monitoren ausgestattet, die 256 Farben (8-Bit-Farbtiefe) unterstützen. In der Designphase sollte entschieden werden, ob deswegen ausschließlich mit einer 8-Bit- oder höheren Farbtiefe gearbeitet werden soll. Hierbei geht es sowohl um Performance als auch um optische Aspekte, die später im Kapitel vertieft werden. Hat man sich für eine Bittiefe entschieden, kann man in Director mit Lingo den Status des Benutzers mit color-Depth überprüfen und einen Hinweis auf die gewünschte Farbtiefe automatisch ausgeben. Hier ein Beispiel für eine 8-Bit-Meldung:

```
on startMovie
    if the colorDepth <> 8 then
        alert "Für eine optimale Wiedergabe stellen Sie bitte
        den Bildschirm auf 256 Farben ein."
    end if
end
```

Die nächste Überlegung betrifft die Fenstergröße. Meistens sind Monitore auf 640 x 480 Pixel eingestellt. Browserfenster benutzen beinahe diese gesamte Fläche. Wenn man Information ohne Scrollfunktion innerhalb des Browers zeigen möchte, kann die zugewiesene Fläche etwa 464 x 310 Pixel betragen.

In der nächsten Abbildung finden Sie einen Vergleich typischer Fenstergrößen und Monitoreinstellungen. Bei der Erzeugung eines Movies sollte man die Bühnengröße entsprechend einstellen.

Wenn eine Scrollfunktion sinnvoll erscheint, empfehlen wir nur vertikales Scrolling (Höhe nicht Breite) bis maximal 595 Pixel, das einer Monitoreinstellung von 1024 x 768 Pixel entspricht.

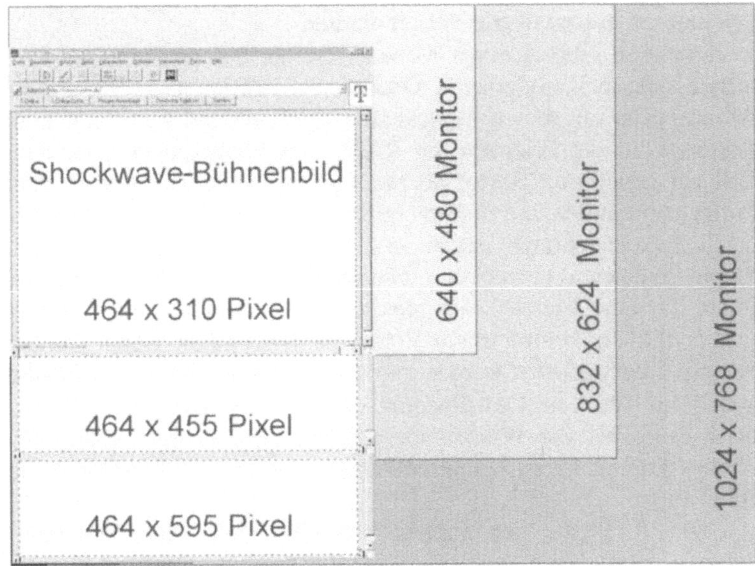

Empfohlene Bühnengrößen für Shockwave-Movies

4.2.2
Speicherplatz

Während viele Computer rasante CPUs haben, mangelt es oft an RAM und Cache. Macromedia empfiehlt 10 MByte RAM und 8 MB Browser-Cache für Shockwave-Movies. Moderne Geräte sind mit 16 MByte RAM ausgestattet, aber ältere Geräte haben oft nur 4 MByte RAM. Somit wird virtueller RAM benötigt, und in der Konsequenz bedeutet dies die (Über-)Beanspruchung von Performanz und Stabilität (Crashgefahr!).

Browser-Cache ist ein zugewiesener Bereich auf der Festplatte für das Downloading aus dem Netz. Bestandteile einer Seite werden zunächst hier „festgehalten" und dann beim Seitenaufbau via Referenzen im HTML-Skript plaziert. Dies spart Zeit und erlaubt, daß Inhalte mehrfach benutzt werden können, ohne nochmals transferiert werden zu müssen. Die Cache-Größe wird im Browser festgelegt (unter Browser-Einstellungen) und ist limitiert. Ist der Cache voll oder zu klein eingestellt, erscheint im Browser ein gebrochenes Icon für Bildmaterial oder andere Bestandteile der Seite als Hinweis auf diesen Status.

Leider kann man vom Server aus nicht feststellen, wie groß ein Browser-Cache ist. Ferner weiß man nicht, ob von einer Sitzung zur anderen die vorher geladene Cache-Information noch vorhanden ist, da der Browser seinen Cache bei Platzmangel überschreibt. Deswegen muß oft nochmals transferiert werden.

Zusätzlich gibt es einen Memory-Cache, der meistens nur 256 KByte oder bei moderneren Geräten 512 KByte groß ist. Dieser Arbeitspuffer mit seinen Algorithmen regelt, ob und wann Inhalte in Sektoren auf der Festplatte im RAM zwischengespeichert werden. Soll ein gepufferter Sektor abermals gelesen werden, wird er dem Puffer entnommen und muß nicht erneut von der Festplatte nachgeladen werden. Somit lassen sich die Zugriffszeiten verkürzen. Streamingdateien nutzen den Memory-Chache. Ist der Memory-Cache für eine Vielzahl von gleichzeitig durchzuführenden Operationen zu klein, kommt es zur Verlangsamung, da die Daten von der Festplatte nachgeladen werden müssen. Gerade bei Animationen und Video mit Bitstream-Downloading kann dieser Faktor eine empfindliche Rolle bei der Wiedergabe spielen. Bei Überforderung des Caches kommt es zu Fehlermeldungen und im schlimmsten Falle zum Crash.

Fazit: Probleme des ahnungslosen Benutzers mit Fehlermeldungen, Wartezeiten und einem möglichen Crash hängen mitunter von der Dateigröße ab. Ist der Browser-Cache zu klein eingestellt oder fast voll, muß eine große Datei zuerst gesondert gespeichert werden, bevor man den Inhalt betrachten kann (z.B. großer MPEG-Movie oder eine größere Audiodatei). Will man die gleiche Datei im Bitstreaming-Verfahren transferieren, könnten Probleme mit dem Memory-Cache und dem RAM durch die Vielzahl von Steuerungsinformationen und die in den Puffer aufzunehmenden Daten entstehen.

Ein weiteres Problem stellen die Art und der Umfang des Speichers auf der Grafikkarte dar. Auch wenn der Rechner alles andere bewältigt, kann die Grafikkarte einen Strich durch die Rechnung machen. Screens oder Teile davon werden nicht ausgetauscht, oder schwarze Rechtecke erscheinen anstelle von Bildelementen – das sind typische Folgen. Auch hierdurch kann es zum Crash kommen.

Nun benötigt jeder Rechner auch freien Festplatten-Speicherplatz, um temporäre Dateien und Funktionen abzulegen bzw. durchzuführen. Je nach Vorgang kann dieser Bedarf bei etwa 4–16 MByte liegen. Wenn die Festplatte voll ist, kommt es zu einer Fehlermeldung bzw. Ablaufstörungen.

4.2.3
Prozessor

Prozessorgeschwindigkeiten können sehr unterschiedlich ausfallen (gewöhnlich 33 bis 266 Megahertz). Eine typische Folge hiervon ist die Geschwindigkeit des Abspielens einer Animation oder eines Movies. Man denke an das beliebte Solitärspiel mit den springenden Karten als Belohnung für den Sieg! Gemütlich läuft es bei einem 386er, zügig bei einem 486er und in Windeseile bei einem Pentium mit MMX ab. Entsprechend kann es passieren, daß eine mit Sorgfalt erstellte Animation an einem alten 286er oder 386er zum Leistungstest höchsten Grades wird, während die Animation auf einem Pentium II nicht mal wahrgenommen wird, da sie so schnell abläuft!

Es gibt einige Tips bei der Erstellung von Shockwave-Movies, um hier Abhilfe zu schaffen:

- Die einfachste Form ist, das Movie-Tempo auf 8 bis 10 Frames zu fixieren und die Animation entsprechend „flüssig" bei dieser Framerate aufzubauen.

- Mit Lingo kann man zeitgebundene Funktionen schreiben, so daß Schlüsselereignisse und Audio synchronisiert werden.

- Am elegantesten ist es, die CPU abzufragen, und die Animation entsprechend auf der Hostseite zu variieren. Dies kann man in Director mit einem einfachen Lingo-Skript testen und durch einen frameTempo-Befehl den Ablauf der Animation steuern:

```
global gMySpeedVar

on checkspeed
   set howMany = 0
   StartTimer
   reapeat while the timer < 60
   set howMany = howMany + 1
   end repeat
   set gMySpeedVar = howMany
end
```

Nun kann man das frameTempo durch den gewonnenen Wert gMySpeedVar bestimmen und somit die Bildabspielgeschwindigkeit nach dem aktuellen Bedarf steuern. Hierfür muß man nur im globalen MovieSkript das FrameTempo mit der Variablen gMySpeedVar gleich setzen:

```
set the frameTempo = gMySpeedVar
```

4.2.4
Browser

Shockwave und Flash werden von Netscape Navigator, Microsoft Internet Explorer, America Online (AOL) und Spyglass unterstützt. Allerdings bedürfen diese Programme eines Plug-Ins. Erst ab Version 4 hat z.B. Netscape die Plug-Ins „eingebaut". Bei älteren Browser-Versionen muß Shockwave installiert werden. Bislang muß man dafür einen Link von seiner Website auf die Macromedia-Homepage setzen, damit der Plug-In geholt werden kann (http://www.macromedia.com/shockwave/download), da die Lizenzvergabe eine eigene direkte Distribution noch nicht vorsieht. Trotz dieser Bedingung ist Shockwave enorm verbreitet. Laut Macromedia wurden über 35 Millionen Shockwave Plug-Ins für Director und ca. 12 Millionen für Flash bisher heruntergeladen. Mehr hierzu finden Sie in Kapitel 5 „Shockwave".

4.3
Text & Web

Shockwave ist global einsetzbar – sowohl auf die Abspielbarkeit auf den Betriebssystemen MAC-OS und Windows bezogen als auch auf die Fähigkeit Text zu generieren. Da es zum einen in verschiedenen Sprachen unterschiedliche Sonderzeichen gibt, deren Codierungen nicht auf allen Rechnern gleich sind, und es zum anderen in einzelnen Fällen auch weitergehende Anforderungen an die typographische Gestaltung und Qualität eines Textes geben kann (z.B. Corporate Design), sind einige Regeln zu beachten, damit jeder Schriftzug auf allen Rechnersystemen und in jeder beliebigen Sprache korrekt erscheint.

Grundsätzlich kann Text auf zwei Arten auf einer Webpage plaziert werden: als Text in einer Grafik oder als Fließtext.

In Director gibt es drei Möglichkeiten, Zeichensätze zu integrieren: als Bitmap-Grafik, im Texteditor und in Textfeldern. Wir wollen die Möglichkeiten, Text zu generieren, sowie deren Vor- und Nachteile näher prüfen.

4.3.1
Fonts & Web

Nur unterstützte Fonts können sowohl für Webseiten als auch in Director verwendet werden. Auf Webseiten mit ASCII-Text kann man als Autor die relative Schriftgröße und die Plazierung wählen. Den eigentlichen Schriftfont und die Referenzschriftgröße bestimmt der Benutzer. Als Defaultfonts dienen die Systemfonts Helvetica bzw. Times auf MAC in 14 Punktgröße und Arial bzw. Times New Roman auf Windows in 12 Punktgröße. Hinzu kommt die Problematik der Sonderzeichen, die sprachspezifisch und systemspezifisch sind.

Director bietet unterschiedliche Lösungsansätze für diese Problematik an:

- Bitmap-Text anstelle von Editortext, d.h., Text wird als Pixel-Grafik eingesetzt. Dadurch wird oft die Datei größer, auch wenn man 1-Bit-Bitmaps benutzt.

- Fontmaps für die Spezifizierung von Fonts, die im Texteditor bzw. im Textfeld erscheinen sollen (s. unten).

- Bei multilingualen Applikationen kann man einen gesonderten Shockwave-Film pro Sprache auf dem Server bereitstellen. Jeder Film wird mit spezifischen Fonts erstellt, um zu gewährleisten, daß sämtliche Sonderzeichen vorhanden sind. Je nach Sprachauswahl auf der Hauptseite erscheinen in Folge alle Texte in der gewählten Sprache mit den gewünschten Sonderzeichen, weil nur der Film mit der entsprechenden Sprachversion abgespielt wird.

- Eine Alternative zu den separaten Filmen stellt die Möglichkeit dar, eine multilinguale Version mit externen Darstellern für jede Sprache zu entwickeln. Die Darsteller werden in einem Anlage-Verzeichnis im gleichen Verzeichnis wie der Film gespeichert und über Lingo-Befehle, je nach Sprachauswahl, geladen. Diese Lösung bietet sich für eine LAN-Anwendung problemlos an. Im Falle einer Weblösung, bedeutet dies aber, daß vor dem Start des Programms die externen Dateien auf den Rechner des Benutzers heruntergeladen werden müssen.

Bei jeder Cross-Plattform-Entwicklung in Director muß man sicherstellen, daß die richtigen Fonts auf allen Plattformen erscheinen. Hierfür gibt es Fontmaps. Sie werden automatisch im Projektor bzw. im Film eingebettet. Sie können eine Fontmap in jedem beliebigen

Texteditor erstellen und über das Dialogmenü „Modifizieren/Film-eigenschaften/Schriftzuordnungstabelle" laden.

Eine Fontmap besteht aus zwei Teilen: eine Serie von Befehlen für die Zuordnung von Fonts und Größen zwischen den Plattformen und eine Serie von Befehlen für die Zuordnung von Sonderzeichen zwischen den Plattformen. Es gibt ein Default <Fontmap.txt> in Director, der für die aufgelisteten Schriftarten und Größen für Cross-Plattform-Kompatibilität sorgt. Wenn man andere Schriften verwenden möchte, bzw. die Liste auf spezfische Fonts reduzieren will, muß man die Liste entsprechend modifizieren, als „.txt"-Datei speichern und anschließend in das Movie laden. Will man keine Fonts im Film benutzen, lädt man eine leere „.txt"-Datei als Fontmap. Durch diesen Trick läßt sich die Shockwave-Datei um 1 KByte reduzieren.

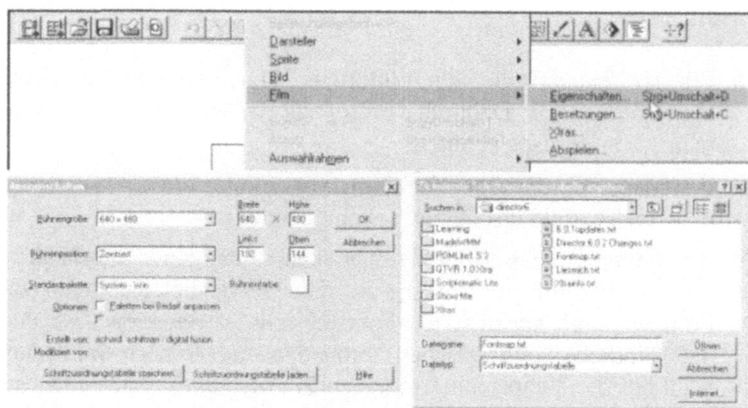

In der Datei <Fontmap.txt> finden Sie eine Liste von Fonts für die Konvertierung von Mac auf Win, gekennzeichnet durch die Symbole „=>", und für die Konversion von Win auf Mac. Director liest die Befehle ohne Leerraum, weswegen Fonts, deren Bezeichnung aus mehreren Worten besteht (z.B. „Times New Roman"), in „Anführungszeichen" stehen. Beachten Sie, daß auch Schriftgrößen angegeben werden können. Die Fontmap ist in erster Linie für das Testen der Datei auf diversen Plattformen wichtig. Da dieser Vorgang im DIR-File-Format erfolgt, wird die zuletzt benutzte Einstellung beim Speichern festgehalten. Durch die Fontmap stellen Sie sicher, daß die Schriftart und -größe, egal auf welchem System bzw. in welcher Reihenfolge der Systeme Ihr Film geöffnet wird, stets in der korrekten Art und Größe erscheint, vorausgesetzt, daß die Fontmap sich im Support-Verzeichnis des Benutzers befindet und natürlich die gewünschten Fonts vorhanden sind. Ohne diese bidirektionale Anweisung würde der Text bei jedem Plattformwechsel verändert werden.

Im nachstehenden Beispiel finden Sie die Größen für Times auf dem Mac-System mit 14, 18, 24 und 30 Punkt angegeben. Die jeweilige Schrift wird am PC auf Times New Roman mit 12, 14, 18 bzw. 24 Punkt konvertiert. In der unteren Tabellenhälfte werden von Win auf Mac die Schriftgrößen in umgekehrter Reihenfolge (12 auf 14 Punkt, usw.) gesetzt, um die o.g. Bidirektionalität zu gewährleisten.

```
Mac:Chicago           => Win:System
Mac:Courier           => Win:"Courier New"
Mac:Geneva            => Win:"MS Sans Serif"
Mac:Helvetica         => Win:Arial
Mac:Monaco            => Win:Terminal
Mac:"New York"        => Win:"MS Serif"
Mac:Symbol            => Win:Symbol   Map None
Mac:Palatino          => Win:"Times New Roman"
Mac:Times             => Win:"Times New Roman"  14=>12 18=>14
24=>18 30=>24
```

Fontmap-
Konvertierung
von Mac auf Win

```
Win:Arial             => Mac:Helvetica
Win:"Courier"         => Mac:Courier
Win:"Courier New"     => Mac:Courier
Win:"MS Serif"        => Mac:"New York"
Win:"MS Sans Serif"   => Mac:Geneva
Win:Symbol            => Mac:Symbol   Map None
Win:System            => Mac:Chicago
Win:Terminal          => Mac:Monaco
Win:"Times New Roman" => Mac:"Times"  12=>14 14=>18 18=>24
24=>30
```

Fontmap-
Konvertierung
von Win auf Mac

PC-ASCII-
Tabelle

Ähnlich können Sonderzeichen konvertiert werden. Hier sind die bidirektionalen Befehle für sämtliche ASCII-Sonderzeichen zwischen 128 and 255 aufgelistet. Beachten Sie, daß auch in der Umkehrung vom kleinsten ASCII-Wert ausgehend gelistet wird.

```
Mac: => Win: 128=>196 129=>197 130=>199 131=>201 132=>209
133=>214 134=>220
Mac: => Win: 135=>225 136=>224 137=>226 138=>228 139=>227
140=>229 141=>231
Mac: => Win: 142=>233 143=>232 144=>234 145=>235 146=>237
147=>236 148=>238
Mac: => Win: 149=>239 150=>241 151=>243 152=>242 153=>244
154=>246 155=>245
Mac: => Win: 156=>250 157=>249 158=>251 159=>252 160=>134
161=>176 162=>162
Mac: => Win: 163=>163 164=>167 165=>149 166=>182 167=>223
168=>174 169=>169
Mac: => Win: 170=>153 171=>180 172=>168 173=>141 174=>198
175=>216 176=>144
```

Sonderzeichen-
map-
Konvertierung
von Mac auf Win

```
Mac: => Win: 177=>177 178=>143 179=>142 180=>165 181=>181
182=>240 183=>221
Mac: => Win: 184=>222 185=>254 186=>138 187=>170 188=>186
189=>253 190=>230
Mac: => Win: 191=>248 192=>191 193=>161 194=>172 195=>175
196=>131 197=>188
Mac: => Win: 198=>208 199=>171 200=>187 201=>133 202=>160
203=>192 204=>195
Mac: => Win: 205=>213 206=>140 207=>156 208=>173 209=>151
210=>147 211=>148
Mac: => Win: 212=>145 213=>146 214=>247 215=>215 216=>255
217=>159 218=>158
Mac: => Win: 219=>164 220=>139 221=>155 222=>128 223=>129
224=>135 225=>183
Mac: => Win: 226=>130 227=>132 228=>137 229=>194 230=>202
231=>193 232=>203
Mac: => Win: 233=>200 234=>205 235=>206 236=>207 237=>204
238=>211 239=>212
Mac: => Win: 240=>157 241=>210 242=>218 243=>219 244=>217
245=>166 246=>136
Mac: => Win: 247=>152 248=>150 249=>154 250=>178 251=>190
252=>184 253=>189
Mac: => Win: 254=>179 255=>185
```



```
Win: => Mac: 128=>222 129=>223 130=>226 131=>196 132=>227
133=>201 134=>160
Win: => Mac: 135=>224 136=>246 137=>228 138=>186 139=>220
140=>206 141=>173
Win: => Mac: 142=>179 143=>178 144=>176 145=>212 146=>213
147=>210 148=>211
Win: => Mac: 149=>165 150=>248 151=>209 152=>247 153=>170
154=>249 155=>221
Win: => Mac: 156=>207 157=>240 158=>218 159=>217 160=>202
161=>193 162=>162
Win: => Mac: 163=>163 164=>219 165=>180 166=>245 167=>164
168=>172 169=>169
Win: => Mac: 170=>187 171=>199 172=>194 173=>208 174=>168
175=>195 176=>161
Win: => Mac: 177=>177 178=>250 179=>254 180=>171 181=>181
182=>166 183=>225
Win: => Mac: 184=>252 185=>255 186=>188 187=>200 188=>197
189=>253 190=>251
Win: => Mac: 191=>192 192=>203 193=>231 194=>229 195=>204
196=>128 197=>129
Win: => Mac: 198=>174 199=>130 200=>233 201=>131 202=>230
203=>232 204=>237
Win: => Mac: 205=>234 206=>235 207=>236 208=>198 209=>132
210=>241 211=>238
Win: => Mac: 212=>239 213=>205 214=>133 215=>215 216=>175
217=>244 218=>242
Win: => Mac: 219=>243 220=>134 221=>183 222=>184 223=>167
224=>136 225=>135
Win: => Mac: 226=>137 227=>139 228=>138 229=>140 230=>190
231=>141 232=>143
Win: => Mac: 233=>142 234=>144 235=>145 236=>147 237=>146
238=>148 239=>149
Win: => Mac: 240=>182 241=>150 242=>152 243=>151 244=>153
245=>155 246=>154
Win: => Mac: 247=>214 248=>191 249=>157 250=>156 251=>158
252=>159 253=>189
Win: => Mac: 254=>185 255=>216
```

4.3.2
Text als Bitmap-Grafik

Die wesentlichen Eigenschaften eines Textes, der als Bitmap- oder Pixel-Grafik abgespeichert wurde, sind:

- vom Betriebssystem unabhängige Darstellung,
- keine Editierbarkeit bei der Wiedergabe,
- eingeschränkte Editierbarkeit beim Authoring.

Bitmap-Text kann in jedem Bildbearbeitungsprogramm generiert und anschließend wie jedes Pixelbild weiter bearbeitet werden. Deswegen werden oft Überschriften, Highlights und Sonderschriftzüge mit Bitmap-Text erstellt, um besondere Effekte, Atmosphäre und Stil zu erzielen.

In Director können Bitmap-Texte direkt im Malprogramm erzeugt werden. Eine andere Möglichkeit bietet die Umwandlung von Text aus dem Texteditor in Bitmap. Diese Methode hat den Vorteil, daß der Urtext bis zum Schluß editierbar bleibt. Man sollte allerdings eine Kopie des Urtextes anfertigen und nur die Kopie konvertieren, sonst geht die Option der Editierbarkeit verloren. Wenn Sie diese Option in Anspruch nehmen, denken Sie daran, bevor Sie Ihr endgültiges Werk als DCR-File speichern, die editierbaren Texte vorher zu entfernen, um die Größe der Enddatei zu minimieren.

Wollen Sie den Vorgang „automatisieren", können Sie mit dem folgenden Skript Rich-Text in eine Bitmap-Grafik jeweils in einem neuen Darstellerfenster konvertieren:

```
on makePictureFromRichText memNum
   put new(#bitmap) into newMemNum
   set the picture of member newMemNum = the picture ¬
   of member memNum
end
```

Das Antialiasing im Malprogramm von Director ist etwas weniger gelungen als die Funktion aus dem Texteditor. Außerdem stehen kaum Filter und Effekte zur Verfügung. Anspruchsvolle Bitmaps sollten deswegen in Bildbearbeitungsprogrammen, wie Photoshop, FreeHand, Illustrator oder Corel Draw, erstellt werden.

4.3.3
Texteditor-Text

Der Texteditor in Director ist sehr funktionstüchtig. Man kann umfangreiche Texte direkt durch Texteingabe erfassen oder als Rich-Text-Format (RTF) importieren. Wenn es um die Funktionen des Texteditors geht, muß man grundsätzlich zwischen Text beim Authoring und Text bei der Wiedergabe im Film trennen.

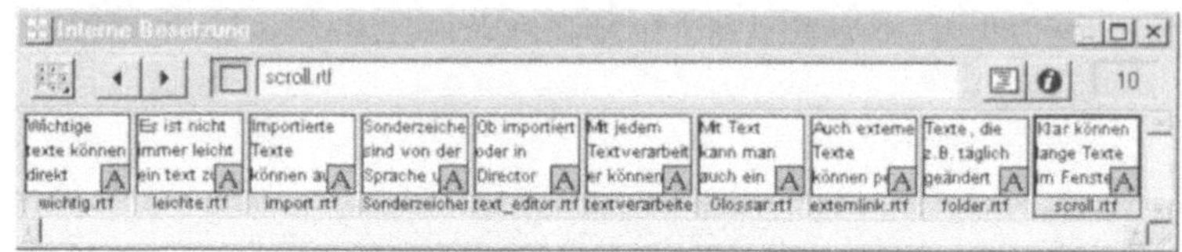

Importierte RTF-Dateien in der Darsteller-besetzung von Director

Beim Authoring besitzt der Text aus Directors Texteditor eine Reihe von Vorteilen:

- Die Formatierung wird über die Plattformen MacOS und Windows weitgehend eingehalten. Wenn auf verschiedenen Plattformen entwickelt bzw. getestet wird, sollte man sich vergewissern, daß die Formatierung vor der endgültigen Speicherung im Shockwave-Format stimmt.

- Die Texte können in den spezifischen Fonts erscheinen, mit denen sie geschrieben wurden, wenn Sie Ihre Datei „Fontmap.txt" im Movie entsprechend aufbauen und sie im jeweiligen Support-Verzeichnis vorliegt und wenn beim Authoring die gewünschten Fonts auf den Entwickungsrechnern vorhanden sind. Diese Voraussetzungen gelten nur, sofern man die Texte auf verschiedenen Rechnern editieren möchte. Werden die Texte ausschließlich auf Rechner 1 erstellt und nur auf Rechner 2 getestet, bleiben die Zeichensätze unverändert.

- Die Antialiasing-Funktion des Texteditors ist im Vergleich zum Malprogramm und Feldtext am besten.

- Der Text bleibt während des Authorings einfach zu editieren.

Vorteile des Textes im fertiggestellten Film:

- Die vorgegebene Formatierung mit den benutzten Fonts bleibt erhalten, weil der Director die Texte in Bitmap-Grafik umwandelt.

- Die Antialiasing-Funktion ist im Vergleich zum Malprogramm und Feldtext am besten.

Antialiased Text aus dem Text-editor in Director

Nachteile hat Text des Texteditors im fertigen Film aber auch:

- Der Text ist während der Wiedergabe nicht editierbar.
- Man kann den Text nur bedingt mit Lingo kontrollieren.
- Der Text benötigt oft viel Speicherplatz.

4.3.4
Feldtext

Feldtext hat eine Reihe von Vorteilen:

- Er benötigt am wenigsten Speicher.
- Er bleibt editierbar auch während des Abspielens.
- Er kann mit vielen Lingo-Befehlen kontrolliert werden.

Feldtext läßt sich auch per Lingo steuern!

Leider gibt es bei Feldttext auch einige Nachteile:

- Er benötigt bestimmte Systemfonts, also tut man gut daran, diese Fonts zu listen (einschließlich der Skalierung, falls erwünscht).
- Die Formatierung von Feldtext läßt sehr zu wünschen übrig und kann erheblich von Plattform zu Plattform abweichen, so daß es kaum möglich ist, ein einheitliches „Bild" in dem Textfenster zu erzeugen.
- Director hat die Eigenschaft, Feldtext-Liniengrößen jeweils auf Defaultgröße zurückzustufen, unabhängig von der eingegebenen Größe. Diese Defaultgrößen unterscheiden sich je nach benutztem Font zwischen Mac und Win.
  Ähnlich verhält es sich mit der Einstiegsposition eines Scrolltextes. Beim Authoring wird der Text oft in einer gescrollten Position abgespeichert; das Resultat ist klar: Beim nächsten Öffnen des

Films beginnt der Scrolltext nicht am Anfang des Textes. Um
Abhilfe zu schaffen, kann man die Eigenschaft lineHeight of member
bzw. scrollTop of member festlegen. Hier ein Skript dafür:

```
on startMovie
    set the lineHeight of member "Einführungstext" = 14
    set the lineHeight of member "anderer Text" = 14
    set the scrollTop of member "scrolling text" =  0
    set the scrollTop of member "list of names" = 0
end
```

- Feldtexte agieren langsamer in Animationen als Bitmaps oder
  importierter Text, weil die Scripts erst gelesen und anschließend
  umgesetzt werden müssen (Beispiel: <feldtxt.htm> auf der CD-
  ROM).

Mit dem findfont.dir auf der CD-ROM können Sie testen, welche
Standardfonts der Fontmap auf Ihrem Rechner installiert sind.

4.3.5
Skalierbare Fonts

Skalierbare Fonts gibt es in zwei Arten: als Vektorfonts oder als
Bitmaps. Vektorfonts lassen sich beliebig vergrößern und verklei-
nern, ohne ihre „Schärfen" zu verlieren. Somit stellen sie die echte
Art skalierbarer Fonts dar.

Fontographer ist ein Programm zur Erstellung von spezifischen
Fontsätzen. Dabei werden immer die Größe und der Typus festgelegt. Somit muß man verschiedene Alphabetsätze (oder Teile davon)
für die gewünschten Punktgrößen erstellen, die man schließlich auf
der Webseite anwendet. Sie haben dadurch den Vorteil, daß der
damit erstellte Text sowohl in beliebiger Punktgröße (z.B. Überschriften!) erscheinen kann als auch über eine Volltextsuche erfaßbar
wird. Natürlich müssen Sie die benutzten Fonts zur Verfügung stellen, d.h. dem Betrachter übermitteln, bevor er die Seite liest. Sie
können dieses Problem umgehen, indem Sie den Text in einem Netz-
Format einbinden (z.B. in einer Acrobat-Datei), das die Fonts unterstützt. Warum braucht man ein Fontgenerator? Ganz einfach – die
Distribution von nicht eigens hergestellten Fontsätzen kann eine
Copyright-Verletzung darstellen!

Vektortext in
Flash – beliebig
skalierbar
(Beispiel
auf der CD-
ROM)
<vektortxt.htm>

Flash bietet die Möglichkeit, frei skalierbare Schrift im Netz zu benutzen. Sie können bei der Flashlet-Erstellung die Schrift in beliebigen Fonts und Größen auswählen. Genauso wie Sie den Text erstellen, erscheint er. Durch die Anpassung des Shocklets an das Browserfenster („embed in %" bei der Höhe und Breite angeben, Details s. Kapitel 7 „Workshop Shockwave für Flash") können Sie das Browserfenster beliebig vergrößern oder verkleinern, die Schriftgröße paßt sich dem Browserfenster automatisch an.

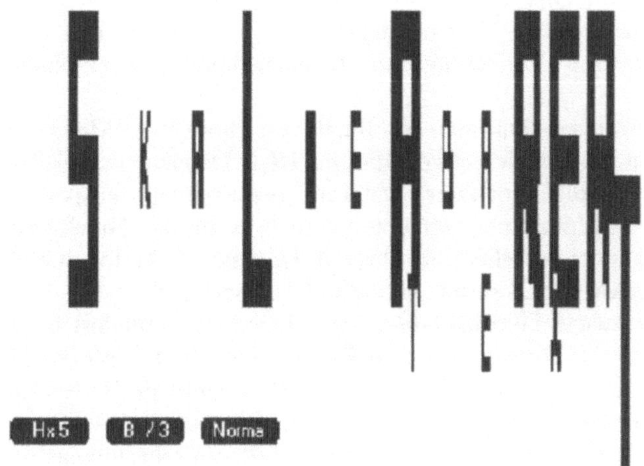

Skalierbare
Texte aus
einzelnen
Buchstaben als
Bitmap-Bilder mit
Lingo-Befehlen
lebendig
gemacht!
(Beispiel:
<skaltxt.htm>
auf der
CD-ROM)

Wählt man Bitmaps, muß man sein Alphabet entweder Pixel für Pixel und Buchstabe für Buchstabe erstellen, oder man setzt einen Zeichensatzeditor, wie z.B. Macromedia Fontographer, ein. Buchstaben als Bitmap-Bilder können, wie jedes Bild, weiter bearbeitet werden. Wenn Sie ein Alphabet erstellt haben, beachten Sie die Effekte, die Sie mit Lingo durch Beeinflussung des Buchstaben-Bilds erzielen können, wie z.B. Zerrung, Dehnung und Skalieren. In Verbindung mit anderen Lingo-Befehlen können sogar Fließtexte entsprechend skaliert werden. Beispiele finden Sie unter <skaltxt.htm> und <feldtxt.htm> auf der CD-ROM.

4.3.6
Textausdruck in Shockwave

In diesem Abschnitt finden Sie ein paar Bemerkungen zum Thema Ausdrucken. Text kann in einem FreeHand- bzw. Flash-Shocklet problemlos ausgedruckt werden, vorausgesetzt, der Film mit dem entsprechenden Inhalt wird angehalten. Im Prinzip erfolgt ein Frameausdruck. Auch ablaufende Animationsszenen werden per Zufallsprinzip erfaßt. Der Text kann allerdings nicht kopiert und in einem anderen Programm weiter bearbeitet werden. Leider kann man einen eingebetteten Text in einem Shockwave-DCR-Film auf einer Webseite weder kopieren noch ausdrucken.

Ist eine Ausdruckoption erwünscht, muß man das Xtra von Graymatter, PrintOMatic, benutzen. Hierbei muß das Xtra im Support-Ordner im Disk-Cache des Browsers geladen sein, was eine beinahe unzumutbare Übertragungszeit mit sich bringt und unter Umständen eine Verletzung der Lizenzbedingungen beinhalten kann!

Über Umwegen kann man den Inhalt von Shockwave-Movies im DIR-Format drucken, leider geht dies bei DCR-Dateien noch nicht.

Auch wenn die Shockwave-Datei auf der Festplatte gespeichert wird, kann der Inhalt nur betrachtet werden, wenn das Shockwave-Plug-In die Datei decodiert und abspielt. Der eigentliche Inhalt eines Shockwave-Movies ist somit „hermetisch" abgeriegelt.

Ein Shockwave-Film im DIR-Format läßt sich zumindest in Director öffnen. Ist Director auf dem Rechner installiert, wird das Director-Programm aus dem Browser gestartet, damit die DIR-Datei betrachtet werden kann. In Director kann man auf die Inhalte zurückgreifen und ausdrucken – insgesamt jedoch ein sehr unbequemer und umständlicher Weg.

Eine DCR-Datei („geshockte" Datei) läßt sich weder in Director öffnen noch abspielen. Sie ist somit – eher wie eine DXR-Datei – nur zum Abspielen gedacht. Zusammen mit dem Shockwave-Plug-In und dem Browser bilden sie eine Art „Projektor".

Ein „work around" hierfür bieten externe Links. Textinhalte oder auch andere Medien können theoretisch direkt betrachtet bzw. weiter bearbeitet werden, wenn diese als externe Links eines Shockwave-Filmes vorliegen. Dies setzt voraus, daß diese Inhalte in einem Support-File vor dem Abspielen auf den Client-Rechner übertragen werden. Hierdurch geht der Vorteil des Bitstreamings verloren, weswegen diese Form von Shockletaufbau wenig beliebt ist. Obendrein gibt es einige Ungereimtheiten bei Shockwave-Filmen im DCR-Format mit externen Links. Auch hier scheint das DIR-Format, mit relativen Links besser zu funktionieren. Natürlich müssen diese Inhalte für die weitere Bearbeitung außerhalb des Browsers im geeigneten Programm betrachtet werden.

Macromedia ist dabei, eine Lösung hierfür beizusteuern. Es ist zu hoffen, daß dieses Problem rasch behoben wird. In der Zwischenzeit empfehlen wir, einen einfachen Trick anzuwenden, wenn wichtige Texte in Shocklets eingebettet werden, die theoretisch vom Betrachter ausgedruckt und/oder weiter bearbeitet werden sollten: Binden Sie diese Information auf einer zusäzlichen HTML-Seite ein, die aus der Shockwave-Datei aufgerufen werden kann.

4.4
Farbe & Web

Ein guter Kompromiß zwischen möglicher Farbtiefe von Grafiken und deren Übertragungs- und Displayzeiten ist die Vereinbarung auf eine 8-Bit-Farbdarstellung.

Dies gilt natürlich auch für Animationen und Videos, die man bevorzugt in entsprechend wenigen Farben rendert und zusätzlich die Framezahl/Sekunde und die Bitübertragungsrate bewußt reduziert.

Darüber hinaus gibt es einige Empfehlungen bei der Erstellung von Grafiken, die eine Optimierung der Kompression ermöglichen, auf die wir gleich zu sprechen kommen.

Hinzu kommt der Wunsch, mit den gängigen Browser-Systemen kompatibel zu sein. Man spricht von browser-sicheren Farbpaletten, die mit den Betriebssystemen MacOS und Windows sowie mit den Browsern Netscape und Explorer kompatibel sind.

4.4.1
Paletten

Eine browser-sichere Palette besteht aus 216 Farben. Während auf der Mac-Seite alle 256 Farben unterstützt werden, benötigt das Windows-System 40 Farben für sich, für andere Programme und den Desktop. Netscape hat deswegen eine 6-Bit-Farbpalette entwickelt, die von beinahe allen Browsern unterstützt wird. Diese besteht im Grunde genommen aus den ersten 215 Farben der Mac-Systempalette und Schwarz auf Position 255. Wenn Sie eine Shockwave- oder Flash-Applikation für das Web produzieren, stellen Sie sicher, daß die Web-Palette geladen ist. Sie finden die Netscape-

Palette in Director unter XTRAs Palletenbibliothek. Kopieren Sie diese und plazieren Sie sie in Ihrem Cast.

Wenn die Bilder aus Ihrem Bildbearbeitungsprogramm nicht bereits mit einer browser-sicheren Palette erstellt worden sind, konvertieren Sie die Bilder im Director entsprechend unter dem Menü „Modifizieren: Bitmap ändern". Bei Flash-Dateien sollten Sie sich vor dem Import versichern, daß eine Netscape-Palette benutzt wurde.

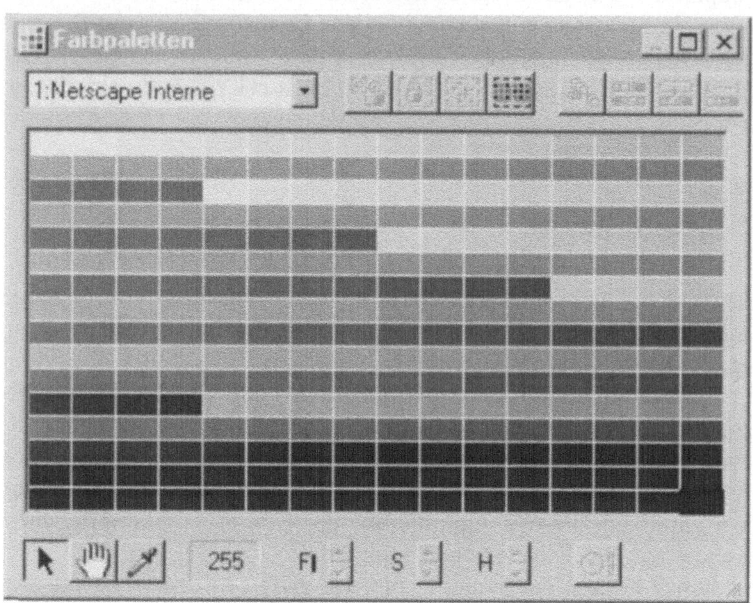

Eigene Paletten für das Web kommen einem Roulettespiel gleich. Netscape kann eigene Paletten wiedergeben, wenn man im <EMBED>-Tag den PALETTE-Parameter gleich FOREGROUND setzt. Hierdurch wird die eigene Palette für den ganzen Bildschirm aktiviert. Wenn jedoch Ihre Palette die normalen Systemfarben nicht berücksichtigt, kann das Ergebnis für den Benutzer befremdend wirken, da sein Desktop-Screen plötzlich ganz andere Farben aufweist. Internet Explorer kann den <EMBED>-Tag ohnehin nicht interpretieren und ebenfalls keine eigenen Paletten unterstützen (für Details s. Kapitel 6.5 Einbindung mittels <EMBED>).

Grafische Dateien können direkt in Director importiert und als Bestandteil eines Shockwave-Movies abgespeichert oder via Link in die Datei geladen werden, was bei Shockwave nicht immer problemlos gelingt. Deswegen versucht man meistens, die Movies als abgeschlossene Einheiten zu entwickeln. Wenn jedoch das Movie als eine Shell-Applikation benutzt wird, z.B. für wechselnde Lehr-/Lernumgebungen oder Kataloge, kann es von Vorteil sein, die Bilder über Links zu Anlagefoldern aktuell zu laden. Somit müssen nur die Inhalte der Verzeichnis ausgetauscht oder aktualisiert werden. Bedenken Sie bitte: Bei „gelinkten" Movies hat man zur Zeit bessere Karten mit dem DIR-Format.

4.4.2
Checkliste: Ausnutzung von Farbe

Unabhängig davon, welchen Weg Sie bevorzugen, gibt es einige Regeln bei der Erstellung von Grafiken, die eine optimierte Kompression garantieren. Versuchen Sie zuerst, sämtliche Bilder browser-farbensicher zu entwerfen.

Neben der Fläche einer Grafik wird die Dateigröße von der Farbbittiefe bestimmt. Eine Abbildung in 24-Bit-Farbtiefe von 100 x 100 Pixel benötigt 30 KByte Speicherplatz, während das gleiche Bild in 8-Bit-Farbtiefe nur 10 KByte benötigt. Um hier bestmögliche Ergebnisse für das Netz zu erzielen, gibt es einige Tricks:

- Beginnen Sie mit der höchsten Auflösung Ihrer Bilder, am besten in 24- oder 32-Bit-Farbtiefe und speichern Sie eine Kopie für zukünftiges Editieren.

- Farbindexing, also die Reduktion der Farbtiefe, kann in einem Programm für Bildbearbeitung oder in Director erfolgen. Wenn Sie in Flash arbeiten möchten, stellen Sie sicher, daß das Indexing vor dem Importieren erfolgt. Benutzen Sie hierzu Photoshop, Corel Draw, Director oder Debabelizer. Achten Sie darauf, daß für das Indexing eine browser-sichere Palette verwendet wird.

- Betrachten Sie Ihre Ergebnisse auf einem Monitor mit 256 Farben!

- Wenn Sie Vektorgrafik oder Bitmaps farbig retuschieren möchten, verwenden Sie Farben aus der browser-sicheren Palette.

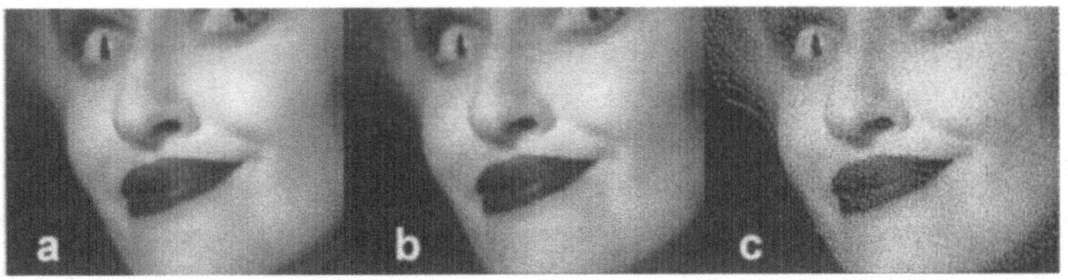

- Nutzen Sie Dithering nur, wenn es unbedingt erforderlich ist. Dithering führt in einer Grafik dazu, daß benachbarten Pixeln eine Zwischenfarbe zugewiesen wird, um mehr Farben zu simulieren, als tatsächlich vorhanden sind. Obwohl Dithering von Bildern bei der CD-ROM-Erstellung „geliebt" wird, ist es nicht unbedingt empfehlenswert für das Web, da die Kompression geringer ausfällt. Vergleichen Sie die Ergebnisse mit Dithering und ohne. Wenn das Bild ohne Dithering akzeptabel erscheint, benutzen Sie es.

- Farb-Gradienten werden gern für den Hintergrund angewandt. Die Farbschattierungen erhöhen die Anzahl benötigter Farben bzw. verlangen den Einsatz von Dithering, um einen „sauberen" Verlauf zu erzielen. Vermeiden Sie Farb-Gradienten so gut es geht, da diese bei 8 Bit oft unschön ausfallen, insbesonders ohne Dithering. Ferner lassen sie sich sehr schlecht komprimieren. Wenn Gradienten erforderlich sind und das Ergebnis bei sogenannten Bestfarben-Gradient nicht zufriedenstellend wirkt, benutzen Sie den Trade-Off: lieber nicht zu kompliziert im Farbverlauf und dafür optimiert durch Dithering.

Gradienten sind
in 8 Bit oft
unschön

- Wie bei Gradienten erscheinen Photos, 3D-Grafiken und schattierte Images besser mit Dithering. Versuchen Sie aber vorher die Struktur Ihres Bildes durch Filter zu reduzieren, damit das Ergebnis homogener aussieht.

- Wenn alle Stricke reißen, benutzen Sie Bitstripping, also reduzieren Sie bewußt die Anzahl verfügbarer Farben, z.B. durch Reduktion auf eine 4-Bit-Ebene. Sichern Sie das Bild hinterher nochmals als eine 8-Bitgrafik, damit es bei der Erstellung des Shockwave-Films in Director nicht umgerechnet (remapped) werden muß, denn Director besitzt die Eigenschaft, sämtliche Bilder, die nicht in der vorgesehenen Bit-Farbtiefe gespeichert sind, auf die eingestellte Display-Farbtiefe umzurechnen. Somit ist es unbedingt wichtig, während der Entwicklung mit einer Monitoreinstellung von 8-Bit-Farbtiefe zu arbeiten.

Links:
ein 8-Bit-Motiv
Rechts daneben:
diverse
1-Bit-Motive
davon

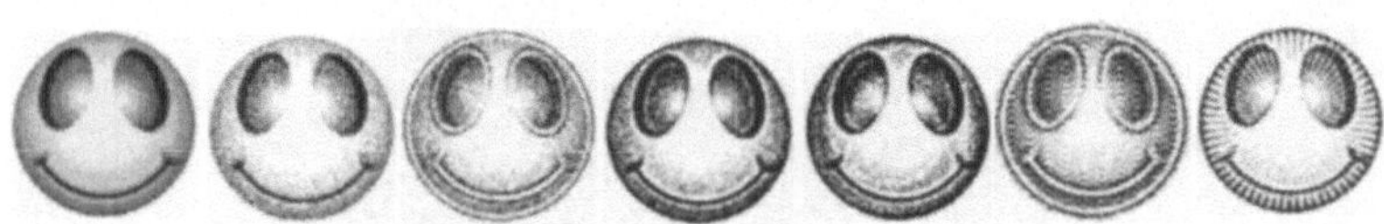

- Benutzen Sie 1-Bit-Bilder auch nach diversen Filtereinsätzen und Kontrastkorrektur. Dies ist eine interessante Art und Weise eine Vielzahl von Akteuren eines Bilds zu erhalten. Durch die Filtertechniken erscheint das Motiv jedesmal etwas anders. Bedenken Sie, daß eine 1-Bitgrafik nicht schwarzweiß sein muß! Sie können sämtliche Palettenfarben als Vordergrund- bzw. Hintergrund-Farbe wählen und kombinieren.

- In Director verändert sogenanntes Inking (Farbeffekt) die Erscheinung eines Bildes, ohne die Dateigröße zu verändern oder einen Bedarf an multiplen Castmembern zu stellen. Es gibt 18 verschiedene Möglichkeiten! Inking wird allerdings vom Prozessor beim Display berechnet, wodurch die Performance abnimmt. Gerade bei Animationen kann dies für jede Figur mehrere Zehntel Sekunden kosten! Daher empfiehlt es sich, nur im richtigen „Moment" Inking anzuwenden! Inking kann per Lingo gesteuert werden. Ähnlich kann man Sprite-Spuren per Lingo steuern, wodurch eine Figur mehrfach erscheint und dabei verschiedene Inking-Effekte annimmt. Um den Einfluß von Inking auf die Animationsgeschwindigkeit besser zu verstehen, schauen Sie sich das Beispiel <jagd.dir> auf der CD-ROM an.

Inking-Effekte: Kopie, Transparent, Umkehr, Aufhellung und Stanz

- Verwenden Sie Kacheln (Tiles oder Patterns) anstelle eines komplizierten Hintergrunds. Kacheln bieten sich an, wenn ein sich wiederholendes Muster benötigt wird. Eine 64 x 64 Pixel große Kachel benötigt weniger als 64 KByte und kann einen gesamten Hintergrund bilden.

- Verwenden Sie Rechtecke, Ovale, Linien und sogar Buttons aus der Tool-Palette in Director. Hier finden Sie effektive Werkzeuge, die eigentlich Vektorgrafiken sind. Diese benötigen unabhängig von der Größe nur 64 Bytes pro Castmember und können durch Lingo in allen erdenklichen Arten beeinflußt werden.

- Erstellen Sie Text und Felder per Lingo! Das Eleganteste ist sicherlich ein Lingo-Skript, in dem Felder (Größe, Farbe, Urposition und Behavior) und Texte definiert werden. Sie brauchen dafür keinen einzigen Darsteller und können sehr gute Effekte erzielen (Stretching, Wiggling, Rotationen etc., s. Beispiel <feldtxt.htm> auf der CD-ROM)!

4.4.3
Kacheln und animierte Kacheln

Director bietet die Möglichkeit, aus jedem Darsteller (Castmember) eine Kachel zu kreieren. Kacheln werden als Vektorgrafiken gespeichert und beanspruchen nur 64 Bytes. Hinzu kommt allerdings auch die Grafik selbst, so daß es sich empfiehlt, die Grafik-Darsteller für die Kachel nur in der beabsichtigten Kachelgröße in einem Bildbearbeitungsprogramm vorher zu fertigen.

Eine Kachel herzustellen, ist ganz einfach. Sie können diese in beinahe jedem Bildbearbeitungsprogramm mit einem Terrazzo-Filter erstellen. In Direktor führen Sie folgendes durch:

1. Klicken Sie auf „Kacheleinstellungen" in der Werkzeugpalette. Wählen Sie eine der 8 Kacheln, die Sie ersetzen wollen aus.

2. Klicken Sie auf „Darsteller" und auf die Blätterpfeile, bis das gewünschte Castmitglied im Fenster erscheint. Jedes Mitglied mit mehr als 1 Bit-Farbtiefe kann gewählt werden. Die eingestellten Farben des Mitglieds werden übernommen.

3. Bestimmen Sie die „Größe" (Breite und Höhe) und wählen Sie mit dem kleinen „Rechteck" im linken Fenster das gewünschte Muster aus.

4. Wenn Sie zufrieden sind, klicken Sie O.K. Jetzt können Sie die Kachel wie jedes Muster in Ihrem Programm einsetzen. Die momentan gewählte Farbe in der Werkzeugpalette hat allerdings keinen Einfluß auf die Kachel. Um die Farbe zu ändern, müssen Sie im Menü „Malen" Ihr Objekt entsprechend verändern. Die Kachel nimmt dann automatisch die Änderungen an.

(Beispiel auf der CD-ROM: <birdy.htm>) Sie können auch Animationen erstellen, indem Sie bis zu 8 verschiedene Kacheln in Director erzeugen. Legen Sie die Kacheln in der gewünschten Reihenfolge im „Score" ab oder schreiben Sie einen Lingo-Befehl mit pattern of member property. Achten Sie aber darauf, daß Ihre Kacheln gleichmäßig zentriert werden, da die Registrierungspunkte in der Funktion „Malen" nicht übernommen werden. Ein einfacher Weg besteht darin, das Objekt in einen umrandeten Kasten zu stellen bzw. einen Registrierungspunkt in der Figur zu plazieren und die Rand- bzw. Punktfarbe als Hintergrundfarbe zu setzen. Wenn Sie anschließend den Farbeffekt „Hintergrund transparent" im Menü „Malen" wählen, wird der Rand bzw. Punkt nicht sichtbar. Kachel-Animationen können lustig sein und laufen flott ab!

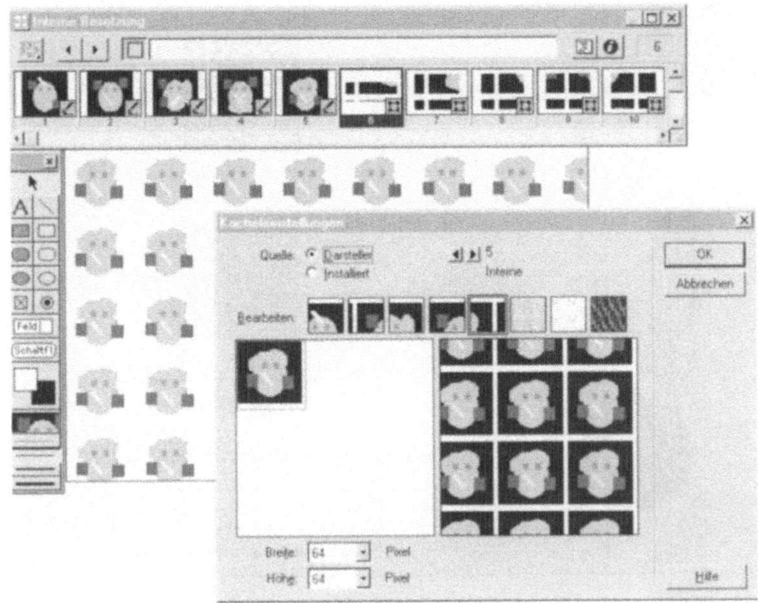

Nahtlose Kacheln können in Photoshop, xRes, FreeHand oder Corel Draw mit dem Terrazzo-Filter erstellt und als Bitmaps in Director importiert werden. Danach werden sie, wie oben beschrieben, als Kacheln gespeichert. Achten Sie darauf, daß Ihr Bitmap-Bild der gewünschten Kachelgröße bei der Erstellung entspricht, um die besten Ergebnisse zu erzielen.

4.4.4
Farb-/Musterzyklen und Formanimationen

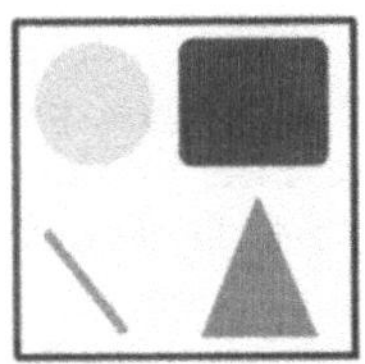

Die Vielfalt von Formen und Farben, die mit der Werkzeugpalette in Director generiert werden, können durch weitere Eigenschaften des Directors ergänzt werden. Wir erinnern uns, daß jede Form unabhängig von der eingesetzen Größe nur 64 Bytes Speicher benötigt. Daher bietet es sich an, durch eine schnelle und einfache Methode, Objekte in ihren Farben, Formen, Linienstärken, Füllfarben etc. zu ändern und zu animieren. Farbzyklen z.B. können Sie am besten mit einem Lingo-Skript erzeugen. Hier ein Beispielskript für einen Button mit 4 verschiedenen Farben. Mit dem Befehl on mouseDown kommt es zu eienr Veränderung der Vordergrundfarben. Diese Farben können Sie aus der Farbpalette frei wählen und entsprechend in die Farbzyklenliste <colorcycle> (hier mit den Farben 202,71,108,6) eintragen.

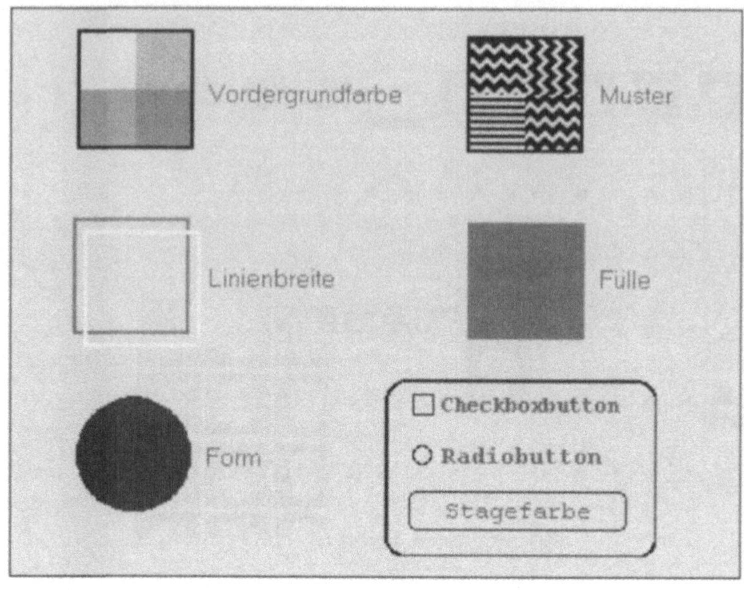


```
on mouseDown
     set colorcycle = list (202,71,108,6)
     set spriteList = list(1,2,3,4)
     repeat while the mouseDown
         set the forecolor of sprite ¬
         (getAt (spriteList, random(4))) to ¬
         (getAt (colorcycle, random(4)))
         updatestage
     end repeat
end

on mouseUp
     go to frame "x"
end
```

Eine Formanimation läßt sich sehr einfach mit der Werkzeugpalette
erstellen. Zeichnen Sie eine Form und definieren Sie eine Vorder-
grundfarbe dafür. Im ersten Score-Frame plazieren Sie die Form.
Jetzt klicken Sie im Score auf den Endframe Ihrer Animation. Ziehen Sie die Form auf dem Stage auf eine neue Position – vielleicht
ändern Sie die Farbe und Größe dazu. Jetzt klicken Sie unter dem
Menü „Modifizieren, Sprite Eigenschaften, Füllen". Hier können Sie
diverse Schritte der Animation einstellen, z.B. Position, Größe, Vor-
dergrund- und Hintergrundfarbe sowie Blendungseffekte. Director
kalkuliert automatisch die Veränderungen, Frame für Frame. Die
hier abgebildete Animation mit 28 Schritten benötigt nur 3 KByte als
Shockwave-Movie!

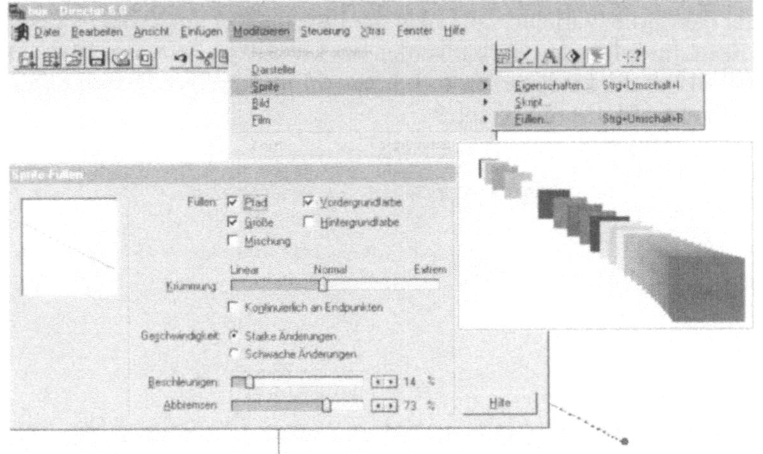

Mit Lingo können Sie viele Parameter in der Animation beeinflussen. Die Form läßt sich mit den Befehlen #rect, #roundRect, #oval und #line bestimmen und ändern. Auf der CD-ROM finden Sie <form.dir>. Hier ist ebenfalls noch ein Skript zum Experimentieren:

```
if the shapeType of member "shapeCast" = #oval then ¬
set the shapeType of member "shapeCast" = #rect
```

Ähnlich können Sie Muster oder Füllung bestimmen und ändern. Es gibt neben den 256 Systemfarben bzw. 216 browser-sicheren Farben 64 verschiedene Muster, wobei 0 ein solides Muster und die Zahlen 57 bis 64 die Kachelmuster definieren. Unten sehen Sie zwei Skripts dazu. Im ersten testen wir, ob eine Form gefüllt ist, und im zweiten wird eine Füllung von Muster 17 auf Muster 64 geändert.

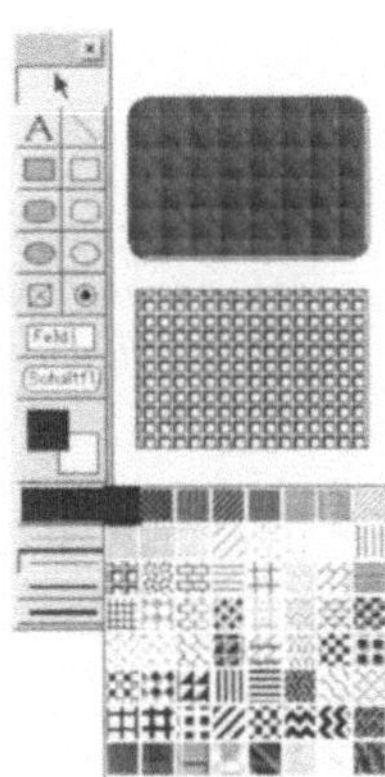

```
if the filled of member "shapeCast" = FALSE then ¬
set the shapeType of member "shapeCast" = TRUE

if the pattern of member "shapeCast" = 17 then ¬
set the shapeType of member "shapeCast" = 64
```

Auch Linien lassen sich in der Stärke und Farbe per Lingo verändern. Hierfür gibt es zwei Skriptarten: LineSize of member und lineSize of sprite. Im ersten Falle müssen Sie den Castmember benennen und die Pixelstärke zwischen 0 und 5 angeben, etwa:

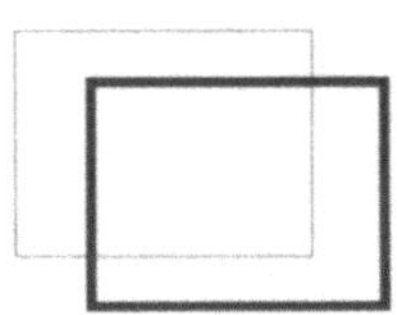

```
set the lineSize of member "Kästchen" = 5
```

Bei der Sprite-Variante kann man die Linienstärke von 0 bis 14 Pixel setzen. Im folgenden Skript werden die Linien von SpriteMember 20 und 21 auf die Pixelstärken 1, 4, 9 und 14 in zufälliger Ordnung (bei gedruckter Maustaste) gesetzt:

```
on mouseDown
  set lineSize = list(1,4,9,14)
  set spriteList = list(20,21)
  repeat while the mouseDown
    set the lineSize of sprite (getAt(spriteList,random(2))) to
    (getAt(lineSize,random(4)))
    updatestage
  end repeat
end
```

4.5
Checkliste: Webanimation und Dateigröße

Während in einem Film 24 bis 30 Bilder pro Sekunde bzw. auf einer CD-ROM 10 bis 12 Frames benutzt werden, um den Ablauf „glatt" zu machen, sollte im Web die Animation 2 bis 3 Frames pro Sekunden aufweisen, damit auch langsame Rechner und Verbindungen mitkommen. Hier einige Vorschläge zu Optimierung Ihrer Webanimation:

- Animationen mit zwei Frames pro Sekunde sind am besten.

- Halten Sie die Animationsfläche bzw. Bühnengröße klein.

- Halten Sie die Anzahl und Größe von Zeichnungen gering.

- Verwenden Sie nach Möglichkeit 1-Bitgrafik.

- Nutzen Sie das Preloading in den Cache aus.

- Entfernen Sie überflüssige Castmembers.

- Verwenden Sie Muster und Kacheln.

- Setzen Sie vorzugsweise Skalierung, Verzerrung und Bewegung ein, die per Lingo gesteuert werden können.

- Für Bewegungseffekte verwenden Sie eine unscharfe Grafik, z.B. für Rotationseffekte, oder Looping für wiederholte Bewegungen.

- Verwenden Sie eine zufallsbedingte Wiedergabe per Lingo, um Looping-Animationen weniger monoton zu gestalten.

- Farbzyklen und Überblendungen bieten einfache Methoden für effektive Animation. Wenn Sie Farbzyklen aufsetzen, bedenken Sie, daß die Indexfarben nur sicher sind, wenn Sie entweder eine browser-sichere Palette benutzen oder die User-Umgebung (Mac oder Win) abfragen und eine entsprechende Version der Animation anbieten.

- Halten Sie das Drehbuch so klein wie möglich; eliminieren Sie überflüssige Frames und Kanäle.

- Optimieren Sie auch die Lingo-Befehle auf ein Minimum; auch Lingo benötigt Speicherplatz.

- Wenn Sie Text benutzen, verwenden Sie Feldtext. Lassen Sie den Text per Lingo steuern.

- Wenn Sie Audio benutzen, halten Sie die Datei so klein wie möglich.

4.6
Kompression und Streaming

Die Datenmenge ist die größte Hürde für den Transfer im Web. Eine gute Lösung besteht in der Komprimierung der Dateien. Dadurch kann, je nach Inhalt und Kompressionsverfahren, jede Datei um etwa 30% bis 80% kleiner werden. Der Grad der Komprimierung hängt vom Ausgangsmaterial und dem Kompressionsalgorithmus ab.

Kompressionsverfahren wie Zip, StuffIt, PK und BinHex werden primär eingesetzt, um Schriftdateien um ein Vielfaches zu verkleinern, damit sie auf einer Diskette Platz finden oder per FTP schnell gesendet werden können. Grundsätzlich gibt es Kompressionsmethoden mit und ohne Qualitätsverlust.

Text läßt sich so weit „herunter" komprimieren, bis die Formatierung gänzlich verloren geht. Das ist schön für die Dateigröße, aber erschwert die Wiedergabe bei umfangreichen Texten, insbesondere wenn bei der Dekompression der Urzustand nicht wiederhergestellt wird. Ein Buch mit 200 Seiten, das wie ein langer Satz erscheint, dürfte wenige Leser interessieren – somit kann ein Verlust manchmal ein Verhängnis sein.

Für Bildmaterial gibt es eine breite Spanne an Kompressionsmethoden mit und ohne Informationsverlust. Eklatant wird es bei digitalem Video, wo man die Parameter Framezahl, Farbtiefe, Bitrate und manches mehr verändern kann. Auch die weit verbreiteten Formate für Grafik sind Kompressionsverfahren

Gerade für das Web werden ständig neue Kompressionsverfahren entwickelt. Dabei muß jede Datei auf der Clientseite auch wieder dekomprimiert werden. Dies kostet ebenfalls Zeit, RAM und CPU-Kraft. Ferner müssen die angewandten Verfahren Netz/Web-kompatibel sein.

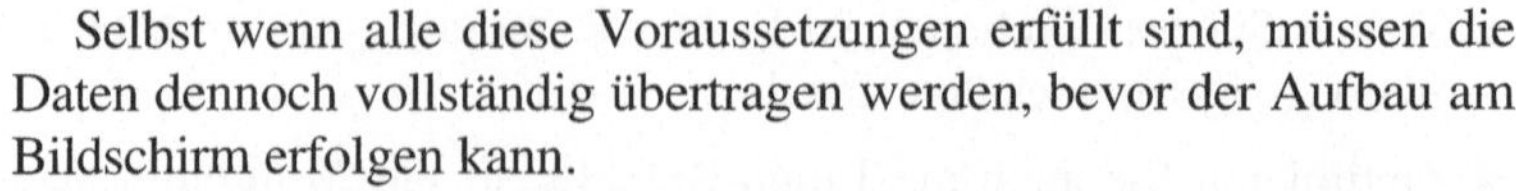

Selbst wenn alle diese Voraussetzungen erfüllt sind, müssen die Daten dennoch vollständig übertragen werden, bevor der Aufbau am Bildschirm erfolgen kann.

Wer ungeduldig ist oder einfach auf Echtzeit steht, für den bietet sich Streaming an. Denn hierfür muß nur die Steuerungssinformation und der Inhalt des ersten „Bildes" übertragen werden, und schon geht es los — wir sehen oder hören die ersten Bilder und/oder Töne. Weitere Sequenzen werden im Hintergrund nachgeliefert. Stück für Stück, wie am Fließband, entsteht das ganze Werk und wird betrachtet, als ob es bereits vorher heruntergeladen wurde; vorausgesetzt, daß das Netz einen nicht gerade im Stich läßt und die Information in der Reihenfolge des Erscheinens abgespeichert und angeboten wird.

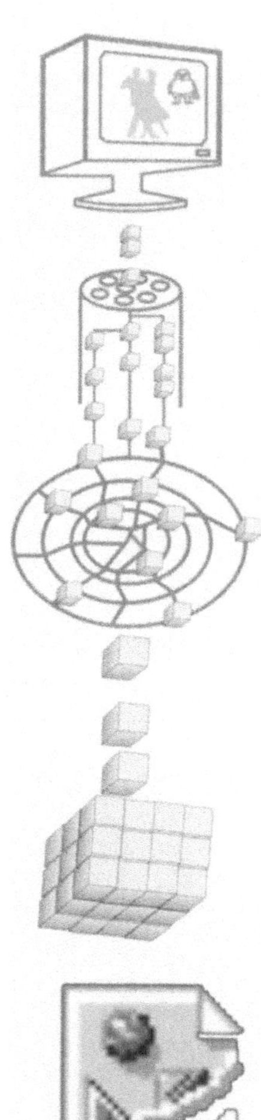

Es gibt verschiedene Aspekte beim Streaming zu beachten. Die meisten haben mit der bestehenden Übertragungsrate zu tun. Generell muß man auf den Aufbau der Datei achten. Dabei liegt das Gewicht auf Skripting, Bildkomponente und Synchronisation. Grundsätzlich werden beim Streaming zuerst die Steuerungsskripts, also die Information über den Programmablauf, sowie die dazu gehörigen Vektorformen und Begrenzungsrechtecke der Darsteller geladen. Erst danach folgt das Bildmaterial. Um eine optimale Performance zu erzielen, kommt es darauf an, die Programmbestandteile in deren Erscheinungsreihenfolge beim Streaming zu transferieren, sowie ferner sicherzustellen, daß größere Elemente, z.B. Video, rechtzeitig im voraus geladen werden

Der Grund: Streaming läßt zu, daß ein noch nicht übertragenes Bild „übersprungen" werden kann, also nicht gezeigt wird, damit der Ablauf der Datei gemäß der Verbindung einigermaßen synchronisiert wird. Dies hat Vor- und Nachteile. Falls nichts anderes festgelegt ist, kann im schlimmsten Falle die Datei ablaufen, ohne daß das Bild- bzw. Tonmaterial überhaupt erscheint. Durch die richtige Vorbereitung des Materials entsprechend der Verwendung im Drehbuch, kann man das Streaming optimieren. Wenn es dennoch zu einem Übertragungsfehler kommt, erscheint ein <broken icon> für das fehlende Bild oder ein anderes Medium. Es empfiehlt sich, für diesen Fall eine kurze Beschreibung des jeweiligen Frames abzulegen, damit der Benutzer darüber informiert wird, was ihm entgeht.

Wenn das Bild essentiell ist, müssen Sie durch Skripting gewährleisten, daß es geladen wird, bevor die Datei abläuft. Natürlich verlangt das Vorladen einiges an RAM und Cache. Da man diese Variablen nicht beim Client bestimmen bzw. beeinflussen kann, muß man beim Design auf die Datenmenge achten. Ferner sollten nur eine begrenzte Zahl von Netzwerkoperationen abverlangt werden, da sonst zuviel Zeit vergeht und ggf. Quellen für Störungen auftreten können. Man tut gut daran, nicht mehr als vier Operationen gleichzeitig auszulösen. Das Herunterladen eines Shockwave-Films, das Laden einer verknüpften Media-Datei und die Befehle für den nächsten Schritt sind schon drei Operationen!

Hier die globale Checkliste für Streaming:

- Die Datei teilt sich auf in Steuerungsinformation und verknüpfter Media in der Reihenfolge des Erscheinens.

- Es empfiehlt sich, andere Arbeitsschritte ausführen zu lassen, während Daten im Hintergrund geladen werden.

- Stellen Sie sicher, daß jede gewünschte Netzwerkoperation in sich vollständig ist.

- Netzwerkoperationen sollten bewußt gestartet werden.

- Fragen Sie nach einer abgeschlossenen Operation das Ergebnis ab (z. B. ob ein Video bereits erfolgreich vorgeladen wurde), bevor Sie mit dem Display der Operation beginnen.

- Versuchen Sie die Anzahl von gleichzeitig durchzuführenden Opeartionen auf vier zu begrenzen, um die Netzwerkleistung nicht über Gebühr zu strapazieren.

Man merkt, es ist an der Zeit, in die Tiefe zu gehen und sich mit den Befehlen und Operationen auseinanderzusetzen. Dies werden wir in den nächsten Kapiteln explizit tun. Zum Abschluß dieses Kapitels wollen wir nur noch einige Worte zum Thema Online-/Offline-Hybrid verlieren, um die Alternative erstmals aufzuzeigen.

4.7
Hybridsysteme

Wie kombiniert man die beiden Welten von CD-ROM und Internet? Ganz einfach mit einem Hybridsystem. Natürlich kann die CD durch eine Festplatte ersetzt werden (POI-Terminal). Diese Lösung bietet einige Vorteile:

- Hochqualitatives Bildmaterial der CD steht ohne Verzögerung zur Verfügung.

- Das Benutzer-Interface kann ebenfalls eine hochwertige grafische Oberfläche und komplexere Operationen benutzen, da somit ein „eigener Browser" eingesetzt bzw. im normalen Browser eröffnet werden kann. Die Dateigröße des Interface spielt dabei kaum mehr eine Rolle, da es von der CD-ROM direkt stammt (z. B. POI-Multimedia-Terminal für electronic commerce).

- Neuigkeiten und Aktualisierungen erfolgen über das Netz und werden in einem entsprechenden „Fenster" auf der Seite gezeigt.

- Standardisierte Bedienungselemente können verwendet werden, um die Einarbeitung in das System zu erleichtern und zu beschleunigen.

Die Kehrseite liegt in der Tatsache, daß der Benutzer die Disk/Festplatte besitzen muß bzw. ein Update gelegentlich nötig ist, um aktuell zu bleiben. Natürlich kann so etwas auch per Datenfernübertragung in regelmäßigen Abständen erfolgen. Dann allerdings am besten über eine ISDN- oder Standleitung, was bemessen an der Menge des Datenaustauschs kostengünstiger als das Netz sein kann.

Hybridsysteme bieten sich an für Kataloge, Lehr-/Lernumgebungen und POI-Terminals mit vorwiegend festem Datenbestand, auch für Inhalte mit periodisch wechselnden Themen, die durch Video, Animation und größere Dateien unterstützt werden.

Mit Hybridsystemen lassen sich bestimmte Funktionen und Corporate-Identity-Faktoren leichter realisieren als mit ausschließlich Internet-basierten Applikationen.

Zum Beispiel kann man Verknüpfungen zu anderen Offline-Programmen gestalten, um Vertriebskommunikation und Berichtswesen einheitlich zu strukturieren. Die erzielten Ergebnisse aus diesen Programmen können anschließend durch die Netzverbindung ausgetauscht werden (variable Intranetstruktur).

Oder denken Sie an ein Bestellsystem mit sofortiger Bezahlung über Kreditkarten. Durch den Einsatz eines Kioskterminals werden hochwertige Konfigurationen aufgebaut, die z.B. das Abspielen von MPEG in voller Größe zulassen. Hier werden die meisten Daten auf einer Festplatte gehalten und nur die aktuellen Daten per Netz eingespeist bzw. die Transaktionsdaten versandt. Natürlich können die Updates für die Festplatten-Datenbestände ebenfalls per Netz erfolgen, falls diese Übertragung sinnvoll erscheint.

In einem anderen Fall sollen mehrere Mitwirkende Inhalte für ein Projekt gemeinschaftlich erstellen. Es werden Authoring-Tools und Templates auf der CD geliefert, damit eine einheitliche Funktionalität und Erscheinung entsteht. Die Autoren erstellen ihre Inputs und liefern die Ergebnisse über das Netz in eine Redaktion für die Erstellung eines Buches, einer Zeitung, eines Magazins, eines Angebots und/oder eines Berichtes. Diese Werke können dann natürlich sowohl elektronisch als auch im Druck erscheinen.

Der Einsatz von Hybridsystemen hängt mehr von der Vorstellungskraft des Unternehmens ab als von der Technik.

Bei Hybridsystemen muß man entscheiden: Wo und wann brauche ich den Vorteil von Offline-Kommunikation? Und wo und wann ist dies am besten durch eine Online-Verbindung zu ergänzen?

Man kann es auch umgekehrt auslegen: Wenn der Medientransfer per Web den Anforderungen nicht genügt, sollte man eine Hybridalternative in Betracht ziehen.

Egal welchen Weg Sie wählen, Shockwave bietet sehr geeignete Umsetzungsmöglichkeiten für Ihr Vorhaben. Lassen Sie sich in den nächsten Kapiteln zeigen, wie man sie ausnutzen kann.

5 Shockwave

She swallowed a cat to catch the bird...

Shockwave besteht aus einer Serie von Tools und Plug-Ins, die für das jeweilige Authoring-Tool Director, Flash, FreeHand, Authorware, xRes, sowie Audiodateien im WAV-, AIFF- oder PCM-Format zwei Funktionen ausführt:

- Mit dem spezifischen Kompressionsverfahren werden Quelldateien komprimiert und in das jeweilige Shockwave-Format konvertiert.

- Die „Shockwave-Plug-Ins" ermöglichen es Microsoft Internet Explorer und Netscape Navigator, Director-Filme im DCR-, DXR- und DIR-Format, Flash-Dateien im SWF-Format, Audio im SWA- und Authorware im AAS-Format aus dem WWW herunterzuladen und abzuspielen. Es gibt jeweils Shockwave-Browser-Plug-Ins für Director, Flash, Authorware und Audiodateien.

In den folgenden Kapiteln beschäftigen wir uns mit Shockwave für Audio, Director, FreeHand und Flash. Im Grunde genommen gilt das Besprochene auch für Shockwave Authorware. Wenn Sie sich hierfür interessieren, empfehlen wir unser Werk: *The Ultimate Authorware Tutorial.* Wir werden hier nur kurz auf die Möglichkeiten von Shockwave für Authorware eingehen.

Bei der Erstellung eines Shockwave-Films komprimiert Shockwave für Audio (SWAs), Authorware (AAMs bzw. AASs) Director (DCRs) bzw. Flash (SWFs) die Filmdaten bzw. Audiodaten auf die kleinstmögliche Größe. Wenn ein Benutzer eine Webseite besucht, die einen Shockwave-Film enthält, wird mit dem Herunterladen der Filmdaten in den Browser-Cache des Benutzers begonnen. Shockwave dekomprimiert die Daten und spielt den Film dann im Web-

Browser des Benutzers ab. Falls der Film für Streaming erstellt wurde, beginnt der Abspielvorgang, sobald die Daten für das erste Bild
empfangen wurden.

Shockwave für Audio ermöglicht durch eine hochqualitative
MPEG-Komprimierung, Audiodateien extrem klein und dabei die
Wiedergabe-Qualität auf hohem Niveau zu halten.

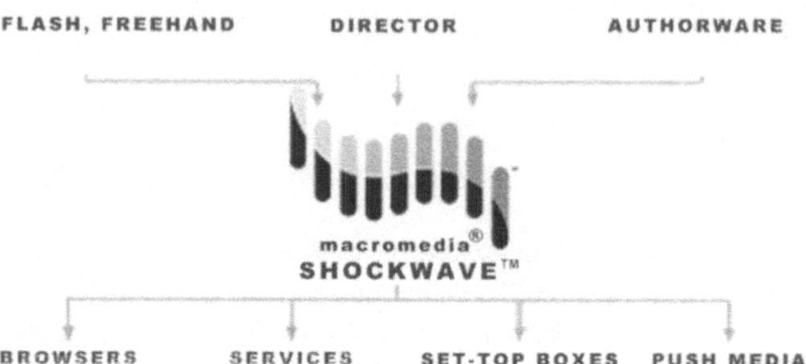

Sie können Shockwave für Director auch für die Komprimierung
von Filmen benutzen, die auf Datenträgern vertrieben werden und
nicht in einem Projektor enthalten sind. Technisch gesehen, werden
beim Speichern eines Films als Shockwave-Film alle Informationen
entfernt, die zur Stand-Alone-Vorführung des Films erforderlich
sind. Das bedeutet, daß Shockwave-Filme nur in einem Web-
Browser nach Installation des erforderlichen Shockwave-Plug-Ins
oder außerhalb des Browsers von einem Shockwave-Projektor abgespielt werden können.

Egal wie Sie Shockwave einsetzen, beachten Sie, daß ein bereits
erstellter Shockwave-Film in Director bzw. in Flash nicht mehr bearbeitet werden kann. Sie müssen immer die DIR- bzw. SWF-
Quelldatei bearbeiten und dann einen neuen Shockwave-Film erstellen. Speichern Sie daher immer Ihre Quelldateien.

Mit Shockwave für Director können Director-Filme in allen drei
Formaten DIR, DXR und DCR vom Netz herunter geladen und im
Browser abgespielt werden. Es empfiehlt sich jedoch wegen der
Komprimierung immer, das Afterburner DCR-Format zu bevorzu-
gen.

Das Shockwave-Flash-Format ist das beste Format zur Darstellung von Flash-Vektor-Animationen auf Webseiten. Darüber hinaus
ist es das einzige Format, das den Export von Schaltflächen unterstützt.

Neue Funktionen in Flash, wie z.B. die Audiofähigkeit, sind nicht
verfügbar, wenn Sie den Film mit Browsern betrachten, die das alte
FutureSplash-Zusatzprogramm verwenden. Sie können die neuen
Funktionen allerdings benutzen, wenn Sie den Film im Future-

Splash-Format speichern und mit einem Browser betrachten, der das neue Shockwave-Plug-In für Flash verwendet.

5.1
Arbeitsumgebung

Um mit Shockwave zügig und vor allem sicher arbeiten zu können, sollten Sie sich eine entsprechende Arbeitsumgebung einrichten. Als erstes gilt es die Anwendungsprogramme entsprechend den Installationsanweisungen zu installieren. Dies geht meist automatisch und dürfte keine großen Probleme machen.

Sie sollten über einen Internet-Zugang verfügen. Als Browser sollten Sie die gängigen Versionen von Netscape Communicator und Microsoft Explorer (am besten Version 3.x und 4.x) installieren. Dies ist besonders für das Testen und Debugging wichtig, da jeder Browser seine Eigenarten hat und Sie die Funktionen intensiv testen sollten und müssen.

Für die Funktionsprüfung ist es sehr wichtig, die Anwendung in einer simulierten Netzumgebung zu testen. HTML-Dateien lassen sich ja lokal im Browser öffnen und betrachten. Dies ist aber

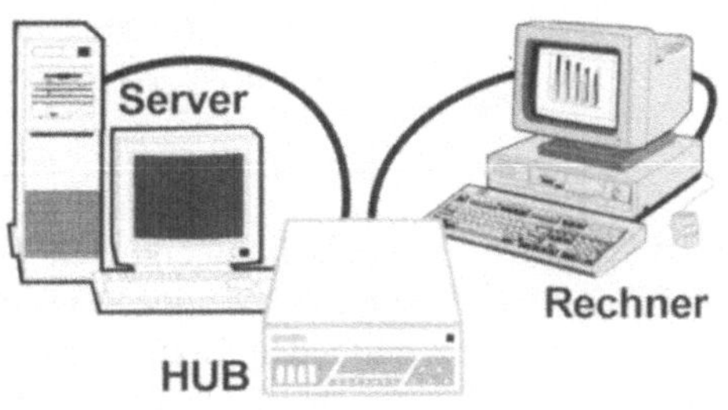

etwas anderes, als eine Site über das Netz zu betrachten. Bei der lokalen Variante können Pfadnamen und Links nur ungenügend getestet werden. Um auf Nummer sicher zu gehen, ist es daher ratsam, ein kleines Internet aufzubauen. Dazu brauchen Sie einen sogenannten Webserver, der es ermöglicht, die Dateien in einer echten Netzumgebung zu zeigen. Wenn ein Webserver nur lokal installiert ist, ohne eine direkte Verbindung zum World Wide Web, spricht man auch von einem Intranet. Der lokale Webserver kann zwar auf dem gleichen Rechner installiert werden, auf dem auch die Entwicklung und das Betrachten geschieht. Es ist aber besser, dazu einen eigenen Rechner einzurichten, auf dem der Webserver läuft und alle verwendeten Dateien liegen. So kann eine realistischere Umgebung geschaffen werden. Auch innerhalb einer Arbeitsgruppe ist ein eigener Server nur von Vorteil, da mehrere Personen an einem Projekt arbeiten können und ein aktueller Stand jederzeit sichtbar gemacht werden kann. So kann ein großer Teil des Testens und Debuggings bereits bei der Entwicklung erledigt werden.

Mit dem neuen Betriebssystem MacOS 8.x bietet der Apple Macintosh die Möglichkeit, jeden Rechner mit einigen Mausklicks in einen eigenen Webserver zu verwandeln. Über das TCP/IP-Protokoll können alle im Netzwerk vorhandenen Rechner auf diesen zugreifen und die Daten mittels eines Browsers ansehen. Für alle Plattformen gibt es fertige Lösungen zu kaufen, allerdings findet man im Web genügend Share- und Freeware, um sich seinen eigenen Server einzurichten.

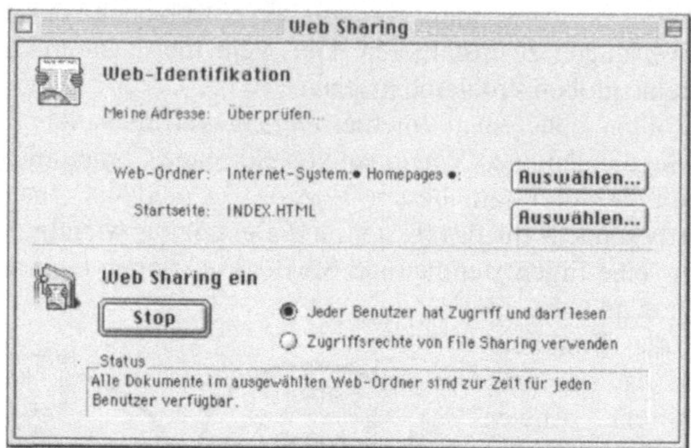

Jetzt brauchen Sie noch die geeigneten Tools für die Erstellung der HTML-Seiten. Dazu gibt es eine Vielzahl von Programmen. Die Palette reicht von einfachen Textprogrammen bis hin zu komplexen Editoren mit Layertechnik, JavaScript-Engines und WYSIWYG-Layoutgestaltung.

Für die verwendeten Beispiele würde ein einfacher Texteditor wie SimpleText oder TextEdit ausreichen, um die HTML-Seiten zu erstellen.

Die Ausstattung wird natürlich von der Aufgabenstellung abhängen. Das bedeutet, je aufwendiger das Projekt wird, desto größer werden auch die Anforderungen an die verwendeten Werkzeuge und Tools. Gerade im Bereich des Web-Publishing wird fast immer in Arbeitsgruppen gearbeitet und immer mehr auch in Arbeitsgruppen, die örtlich unabhängig voneinander sind. Das Web selbst wird dadurch zu einem Werkzeug, welches sich bei der Fertigung neuer Inhalte bestens einsetzen läßt.

Um die Seiten jetzt im Internet zugänglich zu machen, brauchen Sie einen Provider. Der Provider ist der Mittler zwischen Netz, Anbieter und Endanwender. Er stellt die notwendigen Ressourcen, wie den physikalischen Anschluß an das Internet, einen Webserver mit ausreichendem Speicherplatz, und die notwendigen IP-Addressen und Domain-Name-Server-Adressen bereit. Die IP-Adressen und

Domain-Name-Server-Adressen (DNS) werden benötigt, um eine unverwechselbare Adresse zuzuteilen, unter der das Angebot von überall auf der Welt aufgerufen werden kann. Die IP- und DNS-Adressen werden in Deutschland von DE-NIC vergeben. Jede Adresse darf es nur einmal geben. Daher ist es wichtig, bereits sehr früh einen Namen für das Angebot zu suchen. Unter www.de-nic.de finden Sie eine Liste aller schon vergebener DNS-Namen.

Die IP- und DNS-Adressen unterscheiden sich in ihrer Funktion. Die IP-Adresse ist eine Zahl im Format xxx.xxx.xxx.xxx und gibt die eindeutige Adresse des Servers an. Die IP-Adresse wird zwingend vorausgesetzt. Die DNS-Adresse kann als eine Erweiterung der IP-Adresse angesehen werden. Auf sogenannten Domain-Name-Servern werden Listen mit IP-Adressen den Aliasnamen zugeordnet (z.B. www.apple.com). Wird nun eine DNS-Adresse im Browser eingetragen, wird zuerst auf entsprechenden DNS-Servern die dazugehörige IP-Adresse der DNS-Adresse ermittelt und danach erst diese IP-Adresse angewählt. Die DNS-Adresse ist somit optional und nicht zwingend vorgesehen. Es ist aber meist einfacher, sich ein einprägsames Wort zu merken als eine lange Zahl.

Um Ihr Angebot nun zu publizieren, brauchen Sie eine Möglichkeit, Ihr Angebot auf den Internet-Server Ihres Providers zu überspielen. Der Provider gibt Ihnen dazu die notwendigen Voraussetzungen. Diese sind u.a. ein User-Kennwort sowie meist ein Paßwort. Über ein FTP-Programm (File-Transfer-Protokoll-Software) können Sie dann Ihre Daten auf den Rechner des Providers überspielen.

Nun können Sie Ihren eigenen Browser starten, und nach der Eingabe Ihrer IP- oder DNS-Adresse sollte Ihre Hompepage über das Internet erreichbar sein! Sie sind nun in aller Welt erreichbar und dürfen sich als Content-Provider (Anbieter von Inhalten) um die Gunst der Anwender bemühen.

Im Kapitel 2.3 und im Kapitel 8 dieses Buches finden Sie noch mehr zum Thema Projektrealisierung, Durchführung und redaktionelle Betreuung.

5.2
Systemvoraussetzungen

Macromedia empfiehlt folgende Systemkonfiguration für das Abspielen von Shockwave-Movies:

Windows:
- IBM kompatibler PC mit 486/25 CPU oder größer, Pentium bevorzugt

- Windows 3.1, Windows 95, Windows NT 3.5 oder höher

- VGA mit 8-Bit-Farbtiefe (256 Farben) oder mehr

- 8 MByte RAM / 6 MByte freie Festplattenkapazität

- Netscape Navigator 2.x oder 3.x, 4.x (oder kompatibel) oder Microsoft Internet Explorer 3.x, 4.x

- Streaming Audio benötigt einen 486er Prozessor mit FPU oder einen Pentium.

Macintosh:

- MacOS-kompatibler Computer mit 68040 (CPU), PowerPC bevorzugt

- MacOS System 7.1.2 oder höher

- 8-Bit-Farbtiefe (256 Farben) oder mehr

- 16 MByte RAM / 6 MByte freie Festplattenkapazität

- Netscape Navigator 2.x oder 3.x, 4.x (oder kompatibel) oder Microsoft Internet Explorer 3.x, 4.x

- Streaming Audio benötigt einen Power Macintosh oder 68040 Macintosh mit FPU.

5.3
Downloading von Shockwave-Plug-In

Shockwave-Plug-Ins werden bei vielen Netscape 3.x-Versionen und ab Netscape Navigator 4.x sowie ab Internet Explorer 4.0 mitgeliefert. Wenn Sie einen älteren Browser oder eine Version ohne Shockwave besitzen, müssen Sie die Plug-Ins von der Macromedia-Shockzone holen, um die Webseiten betrachten zu können. Es empfiehlt sich, einen Link von Ihrer Homepage zu der Downloadseite einzurichten, damit jeder Besucher problemlos in den Genuß Ihrer Seite kommen kann.

Die Plug-Ins stehen auf der Macromedia-Webseite: **http://www. Macromedia.com/shockwave/download** jeweils in der geeigneten Version für MacOS Power-PC bzw. 68K-Macintosh sowie für Windows 3.1 und Win95/NT in den für uns interessanten 4 verschiedenen Arten zur Verfügung:

- ASW für Audio Shockwave, ein Sound-Konverter und eine Abspielumgebung

- DSW für Director Shockwave, eine Abspielumgebung für Director-Filme

- FSW für Flash Shockwave, eine Abspielumgebung für Flash-Filme

- AAS für Authorware Shockwave, eine Abspielumgebung für Authorware-Filme

Shockwave Plugins for use with Netscape Plugin compatible browsers	Win 95/NT	Win 3.1	Mac PPC	Mac 68k
Shockwave New Streaming Shockwave plays Director and Flash media	Go!	Go!	Go!	Go!
Shockwave Flash Plays Flash and Flash 2 media	Go!	Go!	Go!	Go!
Shockwave Authorware Interactive Web Based Learning Now available in French and German!	Go!	Go!	Go!	Go!
Shockwave - The Works New Streaming Shockwave plays Director, Flash and Authorware media Now available in French and German!				
Shockwave FreeHand Scalable vector graphics				
Shockwave xRes Very high resolution bitmaps				
Shockwave for AOL New Streaming Shockwave plays Director and Flash media				

Shockwave ActiveX Controls for use with Microsoft Internet Explorer	Win 95/NT
Shockwave New Streaming Shockwave plays Director and Flash media in Internet Explorer	Go!
Shockwave Flash ActiveX Control Plays Flash and Flash 2 media in Internet Explorer	Go!

Nach dem Downloading befindet sich im Cache des Benutzer-Browsers oder in einem anderen ausgewählten Verzeichnis ein Installer, der automatisch das System nach Netscape Navigator bzw. Internet Explorer durchsucht und die Plug-Ins jeweils in den richtigen Xtras-Verzeichnis <Programm/Plug-Ins> installiert.

Shockwave wird ständig weiter entwickelt, weswegen man sich immer die neuesten Plug-Ins holen sollte! Ein Grund mehr, einen Link auf die Downloadseite zu setzen.

5.3.1
Smart-Shockwave

Wenn Sie sicher sein wollen, daß Ihre Seite mit dem richtigen Plug-In bestückt wird, plazieren Sie einen Smart-Shockwave-Button auf der ersten Seite Ihrer Site. Dafür benutzen wir ein JavaScript, das direct auf der HTML-Seite eingebettet wird.

JavaScript ist eine mächtige Skriptsprache, die es ermöglicht, den Browser zu steuern, dynamische Seiten zu generieren sowie Befehlsabfolgen zu generieren. JavaScript muß vom Browser erst interpretiert werden, um die Befehle auszuführen. Im Gegensatz dazu ist

Java eine echte Programmiersprache, die als Programmsequenz erst compiliert werden muß, um zu funktionieren, und mit der sich auch komplexe Applikationen erzeugen lassen.

JavaScript hat mit Java nichts gemein. JavaScript ist relativ einfach zu erlernen und kann direkt mit einem einfachen Texteditor bearbeitet werden. Es würde den Rahmen dieses Buches sprengen, wenn wir mehr auf JavaScript eingehen würden.

Mit dem folgenden JavaScript wird automatisch auf Knopfdruck überprüft, ob die richtige Version von Shockwave bereits installiert ist, und falls nicht, wird im Hintergrund das Plug-In heruntergeladen und installiert, während ein Statusfenster den Vorgang anzeigt. Der Vorgang läuft, ohne daß der Besucher Ihre Seite verläßt. Smart Shockwave ist ab Netscape Navigator 4 und Internet Explorer 3 und 4 kompatibel.

Neueste Shockwave-Version

Um Smart-Shockwave auf der HTML-Seite zu integrieren, müssen Sie das folgende Skript im <Head>-Tag des Dokuments eingeben. Hierdurch erhält der Besucher die neueste Shockwave-Version:

```
<SCRIPT LANGUAGE="JavaScript">
SCR="Http://www.macromedia.com/shockwave/down"
  <!-- // hide this code from non-JavaScript browsers>
  //
  // execute only if the connection to macromedia.com fails:
  //
  function getShockwave()
  {
window.open("http://www.macromedia.com/shockwave/download/",
"");
  }
</SCRIPT>
```

Der SCR-Parameter linkt zu Macromedia-Website. Jetzt schreiben Sie folgendes in den <Body>-Block:

```
<SCRIPT LANGUAGE="JavaScript">
  <!-- // Generate the tag for the smart button:
  if (( navigator.appname.indexOf( "Microsoft" ) 1= -1) &&
( navigator.app ))
  {
    document.write(  <A HREF=
"http://www.macromedia.com/shockwave/download/" /A> )
    document.write( <IMG SCR="images/get_shockwave.gif"
WIDTH=88 HEIGHT=31> )
}
else if (( navigator.appName.indexOF("Netscape" ) != -1 ) && (
navigator ))
{
// nothing
}
else
```

```
  document.write( <A HREF="#" onclick="getshockwave()" /A>  );
  document.write( <IMG SCR="images/get_shockwave.gif" WIDTH=88
HEIGHT=31>  )
}
//-->
<SCRIPT>
<NOSCRIPT>
  <A
HREF="http://www.macromedia.com/shockwave/download/index.cgi?P1
_Prod_V">
  <IMG SCR="images/get_shockwave.gif" WIDTH=88 HEIGHT=31
alt="Get Shockwave">
<noscript>
```

Hinweis: Sie müssen `"images/get_shockwave.gif"` mit der
aktuellen Adresse und dem Namen Ihres Shockwave-GIF-Buttons
austauschen.

Überprüfen, ob die existierende Version adäquat ist

Wenn Sie ein Shocklet mit Director 5 erstellt haben, muß der Betrachter nicht die neueste Shockwave-Version laden. Mit dem nachfolgenden Skript wird überprüft, ob die installierte Version adäquat
ist. Geben Sie im Parameter onClick an, welche Version als Minimum
für Ihre Site benötigt wird. Die folgenden Scripts überprüfen für die
Versionen Shockwave Director 5.0 und Shockwave Flash 2.0. Nur
wenn keine adäquate Version vorliegt, wird das Download erfolgen.

```
<SCRIPT LANGUAGE="JavaScript">
<!-- // Generate the tag for the smart button:
if (( navigator.appName.indexOf( "Microsoft" )  != -1 ) && (
navigator.app ))
{
document.write( '<A
HREF="http://www.macromedia.com/shockwave/download/"></A>' )
document.write( '<IMG SCR="images/get_shockwave.gif" WIDTH=88
HEIGHT=31 >' )
}
else if (( navigator.appName.indexOf( "Netscape" )  != -1 ) &&
(navigator ))
{
// nothing
}
else
{
document.write( '<A HREF="#" ' );
document.write( 'onClick="getShockwave(' );
document.write( "'Director 5.0','Flash 2.0'" );
document.write( ')">' );
document.write( '<IMG SCR="images/get_shockwave.gif" WIDTH=88
HEIGHT=31>' )
}
//-->
</SCRIPT>
<NOSCRIPT>
<A
HREF="http://www.macromedia.com/shockwave/download/index.cgi?P
1_Prod_V"></A>
<IMG SRC="images/get_shockwave.gif" WIDTH=88 HEIGHT=31
alt="Get Shockwave">
</NOSCRIPT>
```

Folgendes Skript prüft, ob Shockwave-Flash installiert ist, läßt aber Director außen vor.

```
<SCRIPT LANGUAGE ="JavaScript">
<!-- // Generate the tag for the smart button:
if (( navigator.appName.indexOf( "Microsoft" ) != -1 ) && (
navigator.app ))
{
document.write( '<A
HREF="http://www.macromedia.com/shockwave/download/></A>' )
document.write( '<IMG SCR="images/get_shockwave.gif" WIDTH=88
HEIGHT=31>' )
}
else if (( naviator.appName.indexof( "Netscape" )  != -1 ) &&
( navigator ))
{
// nothing
}
else
{
document.write( '<A HREF="#" ' );
document.write( 'onClick="getShockwave(' );
document.write( "'Director 0.0','Flash 2.0'" );
document.write( ')">' );
document.write( '<IMG SCR="images/get_shockwave.gif" WIDTH=88
HEIGHT=31>' )
}
//-->
</SCRIPT>
<NOSCRIPT>
<A
HREF="http://www.macromedia.com/shockwave/download/index.cgi?P1_
Prod_V"></A>
<IMG SRC="images/get_shockwave.gif" WIDTH=88 HEIGHT=31
alt="Get Shockwave">
</NOSCRIPT>
```

Hinweis: Sie müssen `"images/get_shockwave.gif"` mit der aktuellen Adresse und dem Namen Ihres Shockwave-GIF-Buttons austauschen.

5.4
Einrichten des Browsers

Nach der Installation von Shockwave im Verzeichnis „Programm/ Plug-Ins" des Browsers kann es notwendig sein, Shockwave im Browser zu aktivieren.

In Netscape Navigator:
Öffnen Sie entweder im Menü „Hilfe" (Windows) oder im „Apple"-Menü (Macintosh) das Kapitel „über Plug-Ins". Schauen Sie, ob in der Liste der installierten Plug-Ins Shockwave aufgeführt ist. Vergewissern Sie sich, daß die richtige Version von Shockwave installiert wurde (die 32-Bit-Version funktioniert nicht auf einer Windows 3.1-Plattform bzw. die Mac 68K-Version nicht bei einem PowerPC).

Falls Sie beim Macintosh eine Meldung „Speicherplatz Fehler" (Error IDs 5 bzw. -108) erhalten, während Shockwave geladen wird, versuchen Sie, die Speicherkapazität des Browsers um ein MByte zu erhöhen, und starten Sie den Browser erneut. Wiederholen Sie dies, bis die Meldung nicht mehr auftritt.

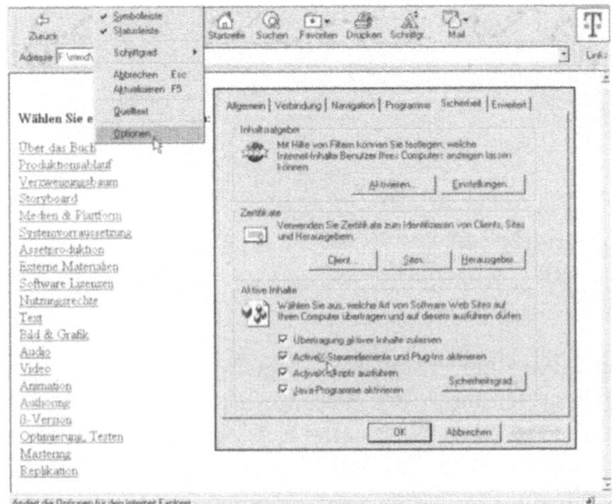

In Internet Explorer:
Bei Windows öffnen Sie das Menü „Ansicht" und wählen Sie „Optionen" aus. Wählen Sie den Reiter „Sicherheit" und überprüfen Sie, daß „Enable ActiveX controls and Plug-Ins" aktiviert ist.

In Macintosh-Systemen öffnen Sie das Menü „Editieren" und wählen Sie „Optionen". Dann klicken Sie auf „Web Inhalt" und vergewissern sich, ob „Load Plug-In Objects" aktiviert ist.

Natürlich können Sie auf diese Art und Weise auch nachprüfen, ob Shockwave bereits in Ihrem Browser installiert ist.

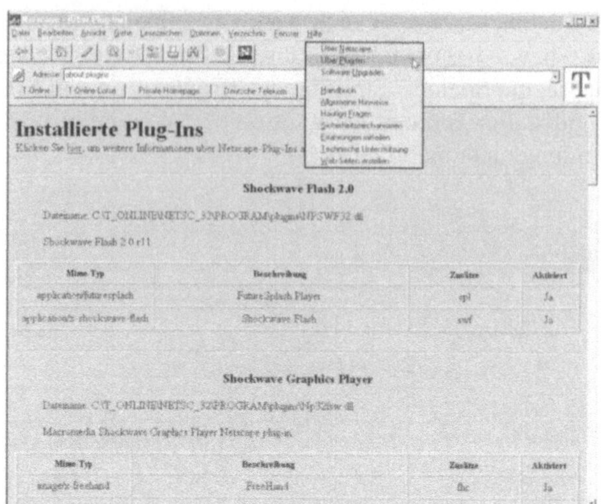

Ein anderer Weg der Installation liegt in „Allgemeine Einstellungen" für Hilfsprogramme im Netscape Browser. Sie finden dieses Menü unter „Optionen, Allgemeine Einstellungen, Hilfsprogramme" im oberen Browsermenü bei Netscape. Nachfolgend erhalten Sie die Anleitung für die Festlegung oder Änderung eines Hilfsprogramms (Plug-In) für Netscape Navigator.

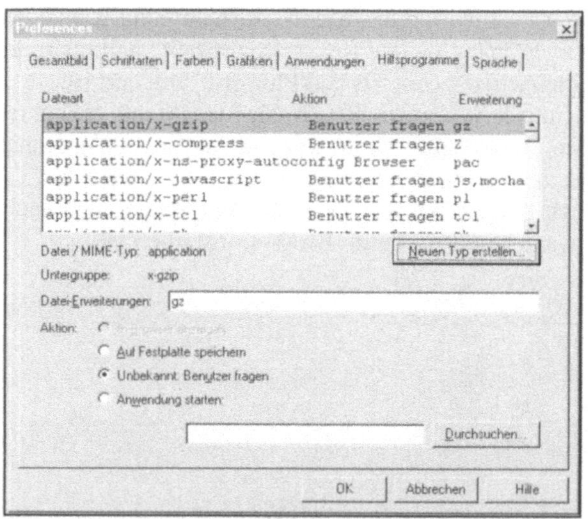

Hier können Sie festlegen oder ändern, welches Dateiformat welchem Hilfsprogramm zugeordnet wird. Navigator kann selbst mehrere Dateiformate interpretieren und anzeigen, darunter das von HTTP-Servern verwendete HTML-Format. Um Dateien zu interpretieren, die zwar empfangen wurden, die Navigator aber nicht selbst lesen kann, werden Hilfsprogramme eingesetzt. Sie können MIME-Dateitypen (mit unterschiedlichen Datei-Erweiterungen, die auf die Art der Datei hinweisen), Hilfsprogramme und die damit zusammenhängenden Aktionen festlegen.

Auf dem Registerblatt Hilfsprogramme des Dialogfelds „Allgemeine Einstellungen" sehen Sie eine Liste mit Dateiformaten und die für Navigator zur Verfügung stehenden Hilfsprogramme. Jede Zeile enthält die Informationen für ein bestimmtes Hilfsprogramm:

- Dateityp/Namen des Hilfsprogramms

- Aktion des Hilfsprogramms, wenn eine entsprechende Datei übertragen wird

- Mit dem Dateiformat verbundene Datei-Erweiterung(en)

Sie können neue Hilfsprogramme hinzufügen oder die Angaben für vorhandene Hilfsprogramme ändern. So konfigurieren Sie ein vorhandenes Hilfsprogramm neu:

1. Wählen Sie ein Hilfsprogramm aus der Liste.

2. Geben Sie die Datei-Erweiterungen ein, die zu dem Dateiformat gehören (z.B. txt für eine Textdatei). Mehrere Datei-Erweiterungen werden durch Kommata getrennt (z.B. avi, txt, html). Den Punkt (.) vor der Datei-Erweiterung brauchen Sie nicht mit anzugeben.

3. Wählen Sie die Aktion, die das Hilfsprogramm ausführen soll, wenn eine entsprechende Datei übertragen wird:

Option	Bedeutung/Vorgehen
In Browser anzeigen	Öffnet die Datei im Anzeigebereich (sofern vom Navigator unterstützt)
Auf Festplatte speichern	Speichert die Datei auf der Festplatte
Unbekannt: Benutzer fragen	Erfragt das gewünschte weitere Vorgehen
Anwendung starten	Öffnet die Datei mit der angegebenen Anwendung. Mit Durchsuchen können Sie eine andere Anwendung wählen

4. Wenn Sie die gewünschten Änderungen vorgenommen haben, klicken Sie auf OK.

So tragen Sie ein neues Hilfsprogramm ein:

1. Klicken Sie auf „Neuen Typ" erstellen. Es erscheint das Dialogfeld „Neuen MIME-Typ konfigurieren".

2. Geben Sie den MIME-Typ an (z.B. application) sowie den Un-
   tertyp bzw. das technische Format (z.B. postscript), und klicken
   Sie auf OK.

3. Geben Sie die Datei-Erweiterungen ein, die zu dem Dateiformat
   gehören. Den Punkt (.) brauchen Sie nicht mit anzugeben.

4. Führen Sie die Schritte 3 und 4 der vorigen Liste aus.

Hinweis: Wenn Sie im Menü „Hilfe" den Befehl „Allgemeine Hinweise" wählen, erhalten Sie Informationen über plattformspezifische
Einzelheiten und Adressen, wo Sie Hilfsprogramme laden können.

5.5
Funktionstest und Beispiele

Nachdem die Plug-Ins geladen und im Browser installiert sind, starten Sie den Browser neu und besuchen Sie die Shockzone unter:

> www.macromedia/shockwave/shockzone.
> www.shockrave.com

Shockzone – der schnelle Link zu Beispielen

Hier finden Sie jede Menge Flash- und Director-Beispiele. Falls Sie
dennoch ein „broken Icon" vorfinden, zögern Sie nicht, auf den
Webseitenknopf „Shockwave Help & Resources" zu klicken. Folgen Sie

den Instruktionen – meistens werden dann automatisch die Probleme behoben.

5.6
Shockwave für Authorware

5.6.1
Das Prinzip von Authorware

Macromedia Authorware ist ein ablauforientiertes Autorensystem. Mittels verschiedener Icons (Platzhalter für Funktionen) läßt sich ein Ablaufdiagramm erstellen. Beim Abspielen der Anwendung wird die Ablaufstruktur abgehandelt und die einzelnen Funktionen ausgeführt. Authorware ist das ideale Werkzeug für CBT-Anwendungen, Kiosk-Lösungen oder vernetzte Terminals. Authorware erlaubt es, Datenbanken (SQL, Mainframe) zu integrieren, und verfügt über eine Auswertungsmöglichkeit für CBT-Anwendungen.

Mit Authorware ist es auch möglich, Inhalte direkt aus dem Netz in eine Anwendung zu integrieren. So lassen sich Bilder und Text über das Internet laden und innerhalb einer Anwendung sichtbar machen. Über das Internet können auch Datenbanken abgefragt bzw. Daten in die Datenbank geschrieben werden. Auch lassen sich in Authorware Anwendungen generieren, die als Browser funktionieren und innerhalb der Anwendung ein Fenster zum WWW öffnen.

Mittels Shockwave können die Anwendungen so abgespeichert werden, daß sie sich in HTML-Seiten integrieren lassen. Somit ist es möglich, die in Authorware erstellten Anwendungen mittels Plug-In im Internet aufzurufen. Das Einsatzgebiet bilden dabei vorwiegend vernetzte weltweite Schulungsangebote und CBT-Lösungen. Da alle Fragen und Antworten auch zentral vom Server aus gesteuert und ausgewertet werden können, lassen sich Tele-Learning-Lösungen nun einfach und zielsicher entwickeln.

Authorware eignet sich hervorragend für eine verteilte Netzwerkanwendung – egal, ob es sich um ein geschlossenes Firmennetz oder das World Wide Web handelt. Verteilt kann bei einer Lerneinheit bedeuten, daß die einzelnen Inhaltssegmente von unterschiedlichen Abteilungen eines Unternehmens erstellt und entwickelt sowie auf verteilten Servern bereitgestellt werden. Gewöhnlich wird hierfür ein User-Interface in Authorware erstellt, das die notwendige Bedienungsfunktionen unterstützt.

Die jeweiligen „Clips" (individuelle Inhaltsprogramme) können im Interface-Programm geladen und betrachtet werden. Hierbei können die Clips miteinander, mit Datenbanken, Bibliotheken, und/oder anderen Informationsquellen verknüpft werden. Es entsteht ein unternehmensweites Informationssystem, in dem sämtliche Inhalte allen Mitarbeitern durch das Firmenintranet oder über das WWW zur Verfügung stehen. Ein Mitarbeiter in Australien hätte somit die gleichen Möglichkeiten wie der Mitarbeiter am Standort Ottobrunn.

5.6.2
Authorware im Netz

Authorware bietet zwei Möglichkeiten des Datentransfers:

- Clips in Authorware-Format (A4P),
- Clips in Shockwave-Format für Authorware (AAM für Map-File, AAS für Segment-File).

Es ergeben sich daraus drei grundlegende Methoden, um Authorware-„Clips" (also abgeschlossene Projekte) in einem Netzwerk zu verwenden:

- Clip im Authorware-Format über ein Netzwerk:
  Wenn Sie den Clip starten, lädt Ihr Rechner die Authorware-Runtime-Anwendung über das Netzwerk in Ihren Speicher. Wenn sich der Clip oder eine der Bibliotheken, mit denen er verknüpft ist, auch im Server befinden, lädt Authorware die Informationen nach Bedarf vom Netzwerk herunter.

- Clip im Shockwave-Format über ein Netzwerk:
  Das Shockwave für Authorware-Plug-In ermöglicht die Betrachtung eines „geshockten" Clips in einem Web-Browser. Das Plug-In lädt die Segmente dieses Clips und der dazugehörigen externen Clips nach Bedarf über das Netzwerk herunter.

- Clip auf Ihrer Festplatte:
  Clips auf der eigenen Festplatte, Diskette oder CD-ROM können mit anderen Clips, Bibliotheken und externen Daten, die sich an anderer Stelle des Netzwerkes befinden, verknüpft sein. Der lokale Clip wird geöffnet und startet die Netzverbindung.

5.6.3
Arbeiten mit Shockwave

Mit der Shockwave-Technologie können Sie einen Authorware-Clip besonders für das Web packen, ihn über das Internet oder Intranet herunterladen und ihn in einem Shockwave-kompatiblen Browser ansehen. Shockwave für Authorware besteht aus zwei Komponenten:

- Authorware-Afterburner, zum Shocken der Clips. Shocken bedeutet, den Clip für das Herunterladen über das Web zu optimieren, indem die eigentlichen Programminhalte in Segmente (AAS = Authorware-Afterburner-Segmentdatei) aufgeteilt werden. Afterburner erstellt außerdem eine Zuordnungsdatei (AAM = Authorware-Afterburner-Mapdatei), die dem Shockwave-Plug-In mitteilt, welche Inhalte in welcher Reihenfolge heruntergeladen werden müssen sowie wo die heruntergeladenen Segmente abgelegt und wie diese gesteuert werden.

- Das Shockwave für Authorware-Plug-In, das den Ladevorgang gemäß der Zuordnungsdatei verwaltet und den Clip ausführt.

Einer der großen Vorteile beim Shocken eines Clips ist, daß dieser in kleine Segmente „zerlegt" wird. Diese können einzeln und nach Bedarf nachgeladen werden. So muß erstens nur das Notwendige über das Netzwerk transportiert werden und zweitens kann ein bereits geladenes Segment abgespielt werden, obwohl weitere Daten im Hintergrund übertragen werden. So können sogar große Projekte (30 MByte und mehr) produziert werden, die auch im Internet ohne nennenswerte Verzögerungen laufen.

Authorware kann selbst als Browser fungieren. Ein auf der Festplatte gespeicherter Clip kann direkt auf Daten, die auf Webservern abgelegt sind, zugreifen und diese laden. Mit den FTP-Befehlen kann der Clip komplette Netztransaktionen wie Lesen und Schreiben ausführen. Mit diesen Befehlen lassen sich auch die gesamte Kommunikation zwischen Server und Clip steuern, Verbindungen aufbauen oder bestimmte Betriebszustände des Servers abfragen.

Authorware unterstützt alle wichtigen Multimedia-Formate wie QuickTime- und MPEG-Video, Sound, QuickTimeVR und kann Director-Filme sowie Flash-Dateien in Clips integrieren. Ferner kann problemlos die direkte Einbindung von Datenbanken mittels SQL und ODBC erfolgen. Das Programm ist sehr mächtig und bedarf für die Erstellung größerer Projekte sicherlich einiges an Einarbeitung. Durch die ablauforientierte Generierung und die Verwendung von

Bausteinen lassen sich aber recht schnell kleinere Anwendungen realisieren.

5.7
Shockwave für FreeHand

5.7.1
Vektorbasierte Grafik mit FreeHand

Mit FreeHand lassen sich vektorbasierte Grafiken zur Screen- oder Druckausgabe erstellen und bearbeiten sowie mittels PostScript auf hochauflösenden Belichtern ausgeben. FreeHand eignet sich zum Erstellen von Foldern, Werbeanzeigen oder Firmenunterlagen. In FreeHand lassen sich auch Bilder aus anderen Programmen (vektor- und pixelbasiert) übernehmen und in den eigenen Seiten integrieren.

FreeHand war bisher ausgerichtet auf die Druckausgabe der Dateien bzw. die Erstellung von Grafiken, die dann in anderen Layoutprogrammen verwendet werden und von dort aus als PostScript-Dateien belichtet bzw. gedruckt werden können.

Mittels Shockwave können sich die Grafiken nun auch im Internet verwendet werden. Die Grafiken lassen sich im Shockwave-Format exportieren. Eine weitere Möglichkeit besteht darin, die FreeHand-Datei im Flash-Format zu exportieren, um Sie dann in Shockwave-Flash weiterzuverarbeiten. In Zusammenarbeit mit Flash können somit vektorbasierte Animationen erstellt werden. FreeHand-Grafiken lassen sich ähnlich wie GIF-Grafiken mit Maps ausstatten und können dann Links zu anderen Webseiten ausführen.

FreeHand-Dateien sind vektorbasiert, d.h., die endgültige Dateigröße ist relativ klein. Mittels Shockwave läßt sich eine aufwendige Grafik leicht auf 10 KByte oder weniger stauchen. Damit können diese Grafiken in idealer Weise für das Internet verwendet werden. Eingebunden in HTML-Seiten bietet sich die Möglichkeit, die Grafik zu verkleinern, zu vergrößern oder zu scrollen.

Bei Vektoren werden nur die mathematischen Formeln gespeichert, die eine Form wie z.B. eine Linie beschreiben. Eine Linie kann mit der Angabe des Anfangs- und des Endpunktes sowie die Festlegung der Linienbreite und der Farbe eindeutig beschrieben werden. Diese Information ist sehr klein und sehr schnell zu übermitteln. Beim Anwender setzt das Plug-In die Informationen wieder zu einer sichtbaren Linie zusammen.

Damit lassen sich also leicht Landkarten, Diagramme oder Schaubilder erstellen, die sich der Anwender in verschiedenen Auflösungen anschauen kann. So lassen sich Details einbinden, die erst bei entsprechender Vergrößerung sichtbar werden. Durch Links können auch beliebig viele Verweise auf andere Webinhalte in die Grafik integriert werden. Eine grafisch aufwendige Menüleiste mit entsprechenden Links ist also für FreeHand kein Problem.

FreeHand bietet die Möglichkeit, die erstellten Grafiken in einer optimierten Version für das Web bereitzustellen. Dazu stehen Ihnen vier Methoden zur Verfügung:

1. Sie können die FreeHand-Dateien ohne Veränderung in einer Webseite integrieren. Vorausgesetzt, daß das Shockwave-Plug-In beim Anwender installiert und die FreeHand-Dateien in FH8-, FH7-, FH&-, FH5- oder FH4-Format abgespeichert ist.

2. FreeHand-Grafiken werden in einer webfähigen Form abgespeichert. Dazu stehen die Formate „GIF" und „JPG" zur Verfügung. Hierdurch kann die Grafik ohne Plug-In im Browser angezeigt werden. Für die Formate lassen sich alle Parameter, wie transparente Bereiche und Bildqualität, einstellen.
   Eine interessante Variante ist es, die FreeHand-Grafiken als PDF-File abzuspeichern. Diese PDF-Dateien lassen sich nicht nur plattformübergreifend offline verbreiten, sondern auch über das Web. Diese Methode erlaubt es ebenfalls, ganze Prospekte, die in Free-Hand erstellt worden sind, webfähig zu machen. Mehr Informationen zu PDF-Dateien und der Acrobat-Technik erhalten Sie direkt im Web bei „www.adobe.de".

3. Die Datei wird mit Shockwave komprimiert. Mit dem Befehl „Afterburner" im Menü „Xtras" wird eine komprimierte Kopie der Grafik auf die Festplatte geschrieben. Die resultierende Datei ist erstaunlich klein.

4. FreeHand-Grafiken werden im Shockwave-Flash-Format abgespeichert. In Flash finden Sie einen exzellenten Vektorgrafik-Animations-Editor – besser beschrieben als der „Director für Vektorgrafiken". Mit Flash können Sie Animationen und kleine interaktive „Shows" mit Sound und Interaktion erstellen. Dank der Vektortechnik sind die resultierenden Dateien überraschend klein und frei skalierbar.

5.7.2
Tips und Methoden

Im folgenden finden Sie einige Richtlinien, mit deren Hilfe Sie FreeHand-Dateien für die Darstellung im World Wide Web optimieren können:

- Stellen Sie die Maßeinheit im Popup-Menü für Einheiten in der linken unteren Ecke des FreeHand-Dokumentfensters auf „Punkte".

- Die Abmessungen einer Grafik werden in HTML in Bildschirm-Pixeln angegeben. Die Anzahl der Pixel pro Zoll entspricht der Anzahl der Punkte pro Zoll (72).

- Passen Sie die Seite der Größe der Objekte an.

- Wählen Sie alle Objekte auf der Seite mit dem Befehl „Alles" im Untermenü „Auswählen" des Menüs „Bearbeiten" aus.

- Gruppieren Sie die Objekte. Wählen Sie „Gruppieren" im Menü „Ändern". Verschieben Sie die Gruppierung in die linke untere Ecke der Seite. Notieren Sie die Werte für Höhe und Breite der Gruppe im Objekt-Inspektor. Geben Sie diese Werte als benutzerdefinierte Seitenabmessungen in den Dokument-Inspektor ein. Die Gruppe und die Seite besitzen nun dieselben Abmessungen. Wenn Sie wollen, können Sie die Gruppierung wieder aufheben.

- Betten Sie die FreeHand-Grafik in ein HTML-Dokument ein (Wie, erfahren Sie am Ende dieses Abschnittes).

- Um Schriftarten in ein Dokument einzubetten, müssen Sie das Xtra „Afterburner" verwenden. Aktivieren Sie im Dialogfeld „Dokument komprimieren" des Xtras „Afterburner" die Option „Konturschriftarten einbetten". FreeHand unterstützt alle Type-1- und TrueType-Schriftarten, jedoch keine Type-3-Schriftarten.

- Durch folgende Maßnahmen können Sie die Größe von Free-Hand-Dateien minimieren:

  - Löschen Sie alle Objekte, die in der fertigen Grafik nicht sichtbar sind.

  - Löschen Sie nicht benutzte Farben. Wählen Sie „Unbenutzte benannte Farben" aus dem Untermenü „Löschen" im Menü „Xtras".

– Löschen Sie nicht benutzte oder unsichtbare Ebenen. Wählen Sie „Entfernen" aus dem Popup-Menü „Optionen" im Ebenen-Bedienfeld.

– Löschen Sie nicht verwendete Grafiken, die auf der Hintergrundebene plaziert wurden. Vereinfachen Sie komplexe Objekte mit Hilfe des Befehls „Vereinfachen" in FreeHand. Dieser Befehl löscht unnötige Punkte aus Objekten und verringert dadurch die Dateigröße. Wählen Sie „Vereinfachen" aus dem Untermenü „Säubern" im Menü „Xtras".

– Schränken Sie die Verwendung des Befehls „Innen einfügen" ein.

– Komprimieren Sie das fertige Dokument mit dem Xtra „Afterburner".

5.7.3
Verwenden des Xtras „URL-Editor"

Mit dem Xtra „URL-Editor" können Sie FreeHand-Objekte mit URLs verbinden. Der URL-Editor wird eingeblendet, wenn Sie „URL-Editor" aus dem Untermenü „Xtras" im Menü „Fenster" wählen.

Der URL-Editor wird in FreeHand ähnlich wie die Farbpalette verwendet. Sie können URLs auch zuordnen, indem Sie die Adresse aus dem Bedienfeld auf die FreeHand-Objekte ziehen.

URLs hinzufügen
Um eine URL hinzuzufügen, wählen Sie „Neu" aus dem Popup-Menü „Optionen". Geben Sie in das Dialogfeld „Neue URL" den Text ein, und drücken Sie die Eingabetaste.

Nachdem Sie eine URL hinzugefügt haben, müssen Sie diese URL einem Objekt zuweisen, bevor Sie das Bedienfeld des URL-Editors schließen oder skalieren, das FreeHand-Dokument schließen oder die Anwendung FreeHand in den Hintergrund versetzen. URLs, die im URL-Editor aufgelistet, aber mit keinem FreeHand-Objekt verbunden sind, werden nicht mit dem Dokument gespeichert.

URLs bearbeiten

Um eine URL zu bearbeiten, markieren Sie diese, und wählen Sie „Bearbeiten" aus dem Popup-Menü „Optionen". Sie können auch auf die URL doppelklicken. Bearbeiten Sie den Eintrag im Dialogfeld „URL bearbeiten", und drücken Sie anschließend die Eingabetaste.

Verwenden Sie möglichst nicht den FreeHand-Befehl „Rückgängig", wenn Sie im URL-Editor eine URL bearbeiten, sondern doppelklicken Sie auf die URL, und machen Sie den Bearbeitungsvorgang manuell durch erneutes Ändern der URL rückgängig. Wenn Sie den Befehl „Rückgängig" verwenden, wird das FreeHand-Objekt zwar mit der richtigen URL aktualisiert, aber der Vorgang wird im URL-Editor nicht angezeigt.

Wenn sich im URL-Editor eine nicht benutzte URL befindet, können mit dem Befehl „Suchen" keine Objekte gefunden werden. Wenn Sie das Objekt markieren, von dem Sie wissen, daß es mit der richtigen URL verknüpft ist, wird im URL-Editor wieder der richtige Text angezeigt. Daraufhin können Sie die unnötigen Einträge aus dem URL-Editor löschen.

URLs kopieren

Um eine vorhandene URL ein zweites Mal zu verwenden, markieren Sie die URL im URL-Editor, und wählen Sie „Duplizieren" aus dem Popup-Menü „Optionen". Die kopierte URL wird angezeigt, wobei an das Ende des Namens der ursprünglichen URL das Wort „Kopie" angefügt wird. Sie können kopierte URLs nach Bedarf bearbeiten.

URLs übertragen

Wenn eine URL in den URL-Editor eingefügt wurde, können Sie die gewünschte URL markieren und auf ein Objekt ziehen. Wenn Sie eine URL auf mehrere Objekte gleichzeitig übertragen wollen, markieren Sie die Objekte, und wählen Sie eine URL im URL-Editor. Um eine URL wieder von einem Objekt, aber nicht aus dem URL-Editor zu entfernen, ziehen Sie den Eintrag „Keine" auf das Objekt, oder markieren Sie das Objekt, und wählen Sie „Keine" im URL-Editor.

URLs löschen

Markieren Sie eine URL, und wählen Sie „Entfernen" aus dem Popup-Menü „Optionen", um die URL sowohl aus dem URL-Editor als auch von den Objekten zu entfernen, auf die sie übertragen wurde.

URLs identifizieren, die FreeHand-Objekten zugewiesen sind

Wählen Sie „Suchen" im Popup-Menü „Optionen", um festzustellen, welchen Objekten eine bestimmte URL zugewiesen wurde. Die besten Ergebnisse erhalten Sie, wenn Sie die Tabulatortaste drücken, um die Auswahl aller FreeHand-Objekte aufzuheben, dann eine URL markieren und „Suchen" wählen. FreeHand zeigt Ziehpunkte für alle Objekte an, die mit der markierten URL verknüpft sind.

Weisen Sie URLs immer nur einzelnen Objekten zu, keinen Gruppen. Um ein einzelnes Objekt innerhalb einer Gruppe zu markieren, halten Sie die Wahltaste (Macintosh) bzw. Alt-Taste (Windows) gedrückt, und klicken Sie auf das gewünschte Objekt. Sobald das Objekt markiert ist, können Sie auf die übliche Weise eine URL zuweisen.

FreeHand-Shockwave unterstützt sowohl absolute als auch relative URLs. Absolute URLs umfassen den vollständigen Pfad und Dateinamen eines Dokuments, relative URLs bestehen aus teilweisen Pfadangaben relativ zum aktuellen Ordner. Wenn Sie in Free-Hand relative URLs eingeben, sind die Pfadangaben nicht relativ zu der HTML-Datei, in die sie eingebettet sind, sondern zu der Position der FreeHand-Datei auf dem Server.

5.7.4
Verwenden des Xtras „Afterburner"

FreeHand-Dateien können in einem speziellen Viewer, im Shockwave Graphics Player, getrennt vom Browser betrachtet werden. Der Shockwave Graphics Player verwendet das Standard-Dateiformat von FreeHand. Fügen Sie dem Dateinamen eines FreeHand-Dokuments, das in einem kompatiblen Browser verwendet werden soll, die Erweiterung „FH8", „FH7", „FH6", „FH5" oder „FH4" hinzu.

Wenn Sie jedoch Grafiken für das Web erstellen, empfehlen wir, das Xtra „Afterburner" zu verwenden, damit die Dokumente schneller über das Internet übertragen werden können.

Komprimieren Sie das Dokument in FreeHand auf die folgende Weise:

1. Verwenden Sie ein gespeichertes FreeHand-Dokument. Öffnen Sie entweder ein Dokument, oder erstellen und speichern Sie ein neues Dokument.

2. Wählen Sie „Dokument komprimieren" aus dem Untermenü „Afterburner" im Menü „Xtras".

3. Geben Sie in das Eingabefeld „Dateiname" im Dialogfeld „Dokument komprimieren" einen Dateinamen ein.

4. Aktivieren Sie nach Bedarf entweder „Gesperrt" oder „Konturschriftarten einbetten".

5. Klicken Sie auf „OK".

Der Name der komprimierten Datei erhält die Erweiterung „.fhc". Auf diese Weise komprimierte Dateien werden von Shockwave automatisch erkannt und dekomprimiert, wenn sie in einem Browser geöffnet oder angezeigt werden.

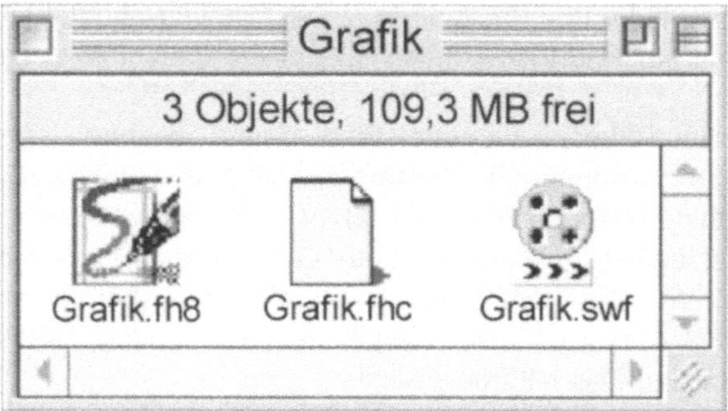

Dokument sperren

Beim Export eines FreeHand-Dokuments mit dem Xtra „Afterburner" können Sie das Dokument sperren, so daß es in seinem komprimierten Format in FreeHand nicht mehr geöffnet werden kann. Um ein Dokument zu sperren, aktivieren Sie „Gesperrt" im Dialogfeld „Dokument komprimieren". Da gesperrte Dateien nur in einem Browser (nicht mehr in FreeHand) angezeigt werden können, speichern Sie eine Kopie des FreeHand-Originaldokuments, falls Sie es später erneut bearbeiten wollen.

Öffnen Sie eine nicht gesperrte, komprimierte Datei in FreeHand auf folgende Weise:

1. Wählen Sie „Dokument entkomprimieren" aus dem Untermenü „Afterburner" im Menü „Xtras".

2. Suchen Sie im Dialogfeld „Dokument entkomprimieren" eine komprimierte Datei. Nur Dateien mit der Erweiterung „.fhc" können dekomprimiert werden.

3. Klicken Sie auf „öffnen".

Dekomprimierte Dateien werden als Dokumente ohne Titel geöffnet.
Wenn Sie dem Dokument einen Namen geben wollen, wählen Sie
„Speichern unter" oder „Speichern" (Windows) bzw. „Sichern unter" oder „Sichern" (Macintosh) aus dem Menü „Datei" (Windows)
bzw. „Ablage" (Macintosh) in FreeHand. Sie müssen das Dokument
auch speichern, bevor Sie es erneut als komprimiertes Dokument
exportieren können.

Bitmaps in FreeHand-Shockwave
Um Bitmaps in FreeHand-Shockwave verwenden zu können, müssen Sie sie in FreeHand-Dokumente einbetten.

Wählen Sie „Einstellungen" aus dem Menü „Datei" (Windows)
bzw. „Ablage" (Macintosh), um Bitmap-Dateien in FreeHand einzubetten. Wählen Sie „Eingabe/Ausgabe", und aktivieren Sie „Bilder
und EPS bei Import einbetten". Sie können Bitmaps auch mit Hilfe
der Verknüpfungsverwaltung ab FreeHand 7 einbetten. Durch Einbetten wird die Datei zwar größer, aber mit dem Xtra „Afterburner"
in FreeHand werden die Bilddaten zusammen mit den FreeHand-
Grafiken komprimiert. Es werden die Dateiformate TIFF, BMP,
JPEG und GIF unterstützt.

Da Bitmaps eine feste Auflösung besitzen, werden bei höheren
Vergrößerungsstufen die einzelnen Pixel sichtbar. Wenn Sie also ein
FreeHand-Dokument (beispielsweise eine Landkarte) entwerfen, das
vergrößert und verkleinert werden soll, erhalten Sie die beste Wirkung, wenn Sie möglichst keine Bitmaps verwenden. Um die Dauer
des Herunterladens zu verkürzen, sollten Sie sich überlegen, ob Sie
anstelle eines hochauflösenden Bildes eine mit niedriger Auflösung
gescannte Version verwenden können.

5.7.5
FreeHand-Dokumente in HTML einbetten

Zum Einbetten einer FreeHand-Datei in
ein HTML-Dokument wird das folgende
Einbettungs-Tag verwendet:

```
<A><EMBED SRC="./grafik/grafik.fhc"
WIDTH=133 HEIGHT=110></A>
```

Wenn Ihre Grafiken auf eine Seite von
500 x 400 Punkten passen, geben Sie in HTML eine Breite von 500
Pixeln und eine Höhe von 400 Pixeln an, um eine optimale Darstel-

lung der Grafiken sicherzustellen. Der HTML-Einbettungstext für ein derartiges Dokument sieht wie folgt aus:

```
<A><EMBED SRC="dateiname.erw" WIDTH=500 HEIGHT=400></A>
```

Sie können die Anzeige des FreeHand-Dokuments auch manuell um einen bestimmten prozentualen Wert skalieren. Um beispielsweise die oben erwähnte Datei auf 75% ihrer Originalgröße zu verkleinern, geben Sie Werte ein, die 75% der ursprünglichen Breite und Höhe des Originals entsprechen. Dies sieht dann folgendermaßen aus:

```
<A><EMBED SRC="dateiname.erw" WIDTH=375 HEIGHT=300></A>
```

Symbolleiste
Web-Entwickler, die mit FreeHand-Shockwave arbeiten, können FreeHand-Dokumenten, die im Browser angezeigt werden, nun auch eine grafische Symbolleiste hinzufügen. Mit der Symbolleiste können Sie verknüpfen, zoomen und verschieben, indem Sie einfach auf eine Schaltfläche klicken. Wenn Sie ein Bild wieder in seiner ursprünglichen Form anzeigen wollen, halten Sie <Strg> + <Umschalttaste> (Win) bzw. <Command> + <Umschalttaste> (Mac) und klicken Sie auf das Bild.

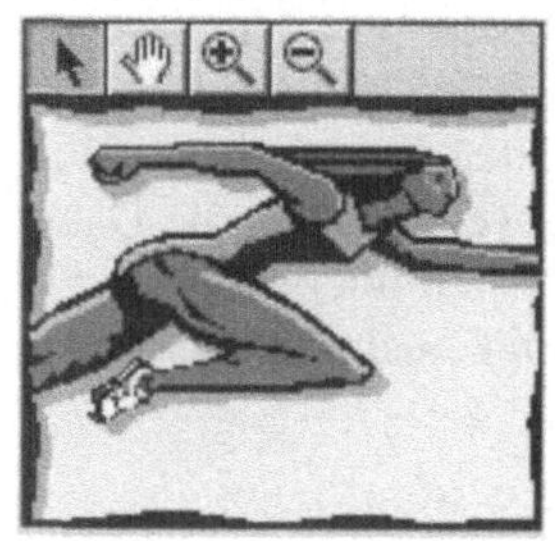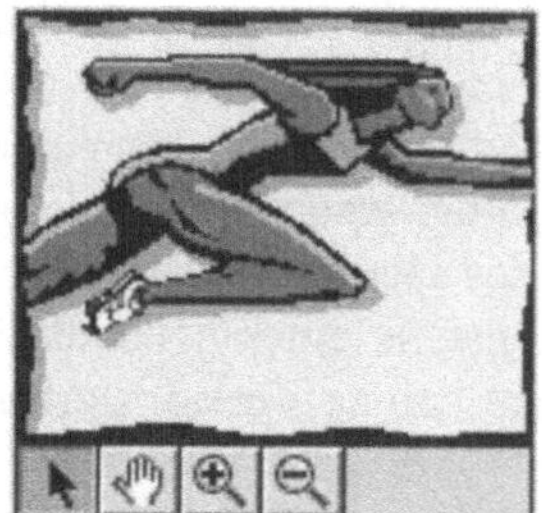

Shockwave-Symbolleiste in Netscape
Die Symbolleiste kann entweder am oberen oder unteren Rand eines Bildes angezeigt werden. In der Symbolleiste befinden sich die Werkzeuge „Pfeil", „Hand" und „Zoomen". Sie können auf die Werkzeuge klicken, um zu verknüpfen, zu zoomen und den Ausschnitt zu verschieben, diese Befehle können jedoch auch über die Tastatur aufgerufen werden. Wenn Sie auf eine Schaltfläche in der Symbolleiste klicken, bleibt der betreffende Modus so lange aktiv, bis Sie auf eine andere Schaltfläche klicken.

Wenn Sie <Strg> + <Umschalttaste> (Win) bzw. <Command> + <Umschalttaste> (Mac) drücken und auf das Bild mit der linken Maustaste klicken, erscheint das Bild im Originalzustand. Falls das Shockwave-Logo in der Symbolleiste sichtbar ist, klicken Sie darauf, um den Originalzustand des Bildes wiederherzustellen.

Sie müssen auf das Pfeil-Werkzeug klicken, um den normalen Cursor-Modus wiederherzustellen. Hyperlinks stehen nur im Cursor-Modus zur Verfügung. Eingebettete Verknüpfungen sind weder im Verschieben- noch im Zoom-Modus sichtbar. Sie können auch mit Tastaturbefehlen vorübergehend zwischen den Modi wechseln. Um nach dem Verschieben oder Zoomen den Originalzustand eines Bildes wiederherzustellen, klicken Sie auf das Shockwave-Logo (wenn es sichtbar ist). Sie können auch die <Befehls-> und <Umschalttaste> (Macintosh) oder <Strg-> und <Umschalttaste> (Windows) gedrückt halten und klicken oder die Seite neu laden, um die ursprüngliche Ansicht wiederherzustellen. Damit die Symbolleiste angezeigt werden kann, müssen die Bilder mindestens 85 Pixel breit sein. Wenn die Symbolleiste nicht zur Verfügung steht, müssen Sie die Tastaturbefehle verwenden.

Ist ein Bild breiter als 85 Pixel, wird die Breite der Symbolleiste daran angepaßt. Die Symbolleiste ist 20 Pixel hoch. Damit die Symbolleiste angezeigt werden kann, müssen Sie im HTML-Code für die Höhe zusätzlich noch 20 Pixel festlegen. Das folgende Bild hat beispielsweise eine Höhe von 110 Pixeln, im HTML-Code müssen Sie jedoch die Zahl 130 festlegen. Das Einbettungs-Tag, mit dem die Symbolleiste oberhalb des Bildes plaziert wird, sieht dann folgendermaßen aus:

```
<A><EMBED SRC="./grafik/grafik.fhc" WIDTH=133 HEIGHT=130
TOOLBAR="top"></A>
```

Das Einbettungs-Tag, mit dem die Symbolleiste unterhalb des Bildes plaziert wird, hat folgende Form:

```
<A><EMBED SRC="./grafik/grafik.fhc" WIDTH=133 HEIGHT=130
TOOLBAR="bottom"></A>
```

Bei Bildern, die zwischen 85 und 149 Pixel breit sind, kann die Shockwave-Symbolleiste angezeigt werden, das Shockwave-Logo ist jedoch nicht sichtbar. Wenn das Shockwave-Logo auf der Symbolleiste nicht zu sehen ist, halten Sie <Befehls-> und <Umschalttaste> (Macintosh) oder <Strg-> und <Umschalttaste> (Windows) gedrückt, während Sie klicken, um die Originalansicht eines Bildes wiederherzustellen.

5.7.6
FreeHand-Dokumente in einem Browser

Öffnen eines FreeHand-Dokuments
Um eine FreeHand-Datei in Ihrem Browser anzuzeigen, können Sie sie entweder in ein HTML-Dokument einbetten und mit dem

Browser-Befehl zum Öffnen einer Datei öffnen, oder Sie können die FreeHand-Datei vom Schreibtisch in das geöffnete Fenster des Browsers ziehen.

Aktivieren von Hyperlinks

Wenn Sie in Netscape ein FreeHand-Dokument anzeigen, verwandelt sich der Cursor jedesmal in eine Hand mit ausgestrecktem Zeigefinger, wenn er über ein FreeHand-Objekt mit angehängter URL bewegt wird. Um zu der URL zu gelangen, klicken Sie auf das Objekt, während der Cursor die Form des ausgestreckten Zeigefingers hat.

Zoomen

Shockwave Graphics Player bietet die gleichen Zoom-Funktionen wie FreeHand. Sobald ein FreeHand-Dokument in Netscape geöffnet ist, können Sie es entweder vergrößern oder verkleinern (bis zu 26.500%) oder auf einen definierten Bereich zoomen. Wenn das Zoom-Werkzeug aktiv ist, wird es als kleines Vergrößerungsglas mit einem '+' oder '-' darin dargestellt, je nachdem, ob Sie gerade vergrößern oder verkleinern.

Um das Zoom-Werkzeug auf dem Macintosh zu aktivieren und auf einen bestimmten Bereich zu zoomen, halten Sie die <Befehlstaste> gedrückt und klicken Sie mit der Maustaste. Wenn Sie einen bestimmten Bereich verkleinern wollen, halten Sie beim Klicken die <Befehls-> und <Wahltaste> gedrückt. Wenn Sie beim Klicken die <Befehls-> und <Umschalttaste> gedrückt halten, wird die ursprüngliche Vergrößerungsstufe der Ansicht wiederhergestellt.

In Windows können Sie das Zoom-Werkzeug aktivieren und auf einen bestimmten Bereich zoomen, indem Sie mit der rechten Maustaste klicken. Wenn Sie einen bestimmten Bereich verkleinern wollen, halten Sie beim Klicken die <Alt-Taste> gedrückt. Sie können auch die <Strg-Taste> gedrückt halten und mit der linken Maustaste klicken, um zu vergrößern. Halten Sie die <Strg-> und <Alt-Taste> gedrückt und klicken Sie mit der linken Maustaste, um zu verkleinern.

Wenn Sie die ursprüngliche Vergrößerungsstufe wiederherstellen wollen, halten Sie die <Strg-> und <Umschalttaste> gedrückt, und klicken Sie mit der linken Maustaste, oder halten Sie nur die Umschalttaste gedrückt, und klicken Sie mit der rechten Maustaste.

Sie können einen bestimmten Bereich auch durch Klicken und Ziehen vergrößern. Aktivieren Sie zuerst das Zoom-Werkzeug, und klicken und ziehen Sie mit der Maus, so daß ein Rechteck mit einer gepunkteten Linie (Auswahlrahmen) um den Bereich gezeichnet wird, den Sie vergrößern wollen. Der so markierte Bereich füllt daraufhin die Fläche aus, die zuvor das Dokument eingenommen hatte.

Verschieben

Sie können das FreeHand-Dokument verschieben und im Fenster bewegen, indem Sie es mit dem Hand-Werkzeug ziehen. Um das Hand-Werkzeug zu verwenden, halten Sie beim Ziehen die Control-Taste (Macintosh) oder die Leertaste (Windows) gedrückt. Das FreeHand-Dokument wird in die Richtung verschoben, in die Sie ziehen.

Einbetten von Schriftarten

FreeHand Shockwave unterstützt alle Type-1- und TrueType-Schriftarten, Type-3-Schriftarten werden dagegen nicht unterstützt. Um Schriftarten in ein Dokument einzubetten, aktivieren Sie die Option „Konturschriftarten einbetten" im Dialogfeld „Dokument komprimieren" des Xtras „Afterburner".

Wenn Sie Schriftarten einbetten, wird das FreeHand-Dokument umfangreicher, die Größe ist jedoch je nach Anzahl der verwendeten Schriften und je nach Komplexität des Dokuments verschieden.

Eingebettete Schriftarten sind nur zum Anzeigen der Kontur gedacht, Sie können sie nicht aus dem FreeHand-Dokument extrahieren. Wenn die entsprechenden Schriftarten auf Ihrem System nicht installiert sind, wird beim Öffnen einer komprimierten Datei mit der Afterburner-Option „Dokument entkomprimieren" das Dialogfeld „Fehlende Schriftarten" eingeblendet.

FreeHand-Shockwave unterstützt die meisten Textoptionen, aber Texteffekte, mit Ausnahme von Umrandungsgrafiken, sowie Bereichsunterschneidungen und Tabulator-Füllzeichen können nicht eingesetzt werden.

Restriktionen von FreeHand-Shockwave
FreeHand-Shockwave unterstützt nicht alle Leistungsmerkmale und Objekte, die in FreeHand erstellt werden können. Es gibt folgende Einschränkungen:

- Das EPS-Format ist nicht sehr platzsparend und daher nicht optimal zum Anzeigen von Grafiken im World Wide Web geeignet. Shockwave unterstützt deshalb die Anzeige von EPS-Grafiken nicht.

- Wenn Ihr FreeHand-Dokument mehrere Seiten umfaßt, wird in Ihrem Browser die Seite angezeigt, die beim letzten Speichern in FreeHand aktiv war. Sie können die anderen Seiten in Netscape betrachten, indem Sie den Ausschnitt verschieben. Wir empfehlen jedoch, Dokumente mit nur einer Seite zu erstellen, damit die Datei möglichst klein bleibt und damit Betrachter Ihrer Seite nicht versehentlich wichtige Teile Ihrer Grafiken übersehen.

- PostScript-Striche und -Füllungen (beispielsweise „Benutzerdefiniert" und „Struktur") werden nicht unterstützt.

- Extern verknüpfte TIF-Dateien werden nicht angezeigt – nur eingebettete TIF-Dateien.

- Tabulator-Füllzeichen, Texteffekte (ausgenommen Umrandungsgrafiken) und Bereichsunterschneidungen werden nicht unterstützt.

5.7.7
Beschränkungen beim Drucken aus einem Browser

FreeHand-Shockwave unterstützt das Drucken von FreeHand-Grafiken aus Netscape heraus. Aufgrund von Beschränkungen des

Browsers können sich jedoch unter folgenden Bedingungen Probleme ergeben:

- Macintosh Plug-In:
  Eingebettete FreeHand-Dokumente werden aus Netscape heraus erfolgreich gedruckt. Drucken Sie jedoch keine nichteingebetteten FreeHand-Dokumente aus Netscape (d. h., öffnen Sie keine auf dem lokalen Laufwerk gespeicherten FreeHand-Dokumente mit Netscape, um sie aus dem neuen Fenster zu drukken). Dieser Vorgang führt zum Zusammenbruch des Systems. Aus dem Internet Explorer werden sowohl eingebettete als auch nicht eingebettete FreeHand-Dokumente gedruckt.

- Windows Plug-In:
  Eingebettete und nicht eingebettete FreeHand-Dokumente lassen sich weder aus Netscape noch aus dem Internet Explorer drucken. An den Stellen, an denen sich eingebettete Dokumente befinden, erscheinen leere Flächen.

Die aktuellsten Informationen zum Drucken aus dem Netscape Navigator erhalten Sie bei Netscape.

Ab Version 8.0 ist FreeHand konsequent auf Shockwave und das Web ausgerichtet. Die wichtigste Neuerung ist die Integration von Flash 2.0 in FreeHand. So lassen sich Flash-Animationen direkt in FreeHand erstellen. In Kapitel „Workshop Shockwave für Flash" finden Sie weitere Informationen und ein Beispiel für die Verwendung von FreeHand für die Erstellung von Webgrafiken.

5.8
Shockwave für Audio

Shockwave ist primär optimiert für die Grafikkompression. Macromedia hat aber mit Shockwave für Audio ein Kompressionsverfahren für Audiodateien entwickelt. Für die Erstellung von SWA-Audiodateien benötigen Sie auf der Apple-Mac-Plattform das Programm SoundEdit 16 und das SWA-Export-Xtra von Macromedia. Auf der Windows-PC-Seite benötigen Sie das Programm SWAcnvrt.x32, um vorhandene Sounddateien in das SWA-Format zu konvertieren.

Für Director gibt es ein Xtra, um interne Sounddateien zu konvertieren. Dieses Xtra komprimiert bei der Erstellung von Shockwave-Dateien automatisch die eingefügten Sounddateien in das SWA-Format.

Die aktuellen Versionen der Xtras finden Sie im Internet unter www.macromedia.com/shockwave.

Mit Shockwave für Audio (SWA) sind gewaltige Sprünge möglich. Dreißig Sekunden Musik lassen sich bis auf 30 KByte verkleinern (dies entspricht eine Kompression von 1:10 bis 1:20). Doch SWA kann noch mehr. Mit Shockwave lassen sich Audiodateien „streamen". Das bedeutet, der Sound wird on-the-fly übertragen und fängt bereits zu spielen an, obwohl im Hintergrund noch weitere Daten übertragen werden. Der Anwender kann so selbst große Audiodateien ohne größere Verzögerung abspielen.

Das Streamen von Daten ist aber nicht ganz unproblematisch. Das Netz und vor allem Zugriffs- und Ladezeiten variieren teilweise sehr stark. Sollte beim Streamen einmal der Datenstrom an irgendeiner Stelle „abreißen", so kann es zu sehr unangenehmen Aussetzern im Sound kommen.

Sie müssen sich bei der Erstellung von SWA-Dateien genau überlegen, welchen Zweck der Sound haben soll und wieviel Übertragungszeit Sie dem Benutzer zumuten wollen. Für eine breite Zielgruppe machen Sie lieber einige Abstriche hinsichtlich der Qualität und bei der Länge der Sounds. Vergessen Sie auch nicht, daß der Benutzer ja auch über entsprechende Soundkarten verfügen muß, um überhaupt etwas zu hören.

Im Moment können Sie SWA-Dateien innerhalb von Director- und Authorware-Dateien einbinden und manipulieren. Der Browser benötigt die beiden Plug-Ins SWA-Decompression-Xtra und SWA-Streaming-Xtra, die sich im Shockwave-Support-Verzeichnis befinden müssen. Die Plug-Ins werden mit Shockwave für Director installiert.

6 Workshop Shockwave für Director

She swallowed a dog to catch the cat...

Director bietet Ihnen eine Fülle von Möglichkeiten, interaktive Anwendungen zu erstellen. Die Ansätze und Lösungswege sind nahezu unbegrenzt. Wir werden uns in diesem Buch nur auf die Webanbindung konzentrieren. Im Prinzip können Sie alles, was Sie in Director erstellen als Shockwave-Film ins Internet stellen. Einige Beschränkungen in Hinblick auf die Behandlung von externen Medien und Lingo-Befehlen, die innerhalb von Shockwave nicht unterstützt werden oder in einer Netzanwendung keine Rolle spielen, werden wir Ihnen erklären.

Der Workshop soll Ihnen einen Einstieg in das Thema ermöglichen. Nehmen Sie sich aber Zeit, um weiteres in Director auszuprobieren. Schauen Sie sich andere Seiten an, die Shockwave verwenden, und nutzen Sie die Webangebote, die sich mit Director und Shockwave beschäftigen (eine Liste der besten Sites finden Sie im Kapitel 10.2 „Sehenswerte Sites").

6.1 Shockwave für Director

Macromedia Director ist der eigentliche Shockwave-Editor. Mit Director lassen sich einfache Animationen sowie komplexe interaktive Anwendungen realisieren. Mit der eingebauten Skriptsprache Lingo lassen sich alle erdenklichen Aufgaben lösen. Ab Version 6.0 wurden sehr viele netzrelevante Befehle aufgenommen. Mittels Shockwave lassen sich komplette Director-Filme komprimiert und für die Verwendung im Internet abspeichern.

Director verfügt aber auch über Befehle um Internet-Angebote in Offline-Projekte zu integrieren. Das heißt, eine Applikation, die auf CD-ROM herausgegeben wird, kann über einen direkten Internet-Zugang beim Anwender aktuelle Informationen aus dem Netz „nachladen". Dabei spricht man von Offline-Hybridsystemen.

Wir wollen uns aber mit den Fähigkeiten von Director auseinandersetzen, die es erlauben, die Director-Projekte direkt im Netz zu publizieren. Zum Ansehen braucht der User dann nur einen entsprechend ausgerüsteten Browser. Es sind in der neuen Version einige Shockwave-Befehle für Lingo neu hinzugekommen (eine ausführliche Beschreibung aller Net-Befehle finden Sie im Script-Lexikon in Kapitel 10.4.1). Sonst ist Shockwave recht unspektakulär. Ein einziger Befehl: „Menü-Ablage, Sichern als Shockwave-Film..." erledigt die ganze Arbeit.

Ein Director-Film mit 20 KByte kann zum Beispiel als Shockwave-Datei bis auf 5 KByte schrumpfen – ohne Qualitätsverluste bei der Grafik, da diese verlustfrei komprimiert wird. Die Kompressionsrate hängt natürlich sehr stark von den verwendeten Medien und dem Aufbau des Filmes ab. Zu bedenken ist, daß Director Pixelgrafiken verwendet, die im allgemeinen recht große Ausgangsgrößen aufweisen. Kleinere Projekte mit etwas Grafik liegen meist zwischen 50 KByte und 200 KByte.

6.2
Konzeption

Im ersten Teil des Workshops geht es um die Erstellung einer einfachen Animation mit Director und die Einbindung des resultierenden Shockwave-Filmes in eine HTML-Seite. Die Animation wird dann zu einer kompletten Menüleiste ausgebaut, wobei die Sprungbefehle im Vordergrund stehen werden.

In unserem Beispiel werden wir dann mehrere Filme integrieren, die die Möglichkeiten von Shockwave aufzeigen sollen. Bei den Beispielen werden wir uns auf die grundsätzlichen Funktionen konzentrieren und die Gestaltung etwas vernachlässigen. Wenn Sie wollen, können Sie die benutzten Bilder selbst durch qualitativ hochwertige Medien ersetzen.

Die verwendeten Medien finden Sie auf der CD-ROM im Verzeichnis „Workshop".

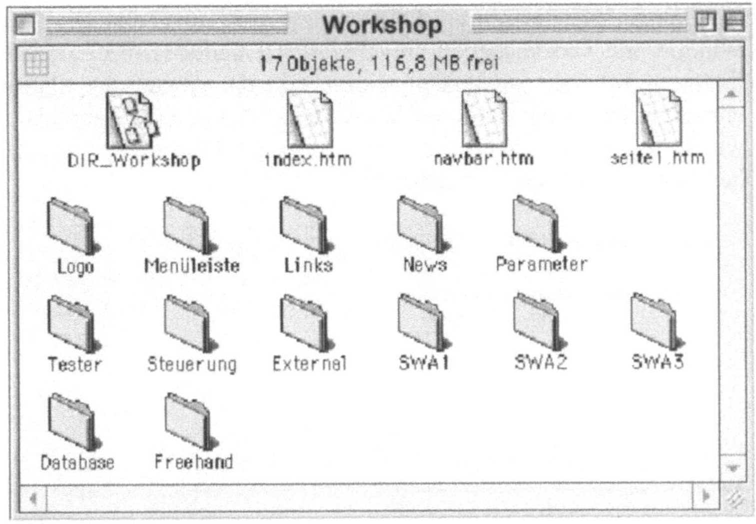

6.3
Arbeitsumgebung

Für den Workshop arbeiten wir mit Macromedia Director in der Version 6.0, einem Internet Browser (Netscape Communicator) und einem Webserver (MacOS eingebautes Web-Sharing). Für die Erstellung der Grafiken und Bilder verwendeten wir Adobe Photoshop und Macromedia FreeHand in den neuesten Versionen.

Für die HTML-Seiten-Generierung benutzen wir neben einem einfachen Texteditor (SimpleText) das Programm CyberStudio von GoLive. Dies ist ein integrierter HTML-Editor. Der Editor erlaubt es, in WYSIWYG-Manier komplette Web-Sites zu erstellen. Neben der HTML-Programmierung ermöglicht der Editor auch die einfache Erstellung von JavaScripts. Mit einem guten Editor kann man auch die Verwaltung und das Publizieren der Site auf dem Webserver automatisieren.

6.4
Einfache Animation

In unserer Test-Site wollen wir ein animiertes Logo verwenden. Ausgangsdatei ist „Logo.dir", die Sie im Verzeichnis „Workshop/ Logo" finden. Bei dieser Animation wird ein Text (1-Bitgrafik), das Shockwave-Logo (8-Bit) sowie die Netscape Farbpalette verwendet. Die Farbpalette finden Sie unter dem Menü „Xtras/Libraries/Paletten". Wenn Sie die Library-Paletten anwählen, erscheint ein Cast-Window mit verschiedenen mitgelieferten Paletten. Um die Palette in Ihrem Film zu verwenden, ziehen Sie die gewünschte Palette einfach in Ihr eigenes internes Cast-Window. Die Logo-Grafik haben wir beim Import entsprechend der folgenden Einstellung auf die Farbpalette „Netscape" umgerechnet.

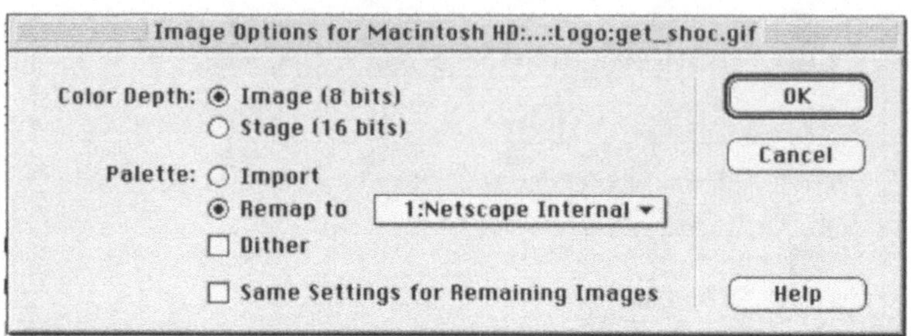

Im Score Window werden nun die einzelnen Bilder eingesetzt. Am Anfang stellen wir das Tempo auf 30 Frames/sec ein und die Farbpalette auf die verwendete Netscape-Palette. Von Label 1 bis Label 2 wird zuerst die Schrift hereingeschoben und das Logo mit einem Wischen-Nach-Rechts-Effekt eingeblendet. In Frame 29 wurde folgender Frame-Skript erzeugt:

```
on exitFrame
        if rollOver(2) then
                go to "Animation"
        else
                go to the frame
        end if
end
```

Der Abspielknopf läuft in Frame 29 in einer Schleife, bis der Anwender die Maus über Darsteller 2 (das Logo) bewegt. In diesem Fall wird zu Label „Animation" gesprungen und die kurze Animationssequenz abgespielt. Nach der Animation kehrt der Abspielknopf zu Frame 29 zurück. Dies geschieht mit dem Skript in Frame 50:

```
on exitFrame
        go to "2"
end
```

Sie müssen nun den Film abspeichern. Zum Testen spielen Sie den Film ab und kontrollieren Sie die Funktion. Ist alles in Ordnung, kann nun der Shockwave-Film erstellt werden. Wählen Sie dazu den Befehl „Sichern als Shockwave-

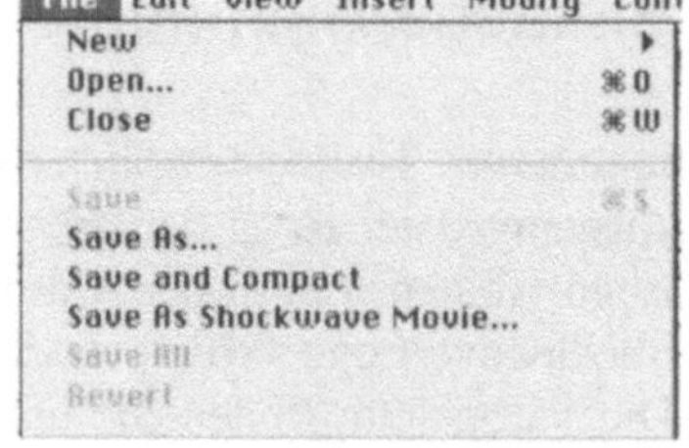

6 Workshop Shockwave für Director

Film..." im Menü „Ablage" bzw. „Datei". Geben Sie im anschließenden Dialogfenster den gewünschten Speicherort an und sichern Sie die Datei als „Logo.dcr"

Gratulation: Ihr erster Shockwave-Film ist fertig!

Dies ist natürlich nur ein kleines Beispiel. Sie haben alle Möglichkeiten, es weiter auszubauen und zu verfeinern. Für uns genügt dies, denn wir wollen uns ja auf Shockwave konzentrieren.

Um das Shockwave-Logo nun im Browser sehen zu können, reicht es eigentlich aus, die Datei Logo.dcr mit dem Browser zu öffnen. Sind die Plug-Ins richtig installiert, können Sie den Film bereits sehen, denn Shockwave-Filme können ohne eine Einbindung in einer HTML-Seite im Browser dargestellt werden. Sie können sogar eine komplette Anwendung, die in einem einzigen Filmfenster abläuft und alle Funktionen bietet, so einfach erstellen.

6.5
Einbindung mittels <EMBED>

Bei der zweiten und meistverwendeten Form zum Starten eines Shockwave-Filmes wird der Shockwave-Film in eine HTML-Seite integriert. Dazu wird das Standard-HTML-<EMBED>-Tag verwendet. Dieser Befehl ruft alle Dateien auf, die ein Plug-In benutzen.

Wer mit der HyperText Markup Language (HTML) nicht vertraut ist, kann sich über Fachliteratur oder spezielle Internet-Angebote informieren. Eine Einführung in HTML würde den Umfang dieses Buches sprengen. HTML ist eine recht einfache Skriptsprache, die sich auch problemlos erlernen läßt. Moderne HTML-Editoren besitzen ein grafisches Benutzer-Interface und erzeugen den HTML-Code somit im Hintergrund.

Wir nutzen einen einfachen Texteditor und schreiben folgendes Script:

```
<HTML>
<HEAD>
        <TITLE>Logo-Animation</TITLE>
</HEAD>
<BODY>
        <P><EMBED SRC="Logo.dcr" WIDTH="256" HEIGHT="40"></P>
</BODY>
</HTML>
```

Speichern Sie diese Datei unter dem Namen „pg_logo.htm" im gleichen Verzeichnis wie Ihren Shockwave-Film.

Mit dem <EMBED>-Befehl wird der Browser angewiesen, an dieser Stelle die Source-Datei „Logo.dcr" anzuzeigen. Die Parameter WIDTH und HEIGHT geben die Fenstergröße unserer Animation an. Nun ist die Seite „geshocked" und kann mittels Browser betrachtet werden. In dem <EMBED>-Tag können auch Plug-In-spezifische Parameter gesetzt werden. Im SRC-Parameter ist der Name der Datei sowie der notwendige Pfad zum Shockwave-Film enthalten.

Sie können einen absoluten (z.B. http://www.macro-media.com/folder1/animator.dcr) oder einen relativen Pfadnamen angeben. Der relative Pfadname ist der Pfad von der Ausgangsdatei. In unserem Beispiel befindet sich die HTML-Seite im gleichen Ordner wie der Shockwave-Film. In diesem Fall reicht die Angabe des Dateinamens (Achtung: Bei Microsoft Explorer mit dem Prefix „./").

Die Parameter WIDTH und HEIGHT übergeben dem Browser die Breite und Höhe der Darstellungsfläche. Im Normalfall ist das die gleiche Größe wie der Film.

Des weiteren gibt es den Parameter BGCOLOR. Mit diesem Befehl können Sie die Hintergrundfarbe der Anzeigefläche einstellen. Am besten wählen Sie die gleiche Farbe wie die des Seitenhintergrunds. Bis der Film geladen ist, wird nämlich erst ein leeres Platzhalterbild in der Farbe von BGCOLOR angezeigt.

Mit dem Parameter PALETTE wird dem Browser mitgeteilt, welche Farbpalette bei der Anzeige des Shockwave-Filmes verwendet werden soll. Wenn man den Parameter auf den Wert BACKGROUND stellt, wird der Browser angewiesen, die eigene Palette zu benutzen. Dies ist der Normalfall, dieser Parameter ist also optional. Setzt man den Parameter auf FOREGROUND, wird der Browser angewiesen, die mitgelieferte Farbpalette zu verwenden. Sie sollten beachten, daß die Farbpalette auch das Erscheinungsbild der gesamten Benutzerführung ändern kann. Bedenken Sie außerdem, daß der PALETTE-Parameter nicht von Internet Explorer unterstützt wird.

Ein weiterer Parameter (TEXTFOCUS) bestimmt, wie der Shockwave-Film mit Tastatureingaben umgehen soll. Bei dem Wert NEVER reagiert der Shockwave-Film auf keine Tastatureingaben. Mit ONSTART wird die Funktion nach dem Ladevorgang eingeschaltet, mit ONMOUSE muß der Anwender zuerst mit der Maus in den Shockwave-Film klicken (das Fenster aktivieren). Die Normaleinstellung ist ONMOUSE.

Gibt man alle Parameter an, könnte ein <EMBED>-Tag etwa folgendermaßen aussehen:

```
<EMBED SRC:"http://www.macromedia.com/archiv/search.dcr"
WIDTH=335 HEIGHT=108 BGCOLOR=#000000 PALETTE=FOREGROUND
TEXTFOCUS=NEVER>
```

6.6
Einbindung mittels <OBJECT>

Shockwave war das erste Plug-In, welches ActiveX für den Microsoft Internet Explorer unterstützt hat. Basierend auf Microsofts OLE (Object Linking and Embedding)-Technik, erlaubt ActiveX die Kommunikation zwischen Webserver – Anwenderrechner – Browser zu steuern. Beachten Sie bitte, daß der Anwender über einen ActiveX-fähigen Browser verfügen muß.

Mit den neuesten Versionen der Browser kann entweder mit dem <EMBED>- oder dem <OBJECT>-Tag gearbeitet werden. Es ist aber auch möglich, das <EMBED>-Tag in einem <OBJECT>-Tag zu integrieren. Damit ist sichergestellt, daß alle verwendeten Browser (ob ActiveX-fähig oder nicht) die Datei anzeigen können.

Das <OBJECT>-Tag hat den Vorteil, daß er automatisch die notwendigen Plug-Ins vom Netz holen kann und diese installiert, falls Shockwave noch nicht installiert sein sollte.

Die HTML-Seite würde mit dem <OBJECT>-Tag wie folgt aussehen. Die Seite finden Sie als „pa_logo2.htm" im Logo-Ordner.

```
<HTML>
<HEAD>
<META HTTP-EQUIV="content-type"
CONTENT="text/html;charset=iso-8859-1">
<TITLE>Einbindung mit OBJECT Tag</TITLE>
</HEAD>
<BODY>
<P><OBJECT CLASSID="clsid:166B1BCA-3F9C-11CF-8075-444553540000"
CODEBASE="http://active.macromedia.com/director/cabs/sw.cab#ve
rsion=6,0,1,0" WIDTH="256" HEIGHT="40" NAME="Shockwave"
ID="titlemovie01">
<PARAM NAME="SRC" VALUE="logo.dcr">
<PARAM NAME="BGCOLOR" VALUE="black">
<PARAM NAME="PALETTE" VALUE="BACKGROUND">
</OBJECT></P>
</BODY>
</HTML>
```

Die Parameter CLASSID und CODEBASE müssen angegeben werden und enthalten die Version und den Speicherort der Shockwave-ActiveX-Controls, die automatisch beim Laden der Datei im Hintergrund aufgerufen werden. Alle anderen Parameter sind Shockwave-spezifisch.

Im <OBJECT>-Tag sind nur vordefinierte Parameter erlaubt. Im <EMBED>-Tag dagegen können eigene Parameter verwendet werden. Mehr über die Parameter erfahren Sie in einem späteren Absatz.

Wir bevorzugen eigentlich das <EMBED>-Tag, weil es erstens von allen Browsern verstanden wird und weil es im Aufbau und Handling unkomplizierter ist. Außerdem ist es fraglich, ob der Anwender möchte, daß im Hintergrund irgendwelche unerwünschten Dateien auf seinem Rechner landen.

Auf diese Weise lassen sich alle Shockwave-Dateien, auch die mit FreeHand und Flash erstellten, in eine HTML-Seite einbinden.

6.7
Komplexe Menüleiste mit gotoNetPage

Als zweites Beispiel wollen wir eine Menüleiste zur Steuerung des Seitenaufrufes erstellen. Dazu werden wir im Director eine Menüleiste programmieren und diese in einem Header-Frame plazieren. Die HTML-Seite besteht aus zwei Frames: der Menüleiste oben und dem Textframe, in dem die aufzurufenden HTML-Seiten erscheinen werden.

Die Beispieldateien finden Sie im Verzeichnis „Workshop/Menüleiste". Doch zuerst haben wir eine Kopie unserer Logo-Animation erstellt und diesen Film um drei Tasten erweitert. Unser Film sieht nun in etwa folgendermaßen aus:

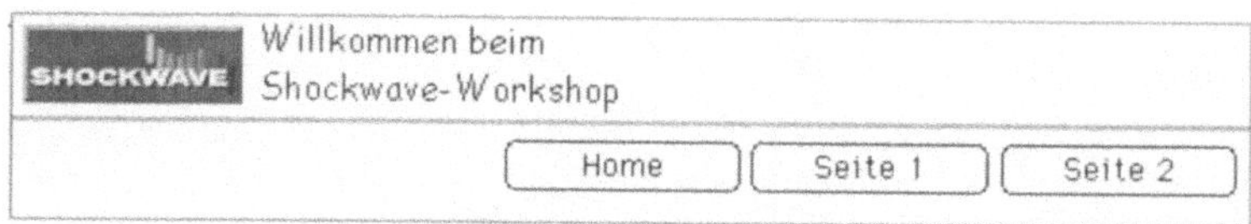

Die drei Buttons erhalten folgende Scripts:

```
on mouseUp
        gotoNetPage  "./page_01.htm","Hauptseite"
end
Button 1:
on mouseUp
        gotoNetPage  "./page_02.htm","Hauptseite"
end
Button 2:
on mouseUp
        gotoNetPage  "./page_03.htm","Hauptseite"
end
```

Hiermit haben Sie einen der wichtigsten Shockwave-Befehle zum ersten Mal verwendet. Mit dem Befehl `gotoNetPage` können Sie eine URL für einen Link angeben, der dann vom Browser ausgeführt wird. Der erste Parameter ist die URL, also der Pfad- und Dateiname der anzuzeigenden HTML-Seite. Der zweite Parameter gibt den Frame an, in dem die Seite angezeigt werden soll, das sogenannte Target. In unserem Fall soll die aufzurufende Seite in dem Frame „Hauptseite" erscheinen. Wird der Parameter Target nicht angegeben, so wird die aufzurufende Seite in einem neuen leeren Fenster angezeigt.

Auf der HTML-Seite müssen wir nun eine Hauptseite (menu.htm) mit den zwei Frames definieren. Der Code sieht wie folgt aus:

```
<HTML>
<HEAD>
</HEAD>
<FRAMESET ROWS="90,*" BORDER="0">
<FRAME SRC="navbar.htm" NAME="Navigationsleiste" SCROLLING="NO"
NORESIZE>
<FRAME SRC="page_01.htm" NAME="Hauptseite" NORESIZE>
</FRAMESET>
<NOFRAMES>
<BODY>
</BODY>
</NOFRAMES>
</HTML>
```

Im ersten Frame wird die Datei „navbar.htm" angezeigt. Diese Datei enthält als einziges unsere Shockwave-Datei „menu.dcr". Sie sollten vermeiden, eine Shockwave-Datei direkt in einem Frame zu plazieren, da es dadurch zum Crash kommen könnte. Wir gehen daher folgenden Weg und erstellen die HTML-Seite „navbar.htm":


```
<HTML>
<HEAD>
</HEAD>
<BODY BGCOLOR="#FFFFFF">
<CENTER>
<P><EMBED SRC="menu.dcr" WIDTH="500" HEIGHT="80"></P>
</CENTER>
</BODY>
</HTML>
```

Wie Sie sehen, enthält diese Seite nur unsere Shockwave-Datei. Verwenden Sie diese Technik immer, wenn Sie Shockwave-Filme in einem Frame einbinden wollen.

Die drei weiteren HTML-Seiten sind einfache Textseiten, die uns zeigen sollen, ob unsere Sprungbefehle auch funktionieren. Die Dateien sollten so benannt werden, wie Sie dies in den Tastenskripts definiert haben (z.B. page_01.htm, page_02.htm, page_03.htm).

Wenn Sie nun die Datei „menu.htm" im Browser aufrufen, wird die Seite mit den zwei Frames angezeigt. Im oberen Frame erscheint unsere Menüleiste, im unteren Frame (Hauptseite) die eigentliche Homepage.

Wenn Sie nun die Buttons betätigen, passiert zunächst nichts. Warum? Als Sprungadresse erscheint in Ihrem Browser vermutlich etwas Ähnliches wie:

```
file:///Macintosh%20HD/Kundenauftr%8Age/SPRINGER%20B%9Fcher/Sho
ckwave%20Buch/Workshop/Men%9Fleiste/menu.htm
```


Der Anfang „file://" symbolisiert, daß der Shockwave-Film als Datei direkt von der Festplatte gelesen wird. In diesem Falle funktionieren

Links aus den Shockwave-Filmen nicht richtig. Dies liegt daran, daß wir einen relativen Pfadnamen verwendet haben. Diesen kann der Browser nur in einem echten Netzzugriff auflösen. Deshalb müssen wir sicherstellen, daß die Datei wirklich über den Webserver geöffnet wird (siehe: Arbeitsumgebung). Dann sollten Sie ungefähr so auf die Seite zugreifen können:

http://192.168.1.2/Menüleiste/menu.htm.

In unserem Falle ist der Webserver mit der IP-Adresse 192.168.1.2 eingestellt. Die Seiten liegen im Verzeichnis „Menüleiste" in unserem Webserver-Ordner. Nach dem Aufruf der Seite sollten die Links nun funktionieren. Sollten Sie über keinen Webserver verfügen, so müssen Sie den kompletten Pfadnamen zu den aufzurufenden Dateien angeben.

Falls Sie in den Pfadnamen Leerzeichen verwenden, so müssen diese durch Sonderzeichen kenntlich gemacht werden. Leerzeichen werden in Pfadangaben nämlich nicht berücksichtigt. Verwenden Sie daher am besten keine Leerzeichen bei Verzeichnissen oder Dateinamen. In unserem Beispiel werden die Leerzeichen durch das Sonderzeichen „%" gekennzeichnet.

6.8
Von Film zu Film mit gotoNetMovie

Neben dem Aufrufen weiterer HTML-Seiten, erlaubt es Shockwave auch von einer DCR-Datei aus, auf einen anderen DCR-Film zu verweisen und diesen aufzurufen. Der Befehl gotoNetMovie startet einen neuen Shockwave-Film und zeigt ihn an derselben Stelle und auf der gleichen Seite wie den Film, von dem aus der Befehl ausgeführt worden ist. Solange der neue Film geladen wird, spielt der alte Film weiter. Sobald der Ladevorgang beendet ist, wird der neue Film angezeigt.

Als Beispiel erstellen wir zwei Director-Filme mit jeweils einem einzigen Button. In der Datei „film_1.dir" wird dem Button folgendes Skript zugeteilt:

Workshop:
<film_1.dcr>

```
on mouseUp
   if the runMode = "Author" then
      go to movie "film_1.dir"
   else
      gotoNetMovie "./film_1.dcr"
   end if
end
```

In dieser if-Abfrage wird überprüft, in welchem Modus sich die Anwendung gerade befindet. Der runMode gibt an, ob der Film innerhalb Director (Author), innerhalb eines Projektors (Projector) oder von einem Browser (Plug-In) abgespielt wird. So kann sichergestellt werden, daß die Sprungbefehle auch bereits in der Testphase ausprobiert werden können. Wenn der Film in Director abgespielt wird, wird der `go to movie`-Befehl verwendet, spielt der Film im Browser, so wird der `gotoNetMovie`-Befehl benutzt. In unserem Beispiel haben wir wieder relative Pfadnamen eingesetzt.

In der Datei „film_2.dir" haben wir nur den Hintergrund, die kleine Animation sowie das Skript für den Button geändert. Speichern Sie beide Ergebnisse nun als Shockwave-Filme ab, und bauen Sie den „film_1.dcr" wie folgt in eine HTML-Seite ein.


```
<HTML>
<HEAD>
<META HTTP-EQUIV="content-type"
CONTENT="text/html;charset=iso-8859-1">
</HEAD>
<BODY>
<CENTER>
<P><EMBED SRC="film_1.dcr" WIDTH="192" HEIGHT="200"></P>
</CENTER>
</BODY>
</HTML>
```

Öffnen Sie die HTML-Seite in Ihrem Browser, und schon können Sie mit einem einfachen Mausklick den zweiten Film, an Stelle des ersten, aufrufen.

6.9
Ein kleiner News-Browser

Stellen Sie sich vor, Sie möchten den Inhalt eines Textfeldes auf Ihrer Webseite ändern. Mit dem Befehl getNetText werden Textfiles geladen und angezeigt.

In unserem Workshop werden wir einen kleinen News-Browser aufbauen, der es erlaubt, unterschiedliche Texte direkt vom Netz zu laden und in einem Textfenster darzustellen.

Die Dateien dazu finden Sie im Ordner „Workshop/News". In diesem Film gibt es vier Buttons auf der linken Seite. Rechts davon gibt es zwei Textfelder (Name: `netTextSubject` und `netTextBody`), in denen der geladene Text dargestellt werden soll. Die Buttons verfügen über ein Cast-Script, das die Button-Animation steuert. Auch der Label-Text für die Buttons wird mit einem Skript animiert.

Wir wollen uns in diesem Beispiel aber auf die Buttons, d.h. auf das Laden und Anzeigen des Textes, konzentrieren. Die Buttons bekommen je ein eigenes Script, welches wie folgt aussieht:

```
on mouseUp
  global textFileName, counter

  set counter = 0
  set textFileName = "one.txt"

  spriteSlider 25, 8

  go "readIn"
end
```

Das Skript setzt die globale Variable `textFileName` auf den Dateinamen der aufzurufenden Textdatei. In unserem Beispiel lautet die Textdatei für den Button 1 „one.txt". Wir verwenden insgesamt vier Textdateien, die in einem einfachen Wordprozessor erstellt wurden und als ASCII-Text abgespeichert worden sind.

Nach Zuweisung des Dateinamens wird mit `spriteSlider` die Label-Animation durchgeführt. Anschließend wird der Abspielknopf auf den Marker „`readIn`" bewegt. In diesem Frame steuert ein Frame-Skript die weitere Aktion.

Das Frame-Skript lautet folendermaßen aus:

```
on exitFrame
  global counter, gMyID, gData, textFileName
  set counter = counter + 1

  if counter = 1 then
    set gMyID = getNetText ("./News_Data/" & textFileName)
  end if

  if netDone(gMyID) then

    if netError(gMyID) = "OK" then
      set gData = netTextResult(gMyID)
      set the text of member "netTextBody" = gData

      -- now comes the text handling stuff

      set the text of member "netTextSubject" =¬
      line 1 of the text of member "netTextBody"

      delete line 1 of member "netTextBody"

      if char 1 of the text of member "netTextBody" =¬
      "l" then
        set the alignment of member "netTextBody" =¬
        "left"
      end if

      if char 1 of the text of member "netTextBody" =¬
      "m" then
        set the alignment of member "netTextBody" =¬
        "center"
      end if

      if char 1 of the text of member "netTextBody" =¬
      "r" then
        set the alignment of member "netTextBody" =¬
        "right"
      end if

      delete line 1 of member "netTextBody"
```

```
      go "getNetText done"
    end if

  else
    go the frame
  end if
end
```

Beim Aufruf des Frame-Skriptes über das Button-Skript wird der „counter" auf 0 gesetzt. Im ersten Teil des Scriptes wird nun der counter um 1 erhöht. In der folgenden Überprüfung kann das Skript nur weiter ablaufen, wenn der counter auf 1 steht. Das bedeutet, daß dieses Skript immer nur über den Button aktiviert werden kann. Dies ist nur eine Überprüfung, von wo aus dieses Skript aufgerufen wird, und kann auch weggelassen werden.

In der nächsten Zeile wird die Variable gMyID auf den Pfadnamen und den Namen der gewünschten Textdatei gesetzt. Der Pfadnamen kann entsprechend der Netzbedürfnisse gesetzt werden. In unserem Fall befinden sich alle Textdateien im Verzeichnis „News_Data", das im selben Verzeichnis wie der Shockwave-Film enthalten ist. Die folgende if-Anweisung überprüft nun mit dem Befehl netDone(gMyID), ob der Ladevorgang abgeschlossen ist. Ist der Ladevorgang noch nicht abgeschlossen, wird der Befehl go the frame aufgerufen (nach else). Dies bewirkt, daß das Skript so lange aufgerufen wird, bis der Ladevorgang abgeschlossen ist. Dies ist wichtig, da die weitere Behandlung des Textes natürlich erst erfolgen kann, wenn der Text auch im Speicher geladen ist. Ist das der Fall, gibt es noch eine Überprüfung, ob ein Netzfehler aufgezeichnet worden ist. Falls das Ergebnis der Abfrage netError(gMyID) = „OK" ergibt, wurde kein Fehler festgestellt und der Vorgang kann weiter verfolgt werden.

Nachdem der Text nun geladen ist, wird die Variable gData auf den Inhalt, also den eigentlichen Text, gesetzt. Dies geschieht mit dem Befehl set gData = netTextResult(gMyID). Der Inhalt der Variablen gData wird dann im Cast-Member netTextBody gespeichert.

In dem anschließenden Skript-Teil wird nun eine Formatierung des Textes durchgeführt. Die erste Zeile des Textes wird in das Cast-Member netTextSubject geschrieben und erscheint dann als Titelzeile. Die erste Zeile von netTextBody wird gelöscht, da sie ja nicht mehr gebraucht wird. In den Textdateien steht in der zweiten Zeile ein Formatzeichen (l, m oder r). Dies wird nun überprüft und entsprechend der Formatvorgabe wird die Ausrichtung des Textfeldes auf „left", „center" oder „right" gesetzt. Somit können Sie bei der Erstellung der Textfiles auf die Erscheinung innerhalb des Shockwave-Filmes Einfluß nehmen. Sie müssen aber auch dann das entsprechende Kürzel im Text eintragen. Die Formatangabe wird nach der Überprüfung gelöscht. Übrig bleibt im Cast `netTextBody` der eigentliche Text, der nun am Bildschirm angezeigt wird. Ist der Befehl nun komplett abgearbeitet, wird der Abspielknopf wieder auf das Label `getNetText done` bewegt und läuft dort in einer Schleife. In der ersten Zeile sehen Sie nun die Titelzeile, im unteren Textblock den eigentlichen Text.

Dieses Verfahren erlaubt es, ein kleines Frontend zu entwickeln, welches beliebigen Text aufrufen und anzeigen kann. Bei der Pflege der Seiten müssen nun nur die Textfiles ausgetauscht werden, um neue Inhalte zu integrieren. Dies ist besonders dann interessant, wenn die Pflege von Shockwave-Unkundigen ausgeführt werden soll, da der Shockwave-Film nicht geändert werden muß.

Unser Textbrowser wird nun als Shockwave-Film gespeichert und in der üblichen Weise in eine HTML-Seite integriert. Wählen Sie die Seite mit Ihrem Browser an und testen Sie die Funktionen.

6.10
External-Parameter

Eine weitere Möglichkeit, um sogenannte Frontends zu entwickeln, besteht in der Übergabe von Parametern von der HTML-Seite aus. Shockwave-Filme können von der HTML-Seite, von der aus sie aufgerufen werden, Variablen empfangen. Dies funktioniert ähnlich wie die Übergabe von Variablen zwischen zwei Director-Filmen. Im <EMBED>-Tag können beliebig viele Variablen definiert und dem Shockwave-Film mitgeteilt werden. Der Shockwave-Film kann z.B. aufgrund der Variablen bestimmte Zustände einnehmen oder Aktionen durchführen. Dies wollen wir im nächsten Beispiel realisieren.

Dazu kreieren wir einen Button, der anhand der übergebenen Variablen entscheidet, zu welcher Seite gesprungen werden soll. Außerdem soll unser Button, entsprechend einer weiteren Variablen, den Namen der anzuspringenden Seite anzeigen.

Hierfür legen wir einen kleinen Film in Director an, der eigentlich nur aus einem Button und den notwendigen Scripts besteht. Die Dateien finden Sie im Verzeichnis „Workshop/Parameter". In Frame 2 wird in einem Frame-Skript der Parameter des <EMBED>-Tags ausgelesen. Das Skript lautet wie folgt:

```
on exitFrame
  global xButtonName, xSprung

  if netDone() then
    set xButtonName to externalParamValue("ButtonName")
    set xSprung to externalParamValue("goTo")
  else
    go the frame
  end if
end
```

In unserem Beispiel übergeben wir zwei Parameter an den Shockwave-Film. Der Parameter mit dem Namen „ButtonName" enthält
die Anweisung, wie unser Button benannt werden soll. Der Parameter „goTo" enthält die Anweisung, welche Seite durch einen But-
tonklick aufgerufen werden soll. Die beiden Werte werden mit dem
Befehl externalParamValue() ausgelesen. Die Abfrage steht in
einer if-Anweisung, um sicherzustellen, daß im Moment der Abfrage
kein Ladevorgang mehr stattfindet.

Frame 3 wird einfach übersprungen. Im Frame 4 wird nun der
Titel des Buttons auf den Wert xButtonName gesetzt:

```
on exitFrame
  global xButtonName
  if xButtonName = VOID then
    set the text of member "Button" = "Keine Angabe!"
  else
    set the text of member "Button" = string(xButtonName)
  end if
end
```

Dabei wird zuerst geprüft, ob der Wert des Parameters überhaupt
vorhanden ist. Ist der Parameter nicht vorhanden, wird der Button
mit „Keine Angabe" bezeichnet. Ist der Parameter vorhanden, wird
der Button entsprechend dem Wert xButtonName gekennzeichnet.
Im nächsten Frame steht nur ein go the frame Befehl, um den
Film in Frame 5 in einer Schleife laufen zu lassen.

Der Button bekommt folgendes Script:

```
on mouseUp
  global xSprung

  if xSprung = "VOID" then
    beep
  else
    gotoNetPage xSprung
  end if

end
```

Hier wird noch überprüft, ob der Parameter xSprung vorhanden ist.
Ist der Parameter vorhanden, so wird mit dem Befehl gotoNetPage
xSprung auf die Seite gesprungen, welche mit dem Parameter goTo
angegeben wurde. Speichern Sie den Film und erstellen Sie einen
Shockwave-Film.

Nun benötigen wir zwei HTML-Seiten, die im <EMBED>-Tag
die entsprechenden Parameter bereitstellen. Die erste Seite
(param.htm) sieht wie folgt aus:

```
<HTML>
<HEAD>
<META HTTP-EQUIV="content-type"
CONTENT="text/html;charset=iso-8859-1">
</HEAD>
```

```
<BODY>
<CENTER>
<P>Dies ist die erste Seite mit dem Beispiel für die Parameter-
Übergabe an einen Shockwave-Film!</P><BR>
<P><EMBED SRC="button.dcr" WIDTH="144" HEIGHT="30" Go-
To="seite2.htm" ButtonName="Gehe Seite 2"></P>
</CENTER>
</BODY>
</HTML>
```

In dem <EMBED>-Tag werden die beiden Parameter „ButtonName"
und „GoTo" einfach mit aufgenommen. Entsprechend sieht die
zweite Seite aus:

```
<HTML>
<HEAD>
<META HTTP-EQUIV="content-type"
CONTENT="text/html;charset=iso-8859-1">
</HEAD>
<BODY>
<CENTER>
<P>Dies ist die zweite Seite mit dem Beispiel für die Parame-
ter-Übergabe an einen Shockwave-Film!</P><BR>
<P><EMBED SRC="button.dcr" WIDTH="144" HEIGHT="30" Go-
To="param.htm" ButtonName="Gehe zur 1. Seite"></P>
</CENTER>
</BODY>
</HTML>
```

Der Shockwave-Button wurde somit wiederverwendet. Die Werte
der Parameter GoTo und ButtonName sind das einzige, was geändert
worden ist. Wählen Sie die Seite „param.htm" nun mit dem Browser
an. Nach dem Laden wird der Button entsprechend der Parameter-
Angaben mit „Gehe Seite 2" benannt. Klicken Sie auf den Button
wird „seite2.htm" aufgerufen. Dort befindet sich zwar der gleiche
Button, aber sein Name ändert sich in „Gehe zur 1. Seite", und bei
einem Mausklick wird die Seite „param.htm" wieder aufgerufen.

Nun haben Sie einen Multifunktions-Button, der in beliebig vielen
Seiten eingebaut werden kann, und ohne Änderungen, verschiedene
Namen annehmen und Sprungbefehle ausführen kann. Sie müssen
nur in Ihren HTML-Seiten die Parameter wie gewünscht setzen. Mit
dieser Funktion besteht also eine elegante Methode, um Erscheinung
und Funktion eines Shockwave-Filmes, direkt von der HTML-Seite
aus zu steuern.

Mit einem weiteren Befehl externalParamCount() kann festgestellt werden, wie viele Parameter in einem <EMBED>-Tag eingetragen wurden. Das Ergebnis wird in Form einer Zahl zurückgegeben. Der Befehl externalParamName(n) gibt den Namen der Parameter zurück. Wird n mit 2 angegeben (Nummer des Parameter),
so wird der Name des zweiten Parameters ausgelesen. Das Ergebnis

wird als String zurückgegeben. Zum Beispiel liefert folgendes Skript
den Namen des zweiten Parameters zurück:

```
on mouseUp
put externalParamName(2) into member "2. Parameter"
end
```

Somit lassen sich alle Parameter und deren Namen auslesen oder
gezielt ansprechen. Sie müssen aber folgendes beachten: In einem
<EMBED>-Tag lassen sich beliebig viele und eigens definierte Pa-
rameter verwenden. Im <OBJECT>-Tag sind nur die Parameter
erlaubt, die durch ActiveX bereits definiert worden sind. Eigene
Parameter lassen sich im <OBJECT>-Tag nicht verwenden. Denken
Sie auch daran, daß Microsoft Explorer keine eigenen Parameter
zuläßt.

Folgende Parameter wurden definiert:

```
swURL            Übergibt eine URL an Lingo

swText           Übergibt einen Text an Lingo

swForeColor      Wert für die Vordergrundfarbe
                 eines Objektes, kann mit colorCode verwendet
                 werden

swBackColor      Wert für die Hintergrundfarbe
                 eines Objektes

swFrame          Übergibt den Namen eines HTML-Frames

swColor          Wert für die Farbe eines Objektes

swName           Wert für den Benutzernamen oder anderen Text

swPassword       Wert eines Passwortes

swBanner         Übergibt einen Text

swSound          Wert für den Soundnamen

swVolume         Wert für die Lautstärke

swPreLoadTime    Wert für die Zeit, die eine SWA-Datei vor-
                 ausgeladen wird

swAudio          Wert für den Pfad (Namen, URL) der SWA-Datei

swList           Übergibt eine durch Komma separierte Liste
                 mit mehreren Werten, die in Lingo mit item x
                 of ausgelesen werden kann

sw1 bis sw9      Zusätzliche Parameter zur freien Verwendung
```

*Shockwave
Parameter*

Beachten Sie, daß die Werte aller Parameter als String, also Text,
übergeben werden. Was die einzelnen Parameter veranlassen, obliegt Ihrer Phantasie. Mit Lingo können Sie die Parameter auslesen
und entsprechende Aktionen ausführen. Wir empfehlen, daß Sie sich

an diese Parameter halten, damit die Befehle von allen Browsern unterstützt werden.

6.11
Überprüfung Shockwave-Plug-In

In vielen Fällen sollte man sicherstellen, daß die aufgerufene Seite beim Betrachter auf jeden Fall zu sehen ist. Ist Shockwave nicht installiert, kann ein entsprechender Film nicht betrachtet werden. Um dem Betrachter aber trotzdem als Alternative eine „unbewegte" Grafik anzuzeigen, muß man einige Tricks anwenden. Mit einem Skript können wir innerhalb der HTML-Seite abfragen, ob die Shockwave-Plug-Ins installiert sind. Ist Shockwave installiert, wird ein Film abgespielt; ist Shockwave nicht installiert, wird eine normale GIF-Grafik anstelle des Films angezeigt.

Dazu verwenden wir ein kleines JavaScript, das wir direkt in der HTML-Seite generieren.

Sie finden das Beispiel „tester.htm" auf der CD im Verzeichnis „Workshop/Tester". Ist Shockwave installiert, soll die Datei „logo.dcr" erscheinen, ansonsten das Bild „get_shoc.gif". Diese beiden Dateien haben wir einfach aus unserem Logo-Beispiel kopiert. Welcher Film oder welche Grafik erscheinen soll, spielt eigentlich keine Rolle. Sie können auch auf eigene Dateien zurückgreifen und in diesem Beispiel verwenden.

Unsere HTML-Seite sieht folgendermaßen aus:

<table><tr><td valign="top">Workshop:
<tester.htm></td><td>

```
<HTML>
<HEAD>
<TITLE>Shockwave Tester</TITLE>
<SCRIPT LANGUAGE="JavaScript"><!-- Hide from old browsers
function checkVersion() {
for (var property in navigator) {
if (property == "Plug-Ins") return true
}
return false
}
function checkForPlug-In(Plug-InName) {
for (i=0;i<navigator.Plug-Ins.length;i++) {
if (navigator.Plug-Ins[i].name == Plug-InName) {
return true
}
}
return false
}
// Stop hiding from old browsers -->
</SCRIPT>

</HEAD>

<BODY BGCOLOR="#FFFFFF">
<P><Center><BR>
<P><H3>Das Script auf dieser Seite testet, ob Shockwave in-
stalliert ist.</H3></P><BR>
```

</td></tr></table>

```
<SCRIPT LANGUAGE="JavaScript"><!-- Hide from old browsers
if (checkVersion())  {
if (checkForPlug-In("Shockwave for Director"))
document.write("<EMBED SRC='./logo.dcr' WIDTH='256'
HEIGHT='40'")
else {
document.write("<IMG SRC='./get_shoc.gif' BORDER='0'
WIDTH='88' HEIGHT='31'>")
document.write("<P>Ihr Browser unterstützt Plug-Ins.</P>")
document.write("<P>Sie haben aber kein Shockwave instal-
liert!</P>")
}
}
else {
document.write("<IMG SRC='./get_shoc.gif' BORDER='0'
WIDTH='88' HEIGHT='31'>")
document.write("<P>Sie haben einen Browser, der keine Plug-Ins
unterstützt</P>")
}
// Stop hiding from old browsers -->
</SCRIPT>

</P></CENTER>
</BODY>
</HTML>
```

Der Aufbau und das Aussehen der Seite wird dynamisch durch JavaScript gesteuert. Im ersten Teil der Seite befindet sich innerhalb des <HEAD>-Tags das Skript für die Überprüfung. Dieses hat folgende Funktionen:

- Das Tag <SCRIPT LANGUAGE="JavaScript"> leitet den Skriptaufruf ein und gibt dem Browser an, welche Skriptsprache verwendet wird. Schließlich gibt es neben JavaScript andere Dialekte, JavaScript ist aber bisher der Standard. Mit `function` wird in Lingo ein Handler definiert und die Befehlsabfolge programmiert. Die Funktion wird erst durch einen gezielten Aufruf aktiviert.

- Die Funktion `checkVersion()` überprüft, ob der Browser Plug-Ins überhaupt unterstützt. Die Funktion `checkForPlug-In(Plug-InName)` testet, ob ein spezifisches Plug-In mit dem Namen `Plug-InName` vorhanden ist.

Das komplette Skript wird innerhalb folgenden Tags geschrieben:

```
<!-- Hide from old browsers

-- das eigentliche JavaScript

// stop hiding from old browsers -->
```


Browser, die kein JavaScript unterstützen, würden JavaScript als Text auf der Seite anzeigen, da sie es nicht interpretieren können. Um zu vermeiden, daß dies geschieht, wird das Skript innerhalb dieser Routine gesetzt. Das bedeutet, der Text innerhalb der HIDE-Routine wird in älteren Browsern nicht angezeigt.

Die Funktionen werden im <HEAD>-Tag plaziert, damit Sie von einem anderen Skript aus angesprochen werden können. Im <BODY>-Tag wird nun die eigentliche Abfrage definiert und das Ergebnis ausgewertet.

Wieder wird mit dem <SCRIPT>-Tag ein JavaScript definiert:

```
<BODY BGCOLOR="#FFFFFF">
<P><Center><BR>
<P><H3>Das Script auf dieser Seite testet, ob Shockwave in-
stalliert ist.</H3></P><BR>

<SCRIPT LANGUAGE="JavaScript"><!-- Hide from old browsers
if (checkVersion())  {
if (checkForPlug-In("Shockwave for Director"))
document.write("<EMBED SRC='./logo.dcr' WIDTH='256'
HEIGHT='40'")
else {
document.write("<IMG SRC='./get_shoc.gif' BORDER='0'
WIDTH='88' HEIGHT='31'>")
document.write("<P>Ihr Browser unterstützt Plug-Ins.</P>")
document.write("<P>Sie haben aber kein Shockwave instal-
liert!</P>")
}
}
else {
document.write("<IMG SRC='./get_shoc.gif' BORDER='0'
WIDTH='88' HEIGHT='31'>")
document.write("<P>Sie haben einen Browser, der keine Plug-Ins
unterstützt</P>")
}
// Stop hiding from old browsers -->
</SCRIPT>

</P></CENTER>
</BODY>
```

Nun wird mit `checkVersion()` als erstes die Funktion `checkVersion()` im <HEAD>-Tag aufgerufen. Ist das Ergebnis „TRUE" (der Browser unterstützt Plug-Ins), wird die Funktion `checkForPlug-In()` mit dem `Parameter Plug-InName = „Shockwave for Director"` aufgerufen. Ist das Ergebnis „FALSE" (der Browser unterstützt keine Plug-Ins), wird der Browser angewiesen, das GIF-Bild zu zeigen sowie den Text „Sie haben einen Browser, der keine Plug-Ins unterstützt" auszugeben. Die if-Anweisungen erfolgen somit genau wie in Lingo (if x = true then Script_1 else Script_2).

Die Funktion `checkForPlug-In(„Shockwave for Direc-tor")` überprüft nun, ob das Plug-In vorhanden ist. Gibt die Funktion den Wert „TRUE" zurück, so wird der Browser angewiesen, den Shockwave-Film zu zeigen. Ist der Wert „FALSE" (Shockwave ist nicht installiert), wird das GIF-Bild und der Text „Sie haben aber kein Shockwave installiert!" gezeigt.

Der eigentliche HTML-Code wird mit dem Befehl `document.write()` generiert. Das bedeutet, JavaScript übergibt somit den eigentlichen HTML-Code an den Browser, der ihn dann als reinen HTML-Code interpretieren kann. Somit lassen sich dynamische Seiten mit ein paar Zeilen JavaScript generieren. Beachten Sie bitte die Schreibweise der Befehle genau. Auch das Setzen der if-Anweisung und der Klammern ist so wie beschrieben vorzunehmen.

Das Skript und die Reaktion darauf können Sie nun individuell anpassen und verändern. Ob nämlich anstatt der Anzeige einer alternativen Grafik zu einer bestimmten Seite gesprungen wird, überlassen wir Ihrer Phantasie und natürlich Ihren JavaScript-Kenntnissen.

Eine hervorragende Quelle zu JavaScript finden Sie natürlich im Internet (z.B. www.netscape.com).

6.12
Kommunikation Browser – Shockwave

Eine weitere schöne Möglichkeit der Kommunikation besteht in der Fernsteuerung von Shockwave-Filmen. Shockwave kann einige Befehle direkt von JavaScript empfangen und diese interpretieren.

Das heißt, daß innerhalb der HTML-Seite ein Code einen Shockwave-Film anweisen kann, eine bestimmte Aktion auszuführen. Folgende Befehle können an einen Shockwave-Film gesandt werden:

play()
Dieser Befehl startet den Film, falls dieser gerade auf PAUSE steht. Beim Start wird zuerst der `on prepareMovie`-Handler aufgerufen. Dieser Befehl hat keine Auswirkungen, wenn der Film bereits läuft.

stop()
Dieser Befehl stoppt den Film komplett. Die Bühne wird allerdings erneut gezeichnet, sollte ein anderes Fenster über das Filmfenster gezogen werden. Ist der Film gestoppt, lassen sich `außer` `rewind()`, `goToFrame()` und `getCurrentFrame()` keine weiteren Aktionen durchführen. Der Film reagiert erst wieder nach einem `play()`-Befehl auf weitere Aktionen. Beim Aufruf von `Stop()` wird zuerst der `on stopMovie`-Handler angesprochen. Beachten Sie auch, daß globale Variablen in Lingo ihren Wert verlieren.

rewind()
Dieser Befehl spult den Film zurück auf Frame 1. Ist der Wert Auto-Start auf „TRUE" gesetzt, beginnt der Film erneut zu spielen. Ist der Wert „FALSE", wird der Film gestoppt.

getCurrentFrame()

Mit diesem Befehl wird die aktuelle Framenummer des Filmes zurückgegeben. Dieser Befehl funktioniert auch, wenn der Film gestoppt wurde.

goToFrame(frameNumber)

Dieser Befehl weist den Film an, zu dem mit `frameNumber` angegebenen Frame zu springen. Labels werden hier nicht unterstützt. Dieser Befehl funktioniert auch, wenn der Film gestoppt wurde.

goToMovie(movieURL)

Durch diesen Befehl wird der Film angewiesen, den mit `movieURL` angegebenen Film zu öffnen. Der neue Film wird an derselben Stelle wie der alte Film gezeigt. Dieser Befehl funktioniert nicht, wenn der Film gestoppt wurde.

EvalScript(string)

Dieser Befehl ruft den Lingo-Handler `on EvalScript` auf, den Sie aber selbst definieren müssen. Mit dem Aufruf kann ein Parameter (string) mit übergeben werden. Der `on EvalScript`-Handler im Film kann dann entsprechend der Werte reagieren. Wird in dem `on EvalScript`-Handler eine return-Funktion verwendet, lassen sich Ergebnisse zurück an den Browser schicken.

In unserem Beispiel wollen wir nun eine HTML-Seite mit einem Film und verschiedenen Steuerbuttons generieren. Für das Beispiel haben wir unser Logo-Movie etwas abgeändert. Wir haben zwei Versionen erstellt, die sich durch die Hintergrundfarbe und eine Filmnummer unterscheiden. Es ist Ihnen überlassen, welche Shockwave-Filme Sie verwenden. In den Shockwave-Filmen müssen keine speziellen Handler angelegt werden.

Die Steuerung erfolgt direkt über JavaScript aus der HTML-Seite heraus. Die HTML-Seite sieht wie folgt aus:


```html
<HTML>
<HEAD>
<META HTTP-EQUIV="content-type"
CONTENT="text/html;charset=iso-8859-1">
<META NAME="generator" CONTENT="GoLive CyberStudio">
<SCRIPT LANGUAGE="JavaScript"><!-- Hide from old browsers
function sw_Play() {
document.FilmName.Play();
}
function sw_Stop() {
document.FilmName.Stop();
}
function sw_Rewind() {
document.FilmName.Rewind();
}
function sw_GoToMovie(movieName) {
document.FilmName.GoToMovie(movieName);
```

```
// Stop hiding from old browsers -->
</SCRIPT>

</HEAD>
<BODY BGCOLOR="#FFFFFF">
<CENTER>
<H2> Kommunikation Browser - Shockwave</H2>
<P>Beispiel, wie ein Shockwave-Film mit einfachen JavaScript-
Befehlen
zu steuern ist.</P>
<P>Klicken Sie auf die einzelnen Buttons, um die entsprechen-
den Funktionen auszuführen.</P>
<P><A NAME="Anchor"></A> </P>
<P><EMBED SRC="Logo1.dcr" NAME="FilmName" WIDTH="288"
HEIGHT="40"></P>
<P> </P>
<P><A HREF="#Anchor" ONCLICK="sw_Play()">Play</A> | <A
HREF="#Anchor" ONCLICK="sw_Stop()">Stop</A> | <A
HREF="#Anchor" ONLICK="sw_Rewind()">Rewind</A> | <A
HREF="#Anchor"
ONCLICK="sw_GoToMovie('logo1.dcr')">GotoMovie1</A> | <A
HREF="#Anchor" ONCLICK="sw_GoToMovie('logo2.dcr')">GoToMovie
2</A></P>
</CENTER>
</BODY>
</HTML>
```

Wie schon in dem vorhergehenden Beispiel werden im <HEAD>-
Tag unserer HTML-Seite die Funktionen für die Steuerung plaziert.

Mit dem Tag <EMBED SRC="Logo1.dcr" NAME="FilmName"
WIDTH="288" HEIGHT="40"> wird an dieser Stelle unser Film
„logo1.dir" angezeigt. Der Name wird auf „FilmName" gesetzt, um
den Platz eindeutig zu definieren. In den Funktionen werden die
entsprechenden Befehle an diese Source-Datei gesendet. Die Funktion:

```
function sw_GoToMovie(movieName) {
document.FilmName.GoToMovie(movieName);
}
```

sendet den Befehl `GoToMovie()` an die eingebettete Source-Datei
„FilmName". Der Parameter „`movieName`" übergibt den Wert für
den Namen der aufzurufenden Datei. Der Aufruf der Funktion erfolgt in diesem Beispiel über einen Hyperlink, der wie folgt definiert
ist:

```
<A HREF="#Anchor" ONCLICK="sw_GoToMovie('logo2.dcr')">GoToMovie
2</A></
```

Mit dem <HREF>-Tag wird ein Link generiert. Der Sprung erfolgt
auf einen Anker (#Anchor), der am Anfang der Seite plaziert ist.
Dies ist in diesem Fall notwendig, da ein Link immer ein Ziel
braucht. Der Sprung auf den Anker erfolgt aber ohne Änderung der
Anzeige im Browser.

Durch ONCLICK wird beim Auslösen des Links die Funktion `sw_GoToMovie()` aufgerufen. Wie die Funktion bezeichnet ist, obliegt Ihrer Phantasie. Innerhalb der Klammer wird der Parameter „`movieName`" auf „logo2.dcr" gesetzt, um den Namen der aufzurufenden Datei an die Funktion weitergeben zu können. Sie können also noch weitere Aufrufe mit anderen Dateinamen an die gleiche Funktion senden, Sie müssen nur die Parameter verändern.

Die anderen Funktionen werden nach demselben Schema definiert und ebenfalls über einen Hyperlink aktiviert. Somit stehen Ihnen nun Befehle zur Verfügung, mit denen Sie direkt aus einer HTML-Seite heraus die eingebetteten Shockwave-Filme nach Lust und Laune steuern können. Und das alles, ohne die Shockwave-Filme zu verändern oder um spezielle Handler zu erweitern.

6.13
Kommunikation Shockwave – Browser

Die Kommunikation zwischen Browser und Shockwave funktioniert in beiden Richtungen. Der Browser kann Befehle mittels JavaScript an den Shockwave-Film senden, aber ein Shockwave-Film kann genauso Funktionen innerhalb einer HTML-Seite aufrufen und somit weitere Aktionen ausführen. Mit entsprechenden JavaScript-Kenntnissen stehen Ihnen somit vielfältige Möglichkeiten offen.

In dem folgenden Beispiel wollen wir auf einer HTML-Seite zwei Shockwave-Filme plazieren, die über den Aufruf von JavaScript-Funktionen miteinander kommunizieren können.

Mit dem Lingo-Befehl `externalEvent` lassen sich externe Funktionen in einer HTML-Seite aufrufen. Die Syntax lautet wie folgt:


```
externalEvent"string"
```

Der Parameter „`string`" enthält die Anweisung, die der Browser interpretieren soll. Der Befehl gibt kein Ergebnis zurück. Was vom Browser bzw. welches Skript ausgeführt wird, hängt von der Definition und der verwendeten Skriptsprache ab.

Im Shockwave-Film wird der Aufruf folgendermaßen definiert:

```
externalEvent(IrgendeineFunktion('parameter1','parameter2')
```

Innerhalb der HTML-Seite wird der Aufruf so definiert:

```
function IrgendeineFunktion(parameter1, parameter2){
// dann kommt das eigentliche Script, welches ausgeführt werden soll
}
```

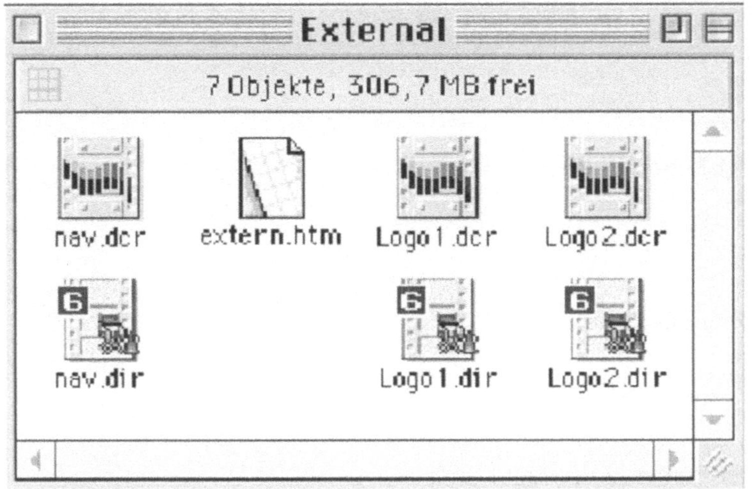

Die Parameter des `externalEvents` müssen in einem einzelnen Anführungszeichen gesetzt werden, da nur Werte als String (Text) übergeben werden können. Wie Sie die Funktion bezeichnen und welches Skript Sie mit der Funktion innerhalb der HTML-Seite definieren, bleibt Ihren Vorstellungen und Wünschen überlassen.

In unserem Beispiel wollen wir einen Navigationsbutton erstellen, der über die `externalEvents` einen zweiten (bzw. mehrere) Film steuern und kontrollieren kann. Die Beispiele finden Sie in unserem Workshop-Ordner im Verzeichnis „Workshop/External". Das Beispiel hat die gleiche Funktion wie das vorhergehende Beispiel, mit dem Unterschied, daß die Aufrufe der Funktionen nun direkt aus einem Shockwave-Film gestartet werden, und nicht von einem Link innerhalb der HTML-Seite.

Wir verwenden wieder unsere beiden Logo-Animationen, die unverändert von dem vorhergehenden Beispiel übernommen wurden. Der Shockwave-Film „nav.dcr" enthält die Steuerbuttons und die Handler für die Aufrufe der externen Funktionen. Die HTML-Seite ist nur insofern abgeändert, daß statt der Link-Leiste die Navigationsleiste „nav.dcr" eingefügt wurde. Unsere Navigationsleiste enthält jetzt einige Buttons für die Steuerung eines zweiten Shockwave-Filmes.

Die Buttons haben je einen sehr einfachen Handler.

Der Button „Play“:

```
on mouseDown me
  externalEvent ("sw_Play()")
end
```

Der Button „Stop“:

```
on mouseDown me
  externalEvent("sw_Stop()")
end
```

Der Button „Rewind“:

```
on mouseDown me
  externalEvent("sw_Rewind()")
end
```

Der Button „Zeige logo1.dcr“:

```
on mouseDown me
  externalEvent("sw_goToMovie('./logo1.dcr')")
end
```

Der Button „Zeige logo2.dcr“

```
on mouseDown me
  externalEvent("sw_goToMovie('./logo2.dcr')")
end
```

Die Handler rufen die externen Funktionen, die innerhalb der HTML-Seite abgelegt sind, auf. Die Parameter der `sw_goToMovie()`-Events übergeben den Parameter „`movieName`“ an die Funktion. Alles weitere übernehmen nun JavaScript und der Browser, welcher die entsprechenden Aktionen ausführt.

Unter Netscape Navigator 3.x und Internet Explorer 3.x funktionieren die `externalEvents` ohne Probleme. Bei Navigator 4.0 unter MacOS funktionieren die `externalEvents` eingeschränkt. Die Funktionen lassen sich nur aktivieren, wenn vorher, z.B. in einem ONLOAD-Aufruf, die einzelnen Funktionen einmalig aufgerufen werden. Dies ist ein Bug in der Version 4.0 des Netscape Browsers.

Generell sollten Sie alle Funktionen und Shockwave-Filme auf möglichst vielen Konfigurationen testen und ausprobieren. Mehr zum Testen und Debugging finden Sie im Kapitel 7.5 „Probieren, Testen und Publizieren“.

Was Sie nun mit `externalEvents` ausführen lassen, hängt wiederum nur von Ihren JavaScript-Kenntnisssen ab. (Natürlich lassen sich auch Funktionen in VB-Script etc. aufrufen!)

6.14
Einbindung von Shockwave-Audio

6.14.1
Verwenden von internen Soundfiles

In dem Workshop-Ordner auf der CD-ROM finden Sie im Verzeichnis „Workshop/SWA1" ein Beispiel für die Verwendung von SWA für internen Sound. Dazu haben wir die Sounddatei „intro.aif" über den Import-Befehl in unseren Logo-Film importiert und in einen der Soundkanäle plaziert. Der Sound wird während der Animation abgespielt. Um den Sound nun für Shockwave zu optimieren, müssen Sie einfach den Befehl „Shockwave for Audio settings..." im Menü "Xtras" aufrufen.

Stellen Sie die Parameter entsprechend der Abbildung ein und speichern Sie den Film. Sichern Sie den Film anschließend als Shockwave-Film und betten Sie ihn in einer HTML-Seite ein.

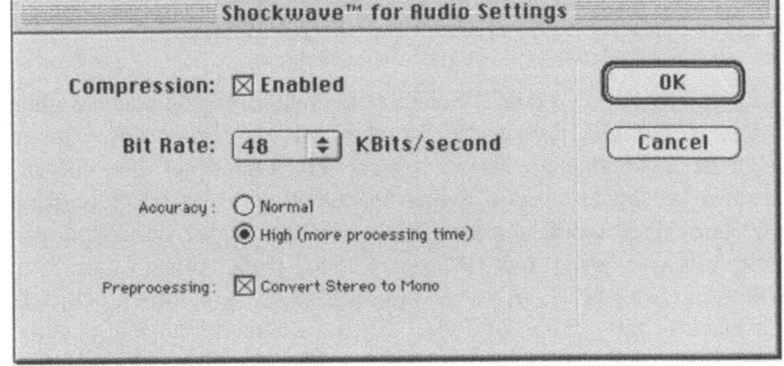

Audio Settings für die Kompression

Die Sounddatei hat eine Originalgröße von 2 MByte. Mit den gezeigten Einstellungen ist der Sound auf 280 KByte komprimiert worden. Das ist schon ganz beachtlich.

Überlegen Sie sich aber gut und testen Sie vor allem die möglichen Parameter, um den Anwender nicht auf eine Geduldsprobe zu stellen.

Oft sind kurze Sound-Clips besser als eine große Ouvertüre. Besser ist es auch, einige Abstriche in der Qualität des Sounds zu machen, als den Anwender zu lange auf den Sound warten zu lassen. Bedenken Sie auch, daß viele Anwender über sehr bescheidene Sound-Hardware verfügen. Außerdem wird es gerade im Business-Bereich nicht sehr geschätzt, wenn in den Büros plötzlich aus allen

Ecken Disco-Musik erklingt. Macromedia empfiehlt für die Kompression folgende Richtlinien:

Modem	14.400	28.800	ISDN	T1
empf. Bitrate	8 KBits/sec	16 KBits/sec	32 KBits/sec	64 KBits/sec

Bei den Einstellungen für Accuracy sollten Sie immer „High (more processing time)" verwenden. Dies bedeutet zwar eine erhöhte Bearbeitungsdauer beim Komprimieren, hat aber den Vorteil, daß der Sound früher im Netz abgespielt werden kann.

Für die Komprimierung sollten Sie darauf achten, möglichst Rohfiles mit einer sehr guten Sound-Qualität zu verwenden. SWA staucht alle Soundfiles in der gleichen Art und Weise. Das heißt, ein 44 kHz, 16-Bit-Stereo-Sound wird genauso gestaucht (auf die gleiche Größe) wie ein 11 kHz , 8-Bit-Mono-Sound. Der 44-kHz- Sound hat aber weniger Grundrauschen. Deshalb ist das Endergebniss auch wesentlich besser als bei einem 11-kHz-Sound. Die resultierende Dateigröße des SWA-Sounds ist schließlich die gleiche.

6.14.2
Verwenden von externen Soundfiles

Shockwave für Director unterstützt normalerweise keine externen Files. Rühmliche Ausnahme ist aber die mögliche Verwendung externer Sounddateien. Dazu müssen die Soundfiles aber bereits „extern" geshockt werden. Unter MacOS finden Sie in „SoundEdit 16" von Macromedia ein entsprechendes Tool. Auf der Windows-Seite (leider aber nur Windows 95) steht Ihnen das Xtra SWAcnvrt.x32 als Tool zur Verfügung. Dies wird mit Shockwave für Director mitgeliefert und wird direkt aus Director angesprochen.

Bei SoundEdit 16 finden Sie im Menü „Xtras" den Befehl „Shockwave Audio Settings...", den Sie wie in dem Beispiel für internen Sound einstellen können. Mit dem Befehl „Export..." im Menü „Ablage" können Sie dann das SWA-File erzeugen.

Unter Windows wählen Sie den Befehl „Convert WAV to SWA" im Menü „Xtras" von Director. Stellen Sie die Bitrate entsprechend Ihrer Anforderung ein. Wählen Sie die Option „Prompt before overwriting Files" an, wenn Sie gewarnt werden wollen, daß eine bereits vorhandene Datei mit der gleichen Benennung überschrieben wird. Mit der Option „Select New Folder" können Sie das Zielverzeichnis für die SWA-Dateien angeben. Mit „Add Files" können Sie mehrere Dateien in die Liste aufnehmen. Somit können Sie alle notwendigen Soundfiles in einem Durchlauf generieren. Mit dem Befehl

„Convert" starten Sie den Prozeß. Die Dateien werden nun komprimiert und mit der Endung „*.SWA" im angegebenen Verzeichnis gespeichert.

Öffnen Sie einen Director-Film und generieren Sie einen SWA-Cast mit dem Befehl „Einfügen-Medienelement-SW-Audio". In der Besetzung wird nun ein neues SWA-Cast-Mitglied erzeugt. Benennen Sie den Darsteller mit „Sound" oder einem Namen Ihrer Wahl.

Schreiben Sie folgenden Handler:

```
on startMovie
        set the URL of member "Sound" to "./intro.swa"
        set the preLoadTime of member "Sound" to 5
        preLoadBuffer(member "Sound")
end
```


Damit wird dem Darsteller „Sound" die SWA-Datei „intro.swa" zugewiesen. Achten Sie darauf, daß in diesem Beispiel die Datei im selben Verzeichnis wie der Shockwave-Film liegen muß. Wir verwenden also wieder relative Pfadnamen. Mit dem Befehl the preLoadTime wird angegeben, wie viele Sekunden der Sounddatei vorgeladen werden sollen. In unserem Beispiel werden in jedem Falle die ersten 5 Sekunden des Sounds vorgeladen. Dies ist wichtig, um ein problemloses Abspielen des Sounds zu gewährleisten. Je höher die Qualität ist und je länger somit die Übertragungszeit dauert, desto eher wird eine Erhöhung the preLoadTime notwendig. Mit dem Befehl preLoadBuffer wird der vorgeladene Sound zunächst in den Hauptspeicher geladen (sofern dieser noch ausreichend Platz hat). Erst wenn der Sound komplett geladen wurde, wird er in den Cache auf der Festplatte des Benutzers gespeichert.

Um den Sound nun zu starten, müssen Sie noch einen Handler definieren. Dazu geben wir in unserem Beispiel in einem Frame-Skript folgende Befehlszeilen ein:

```
on exitFrame
        play(member "Sound")
        netStatus "Jetzt wird der Sound geladen und abge-
spielt!"
end
```

Mit diesem Befehl wird nun der Sound gestartet. Als kleinen Hinweis erhält der Anwender ein Feedback in der Statusleiste des Browsers.

Dieses Beispiel finden Sie in unserem Workshop-Ordner unter „Workshop/SWA2". Die hier genannten Befehle stellen die Grundlage dar, um SWA-Sounddateien in Ihren Projekten einzubinden und zu streamen. In unserem Lingo-Lexikon (s. Kapitel 10.4.1) finden Sie eine Liste aller Befehle, die in Verbindung mit Shockwave-Audio verwendet werden können.

6.14.3
SWA-Player

In diesem Beispiel, wollen wir Ihnen zeigen, wie Sie mit Shockwave
und der Übergabe von Parametern einen recyclebaren SWA-Player
realisieren können. Das Beispiel finden Sie im Verzeichnis „Work-
shop/SWA3". Hierfür verwenden wir einen SWA-Player, der in
Director erstellt wurde. Dieser Film enthält alle Befehle und Routi-
nen zum Abspielen von SWA-Dateien. Das Spannende daran ist, daß
durch die Übergabe von Parametern, jede beliebige SWA-Datei
ferngesteuert werden kann. Das heißt, der Player muß nur einmal
entwickelt werden und kann auf beliebigen HTML-Seiten eingesetzt
werden. Wie der Player reagiert, wird durch das Setzen der entsprechenden Parameter innerhalb der HTML-Seite gesteuert.

Wir verwenden dazu einen SWA-Player, der mit dem Shockwave-Plug-In installiert wird.

Workshop:
<SWA3.htm>
und SWA-Player

Der SWA-Player verfügt über alle Funktionen, um eine SWA-Datei
abzuspielen und zu steuern. Mit „Play" und „Stop" kann der Sound
kontrolliert werden. Mit den beiden rechten Tasten kann die Laut-
stärke eingestellt werden. Der Player verfügt außerdem über einige
Kontrollanzeigen. Er zeigt über ein Textfeld seinen Status an. Der
Player kann ohne Veränderung in beliebig vielen HTML-Seiten
verwendet werden. Wichtig dabei ist nur, wie der Player in einer
HTML-Seite integriert wird. Der Code sieht in unserem Beispiel wie
folgt aus:

```
<HTML>
<HEAD>
<TITLE>the SWA Player</TITLE>
<META NAME="GENERATOR" CONTENT="GoLive CyberStudio">
<META HTTP-EQUIV="content-type" CONTENT="text/html;charset=iso-
8859-1">
</HEAD>
<BODY BGCOLOR="#666666">
<CENTER><!-- Shockwave Audio Player HTML
     by Buzz Kettles, buzz@macromedia.com
-->
<EMBED WIDTH="416" HEIGHT="32" SRC="player.dcr" SW1="off"
SWURL="local.swa" SWTEXT="local.swa" SWPRELOADTIME="7" SW2="0"
SW3="0" SW4="0"><!-- sw1=debugger, sw2=Autoplay, sw3=LogoMode,
sw4=Autoloop -->
<!-- done hiding from old browsers -->
</CENTER>
</BODY>
</HTML>
```

Der Trick besteht darin, die Parameter innerhalb des <EMBED>-Tags entsprechend den Anforderungen zu setzen. Shockwave akzeptiert eine Reihe von Parametern, die an einen Shockwave-Film gesendet werden können, um dort entsprechend weiterverarbeitet zu werden. Die hier genannten Parameter arbeiten sowohl mit Netscape als auch Microsoft Browsern. Netscape erlaubt es, zusätzlich eigene Parameter zu definieren. Um eine möglichst hohe Kompatiblität zu erreichen, sollten Sie aber nur die definierten Parameter verwenden.

Die Übergabe der Parameter ist nicht anders als in unserem Beispiel „Workshop/Parameter". Für Shockwave-Audio stehen allerdings einige eigene Parameter zur Verfügung. Das Spannende an diesen Parametern sind jedenfalls nicht die Parameter selbst, sondern die Werte, die übermittelt werden und wie der Shockwave-Film darauf reagiert. Die Reaktion wird von Ihnen durch Lingo innerhalb des Director-Filmes selbst bestimmt. In dem folgenden Lingo-Code wird der Parameter swURL ausgelesen und entsprechend weiterverarbeitet:

```
if externalParamName("swURL") = "swURL" then
   put externalParamValue("swURL") into gURL
 else
   if gDebug = 0 then
     put "Can't Find Song to Play" into field "song name"
   else
     if gDebug = 1 then
     put "swURL= missing from html tag" into field "song name"
   end if
   set gURL = "NOT"
   set gStreamON = FALSE
 end if
```

Zuerst wird der Parameter abgefragt und in eine Variable (gURL) geschrieben. Anhand der Werte von gURL wird eine entsprechende Reaktion ausgelöst. Was Sie auslösen, ist Ihrer Phantasie überlassen.

Die HTML-Seite „player2.htm" zeigt Ihnen ein Beispiel, wie unterschiedliche Werte des Parameters das Abspielen des Films beeinflussen können. Die Seite sieht wie folgt aus:

Workshop:
<player2.htm>

```
<HTML>
<HEAD>

<TITLE>the SWA Player2</TITLE>
</HEAD>
<BODY BGCOLOR="#666666">
<CENTER>

<BR>Dies ist der erste SWA-Player<BR>
<P>
<EMBED WIDTH="416" HEIGHT="32" SRC="player.dcr" SW1="off"
SWURL="local.swa" SWTEXT="Heute mal Klassik!"
SWPRELOADTIME="7" SW2="0" SW3="0" SW4="0">

<BR>Dies ist der zweite SWA-Player<BR>
```

```
<EMBED WIDTH="416" HEIGHT="32" SRC="player.dcr" SW1="off"
SWURL="intro.swa" SWTEXT="... oder etwas leichtes?"
SWPRELOADTIME="3" SW1 ="HIGH" SW2="1" SW3="0" SW4="1">
</P>

</CENTER>
</BODY>
</HTML>
```

Wir haben also in diesem Beispiel zweimal den Player-Film eingebunden. Jeder Player bekommt eigene Werte für die Parameter zugewiesen. Und schon reagiert der Player anders: Im zweiten Fall
zeigt er einen anderen Text, startet den Sound sofort und spielt den
Sound in einer Schleife ab.

Schauen Sie sich den Player in Director einmal genau an. Alle
Funktionen des Players zu beschreiben, würde den Rahmen dieses
Kapitels sprengen. Der Player-Film läßt sich sehr einfach verändern
und anpassen. Sie können z.B das Aussehen oder die Größe verändern sowie die Funktionen Ihren Bedürfnissen anpassen. Mit den
entsprechenden Parametern kann der Player-Film komplett und direkt auf der HTML-Seite kontrolliert werden – sehr bequem und
einfach.

6.15
Verwendung verknüpfter Medien

Shockwave-Audio läßt die Verwendung externer Medien zu. Externe Medien einzubinden, bedeutet generell bei Shockwave, daß z.B.
Bilder, Sounddateien oder Videodateien, die als eigenständige Datei-
en in einem Verzeichnis gespeichert sind, direkt aus dem Shockwave-Film angesprochen, geladen und innerhalb des Filmes auch angezeigt werden können.

Leider können Shockwave-Filme aber nur sehr begrenzt auf externe Medien zugreifen. Außer Shockwave-Audiodateien, die direkt
geladen werden, können nur solche Daten eingebunden werden, die
sich im Support-Ordner des Plug-Ins befinden, also direkt auf der
Festplatte des Anwenders gespeichert sind.

Wenn Sie sich einmal diesen Support-Ordner ansehen, merken
Sie, daß bereits einige Xtras und andere Files vorhanden sind. Diese
Xtras werden direkt vom Plug-In geladen und erhöhen die Funkti-
onsvielfalt des Plug-Ins. Die Technik ist die gleiche wie beim Hinzufügen von Xtras zu Projektoren.

Mediendaten, die sich in dem Support-Ordner befinden, können
als externe Darsteller in Shockwave-Filme integriert werden. Theoretisch könnten Sie also alles, was Sie für Ihr Filmprojekt bräuchten,
in den Support-Ordner des Anwenders kopieren und hätten keine
weiteren Probleme.

Es ist aber nur eingeschränkt möglich, Dateien direkt auf die Festplatte des Anwenders zu kopieren. Nur der Anwender selbst kann neue Dateien aus dem Netz oder anderen Datenträgern in den Support-Ordner kopieren. Sie müssen also den Anwender zunächst auffordern, Ihre externen Dateien herunterzuladen und in den Support-Ordner zu speichern. Dies ist zwar ein möglicher Weg, aber sicher kein eleganter, um externe Medien einzubinden.

Einer der einfachsten Tricks besteht darin, anstelle der komprimierten Filme im Shockwave-Format DCR, die Dateien als Director-Filme im DIR-Format bereitzustellen. Das Plug-In unterstützt ja neben DCR- und DXR-Dateien auch DIR-Dateien. Unkomprimierte Director-Filme erlauben die Verwendung von externen Medien mit dem Befehl:

```
set the fileName of member "Bild" = "http://www.server.com
/bild.jpg"
```

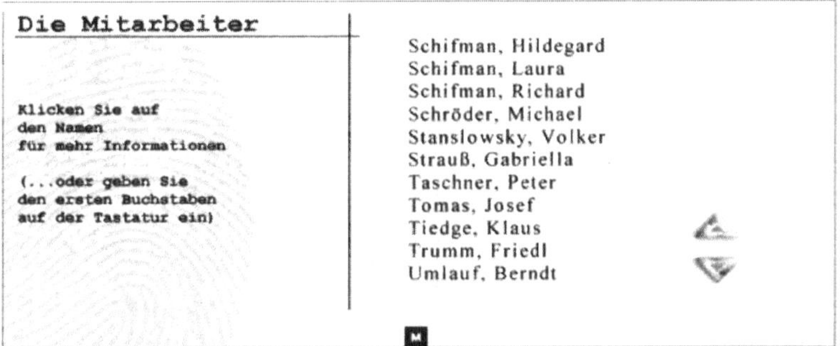

Workshop:
<database.dir>

Somit können Sie durch Updates auf dem Server externe Dateien austauschen und aktualisieren. Sie müssen dabei lediglich berücksichtigen, daß dieser „Interface-Film" weder komprimiert noch geschützt ist. Jeder kann ihn in Director öffnen und auch ändern. Wenn Sie diesen Film jedoch in einem „dxr"-Interface mit einigen Funktionen verpacken, dann lassen sich teils auch mächtige Instrumente (Image-Browser etc.) erstellen, die in ihrer Dateigröße erstaunlich klein sein können.

Im Verzeichnis Workshop/Database finden Sie das Beispiel, <database.dir>, für die Verwendung eines DIR-Movies mit externen Links. Ein einfaches Interface erlaubt es, gezielt auf Mitarbeiter-Daten zuzugreifen. Die Daten und Bilder liegen als Textfiles und JPEG-Dateien vor und sind auf dem Server gespeichert. Der Film ist als ein kleines Datenbank-Frontend konzipiert. Die Daten der Mitarbeiter werden beim Start geladen und aufbereitet. Dies hat den Sinn, daß nur das Textfile geändert werden muß, um neue Daten in der Datenbank aufzunehmen oder zu verändern. Die Liste mit den Daten kann in jeder Textverarbeitung bearbeitet werden. Der Anwender kann sich einen Mitarbeiter aus der Liste auswählen und bekommt die Daten für den Mitarbeiter angezeigt. Dazu wird über das Netz das entsprechende Bild geladen und angezeigt.

Der ganze Film hat 149 KByte einschließlich der Bilder (alle 8 Bit) und aller Funktionen. Also noch recht erträglich und in einem Intranet auf jeden Fall ohne Probleme zu realisieren. Sie könnten aber den Film noch weiter reduzieren, indem Sie auf die Hintergrundgrafik etc. verzichten würden. Insgesamt stellt dieses Verfahren eine einfache Methode zur Verfügung, in Shockwave mit externen Daten zu arbeiten. Beachten Sie aber, daß nur solche Dateien in Director verwendet werden können, die auch von Director unterstützt werden. Es gibt aber einige Xtras, die es ermöglichen, die Liste der unterstützten Formate zu erweitern.

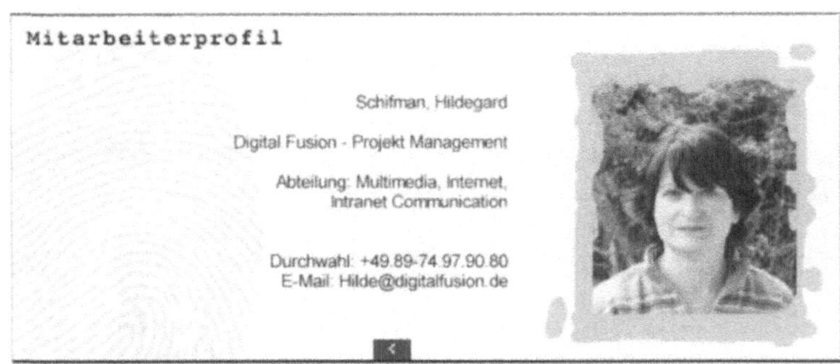

6.15.1
Erzeugen einer Voreinstellungs-Datei

In Shockwave gibt es noch eine Funktion, mit deren Hilfe ein Textfile auf der Festplatte des Anwenders gespeichert und auch wieder ausgelesen werden kann. Mit dem Befehl `setPref` kann ein Textfile erzeugt werden und im Support-Ordner des Shockwave-Plug-Ins gespeichert werden. Dies erlaubt, z.B. Zwischenergebnisse zu speichern. Mit dem Befehl `getPref` kann diese Textdatei wieder im Shockwave-Film gelesen werden.

Diese Funktion kann nützlich sein, um zum Beispiel in einem Spiel oder einer Lernanwendung bestimmte Werte oder Ergebnisse abzuspeichern. Beim nächsten Mal, wenn der Benutzer Ihre Anwendung startet, können die Werte wieder ausgelesen werden, und das Spiel z.B. kann an der zuletzt besuchten Stelle wieder aufgenommen werden.

6.15.2
Hybridlösungen

Eine weitere Anwendungsmöglichkeit für verknüpfte Medien besteht
in sogenannten Hybridlösungen. Hybrid heißt in diesem Fall, Off-
line-Daten und Online-Daten in einer Anwendung zu integrieren.
Dazu wollen wir zwei kurze Fallbeispiele aus unserer Praxis erklären.

In der ersten Lösung wurde eine CD-ROM-Anwendung für eine
Produktpräsentation entwickelt. Die Anwendung enthält einen Kata-
log mit allen wichtigen Daten zu den Produkten und verfügt über
eine Vielzahl von Abbildungen (Photos, Zeichnungen etc.) der Produkte. Zusätzlich sollten aber in der Anwendung auch Daten zu
aktuellen Preisen und die Verfügbarkeit der Produkte dargestellt
werden. Das Problem dabei: Ändern sich die Preise, so müßte eine
neue Version der CD-ROM erstellt und verteilt werden. Die Lösung
besteht darin, die aktuellen Preise und Verfügbarkeitsdaten on-the-
fly direkt von einem Webserver als Text herunterzuladen und in der
Anwendung auszuwerten. Somit hat der Benutzer eine CD-ROM-
Anwendung, die über den Internet-Link ständig aktualisiert werden
kann.

Im zweiten Beispiel greift ein Webangebot auf Daten einer CD-
ROM zu, um diese Inhalte anstatt über das Netz von der CD-ROM
zu laden und anzuzeigen. Dies geht in HTML-Seiten ganz einfach.
Der entsprechende Link auf die Datei muß nur diesbezüglich benannt werden – also z.B. über „file://cd-rom/bilder/photo1.jpg".

7 Workshop Shockwave für Flash

She swallowed a goat to catch the dog...

In unserem Workshop wollen wir Ihnen anhand des Aufbaus einiger Musterseiten die Funktionen und Möglichkeiten von Flash näher bringen. Wir werden uns hier nicht mit der Erstellung von Animationen und der Verwendung von Sounds beschäftigen, sondern wollen uns auf die Funktionen und Möglichkeiten konzentrieren, die dem Anwender innerhalb des Webs zur Verfügung stehen.

Dazu haben wir einige Beispielfilme vorbereitet. Die Dateien finden Sie im Ordner „Flash" im Verzeichnis „Workshop". Die unbehandelten Flash-Filme stehen Ihnen im Ordner „Roh_Dat" zur Verfügung. Damit können Sie die einzelnen Beispiele auch selbst nachbauen. Unsere endgültige HMTL-Seite sehen Sie in der Abbildung Flash.htm.

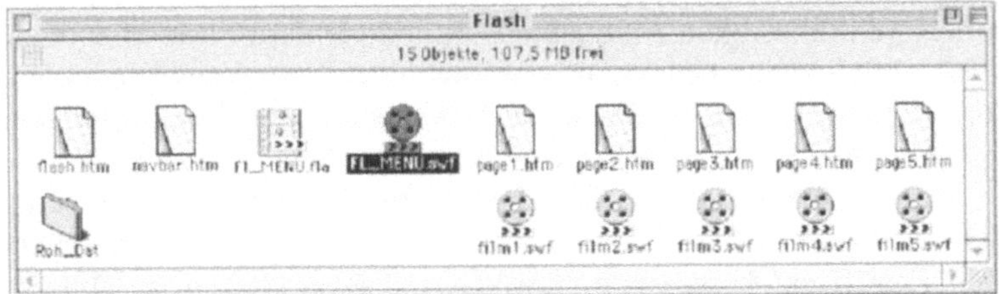

Workshop-Ordner: „Flash" auf der CD-ROM

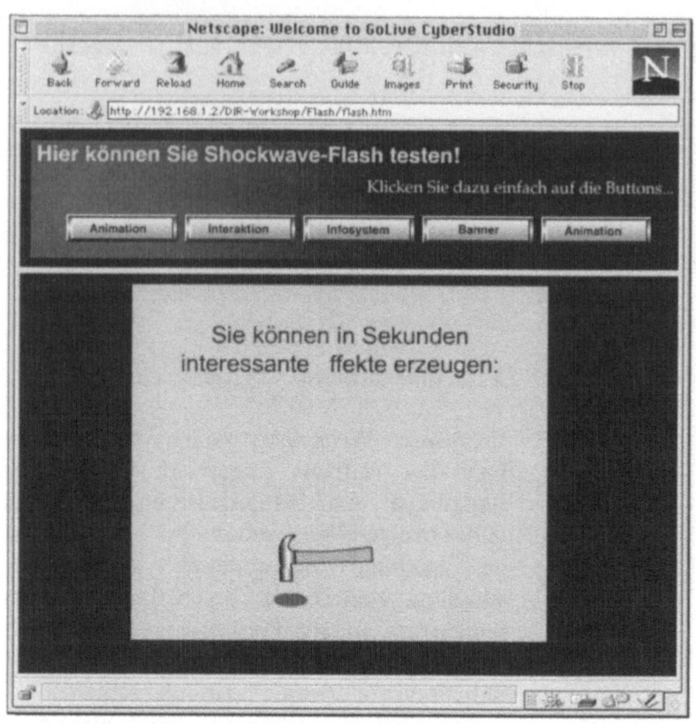

7.1
Flash – die vektorbasierte Alternative

Mit dem Programm Flash hat Macromedia seine Produktreihe mit einem vektorbasierten Animationstool komplettiert. Flash erlaubt es, unglaublich kleine Dateien mit Animationen, Sound und Interaktion zu erstellen. Dies wird durch die Verwendung von Vektorgrafiken möglich, wie Sie es von FreeHand bereits kennen.

Die Zeichenwerkzeuge von Flash bieten die intuitive Bedienung, wie Sie es von Bleistift und Papier gewohnt sind. Flash ermöglicht den Zugriff auf bestehende Grafiken und Bibliotheken im Drag & Drop-Verfahren. Sie können auch eigene Bibliotheken mit Grafiken, Schaltelementen sowie Sounds erstellen und pflegen. Flash-Grafiken verfügen über Funktionen, die ideal zum „Netz" passen.

Vektorgrafiken lassen sich durch relativ einfache mathematische Formeln beschreiben. Die Beschreibung einer Linie besteht zum Beispiel aus den Werten des Anfangs- und Endpunktes sowie der Liniendicke und dem Code für die verwendete Farbe. Das ist viel weniger Information als die Werte aller angesprochenen Pixel. Vektorgrafiken haben damit eine sehr kleine Speichergröße und können entsprechend schneller über das Netz geschickt werden. Vektorgrafiken haben auch den Vorteil, daß Sie auflösungsunabhängig dargestellt werden können. Das heißt, in jeder beliebigen Größe oder Zoomstufe bleibt die Form und Qualität der Grafik erhalten, und das bei gleicher Dateigröße! Dynamisches Antialiasing sorgt außerdem für eine saubere Anzeige von Grafiken und Text.

Flash ist ein Editor, mit dem vektorbasierte interaktive Anwendungen erstellt und im Shockwave-Format gespeichert werden können. Flash eignet sich hervorragend für animierte Menüs, Banners, Logo-Animationen und ähnliches. Die Interaktion ist im Gegensatz zu Director eher rudimentär. Das heißt, in Flash lassen sich zwar alle möglichen Sprungbefehle (innerhalb sowie mit Zugriff auf das gesamte Netz) realisieren, Flash verfügt aber über keine echte Programmiersprache, wie z.B. Lingo. Daher sind aufwendigere Projekte nur mit einigen Umwegen über Java oder JavaScript zu realisieren.

Durch die sehr kleinen Dateigrößen stellt es aber ein ideales Tool dar, um Aufmerksamkeitspunkte in Ihren Seiten zu erzeugen. Rasend schnelle Übertragung und auflösungsunabhängige Grafiken bieten eine effektives Mittel, um animierte Information oder etwas Spaß auf Ihren Seiten zu integrieren.

Flash verfügt über eine Reihe von zeitsparenden Optionen für die Erstellung von Animationen. Die Animationen können entweder als Bild-zu-Bild-Animation, ähnlich dem Daumenkino, oder als Bewegungspfade dargestellt werden. Zum Beispiel ermöglicht das „Tweening" die Modifizierung und Transformierung von Objekten zwischen zwei Schlüsselbildern. Mit dem „Tweening" lassen sich somit sämtliche Attribute eines Objektes, wie Größe, Drehung, Farbe, Übergang oder Transparenz, über einen Zeitraum zwischen zwei beliebigen Schlüsselbildern animieren. Es lassen sich ebenfalls eigene Schaltflächen kreieren, die wie „echte" Buttons reagieren.

Flash-Animationen können auch mehrere Szenen enthalten. Jede Szene kann durch Interaktionen angesteuert werden. Dadurch ist es möglich, auch größere Publikationen oder interaktive Spiele zu realisieren. Die Objekte lassen sich auf verschiedenen Ebenen anordnen und über eine Timeline, ähnlich wie in Director, in ihrem Verhalten steuern.

Einzelnen Objekten können noch spezielle Funktionen für die Interaktion zugewiesen werden. Zum Beispiel ordnen Sie auf folgende Weise einer Taste eine Aktion zu:

1. Wählen Sie mit dem Pfeilwerkzeug die Tastenverknüpfung in der Szene aus.

Zeichenwerkzeug in Flash

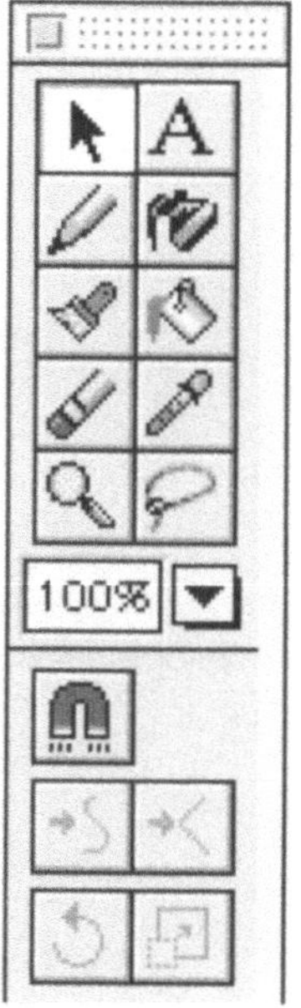

2. Wählen Sie „Modifizieren" > „Element". Das Dialogfenster „Tasteneigenschaften" wird geöffnet.
Wählen Sie aus dem Popup-Menü „Aktion" die Aktion aus, die die Taste ausführen soll, wenn auf sie geklickt wird. Je nach der von Ihnen getroffenen Wahl, bietet das Dialogfenster zusätzliche Auswahlmöglichkeiten zur Spezifizierung der Aktion. Sie werden zum Beispiel aufgefordert, einen Szenennamen anzugeben, wenn Sie die Aktion „Gehe zu" wählen.

Animationsmenü

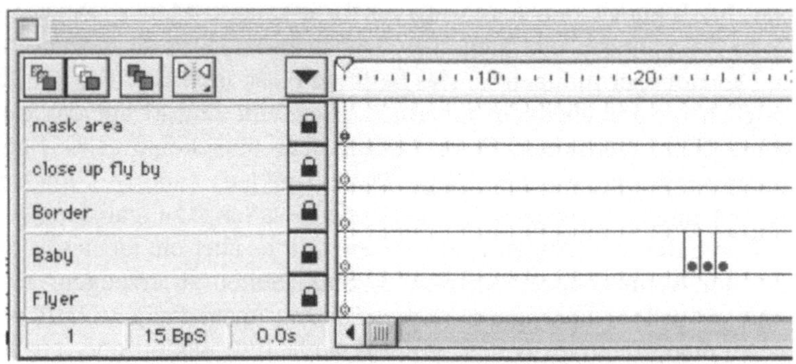

Verknüpfungs-
dialogfenster

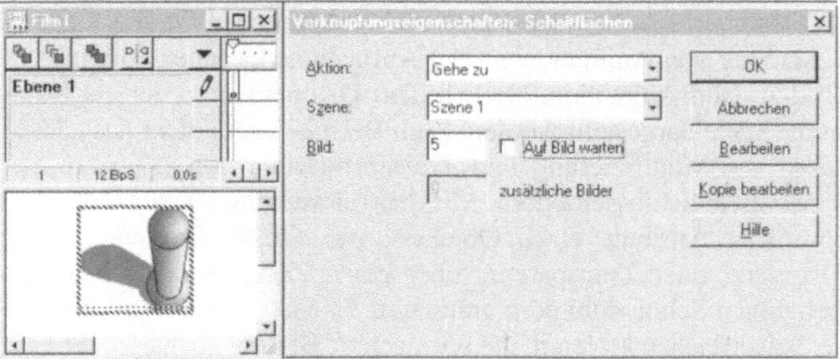

Aktionen erteilen Flash den Befehl, ein gewisses Verhalten auszuführen, und zwar entweder in einem bestimmten Bild der Animation oder wenn der Benutzer auf eine Taste klickt. Folgende Aktionen sind in Flash verfügbar:

Befehls-
parameter:
Flash-
Menü: Aktion

- **Keine:** Führt keine Aktion aus.

- **Abspielen:** Beginnt mit dem Abspielen der Animation vom aktuellen Bild aus.

- **Stoppen:** Stoppt die Animation am aktuellen Bild.

- **Schritt vor:** Stoppt die Animation und geht zum nächsten Bild.

- **Schritt zurück:** Stoppt die Animation und geht zum vorherigen Bild.

- **Nächste Szene:** Stoppt die Animation und geht zum ersten Bild der nächsten Filmszene.

- **Vorherige Szene:** Stoppt die Animation und geht zum ersten Bild der vorherigen Filmszene.

- **Hohe Qualität ein-/ausschalten:** Schaltet zwischen der Anzeige in normaler und hoher Qualität hin und her.

- **Gehe zu:** Stoppt die Animation, geht zu einer angegebenen Szene und zu einem angegebenen Bild. (Lassen Sie das Szenenfeld leer, wenn Sie in der aktuellen Szene bleiben möchten, s. Abbildung: Verknüpfungsdialog.)

- **URL holen:** Lädt die angegebene URL in das angegebene Zielfenster im Web-Browser. Dieser Befehl kann nur auf Filme angewendet werden, die im Shockwave-Flash-Format exportiert werden.

- **Hingehen und abspielen:** Geht zur angegebenen Szene, zum angegebenen Bild und beginnt mit dem Abspielen dieser Animation. (Lassen Sie das Szenenfeld leer, wenn Sie in der aktuellen Szene bleiben möchten.)

- **URL holen und hingehen:** Stoppt die Animation, geht zur angegebenen Szene und zum angegebenen Bild. Anschließend wird die eingetragene URL geladen. (Lassen Sie das Szenenfeld leer, wenn Sie in der aktuellen Szene bleiben möchten.)

- **URL holen, hingehen und abspielen:** Geht zur angegebenen Szene, zum angegebenen Bild und beginnt mit dem Abspielen sowie dem Laden der angegebenen URL. (Lassen Sie das Szenenfeld leer, wenn Sie in der aktuellen Szene bleiben möchten.)

Bitte beachten Sie, daß Befehle, die mit URLs arbeiten, nur auf Filme angewendet werden können, die im Shockwave-Flash-Format exportiert werden.

7.2
Aufbau der Interaktion

Die Seite einer Interaktion besteht aus zwei Frames. Im oberen Frame wird ein Shockwave-Flash-Film plaziert. Dieser zeigt eine Menüleiste. Die Buttons sind animiert und ändern ihren Zustand je nach Mausaktion. Ein Klick auf einen der Buttons lädt in den unteren Frame jeweils einen anderen Shockwave-Flash-Film.

Zunächst wollen wir unseren ersten Film modifizieren. Dazu öffnen wir die Datei „fl_menu.fla". Der Film zeigt einen Titel auf einer Hintergrundgrafik. Ein kurzer Text blinkt und fordert den Benutzer auf, einen der Buttons zu drücken. Im unteren Teil des Filmes sind 5 Buttons plaziert. Mit diesen Buttons soll der Anwender die einzelnen Beispielfilme aufrufen können.

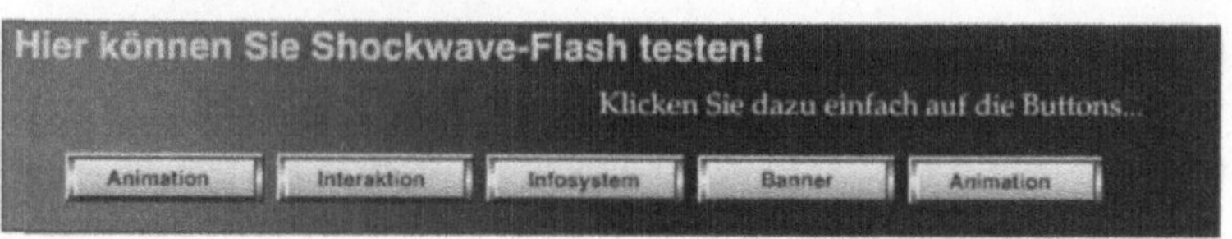

Dieser Film soll als zentrales Menü unserer Anwendung dienen. Die Button-Funktion werden wir noch unseren Bedürfnissen anpassen. Doch zuerst sollten Sie den Film einmal abspielen. Verwenden Sie dazu die Steuerleiste:

Sie können ähnlich einem Videoplayer den Film steuern.

Um nun die einzelnen Buttons zu modifizieren, gehen Sie bitte wie folgt vor:

- Stoppen Sie den Film.

- Deaktivieren Sie die Tastenaktionen im Menü „Steuerung".

Dies ist notwendig, um die Tasten als Objekte selektieren zu können. Ansonsten würden die Tasten nur als Tasten reagieren.

- Spulen Sie den Film an das Ende.

- Klicken Sie einmal auf einen Button.

Ist ein Objekt selektiert, erscheint eine dickere und gepunktete Linie um das Element.

- Doppelklicken Sie in die ausgewählte Taste.

Es erscheint ein Dialogfenster für die Eingabe der Aktion. Aus dem oberen Popup-Menü können Sie die gewünschte Aktion auswählen. Bitte wählen Sie den Eintrag „URL holen". Geben Sie als Netzwerk-

URL den Namen der anzuzeigenden HTML-Seite „page1.htm" ein.
Im Eintrag „Zielfenster" können Sie den Framenamen angeben, in
dem die neue Seite erscheinen soll. Geben Sie als Zielfenster bitte
den Namen „Frame_Unten" ein.

Dies sind die gleichen Parameter, wie beim LINK- bzw. dem
<HREF>-TAG, die wir bei der HTML-Programmierung verwenden,
nur werden Sie dieses Mal aus einer Flash-Datei ausgeführt.

- Kontrollieren Sie die Eingaben auf ihre Richtigkeit.

- Bestätigen Sie die Eingabe mit „OK".

- Aktivieren Sie im Menü „Steuerung" die Option „Tasten aktivieren".

Nun haben wir dem Button einen Link zugewiesen. Wird die Datei
in einem Browser abgespielt, so wird, nachdem die Taste aktiviert
wurde, die Seite „page1.htm" geladen und im Frame „Frame_Unten"
im aktuellen Fenster angezeigt. Existiert kein Frame mit dem Namen, so wird die Datei auf der obersten Ebene der HTML-Seite
angezeigt.

Die anderen Buttons werden nun ebenfalls auf die gleiche Art geändert, wobei als einziges der Name der aufzurufenden Seite (die
Netzwerk-URL) jeweils abgeändert wird. Der oberste Button hat die
URL „page1.htm", der zweite bekommt die URL „page2.htm", und
so weiter. Am Ende können wir also 6 HTML-Seiten aufrufen.

Sichern Sie den Film und erstellen Sie einen Shockwave-Film. Im Menü „Datei" finden Sie den Befehl „Exportieren...". Wählen Sie diesen an und geben Sie den Speicherort und den Namen der Datei ein.

Wählen Sie als Dateiformat „Shockwave-Flash" und klicken Sie anschließend auf „Sichern". Es erscheint dann ein weiteres Dialogfenster:

Shockwave-
Flash:
Export-
fenster

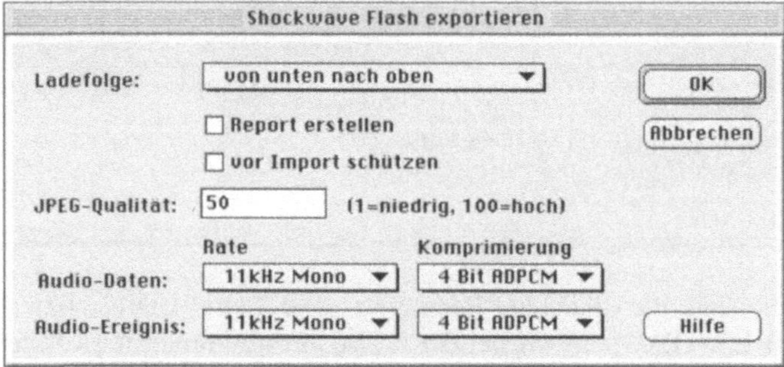

In diesem Dialogfenster lassen sich alle Ausgabe-Parameter setzen. Geben Sie die Werte ein, die in der Abbildung zu sehen sind. Die Funktionen lauten im einzelnen:

■ **Von unten nach oben laden:**
Zeigt die oberste Ebene zuerst an, wenn die Shockwave-Flash-Datei an einen Web-Browser übertragen wird. Wenn die Übertragung über ein langsames Netzwerk oder Modem erfolgt, werden die einzelnen Teile der Datei gezeichnet, sobald sie verfügbar sind. Wenn diese Option nicht markiert ist, wird die Grafik gesichert, so daß die untere Ebene zuerst angezeigt wird. Diese Option wirkt sich nur auf das erste Bild einer Animation aus.

■ **Report erstellen:**
Erstellt eine Reportdatei mit demselben Namen wie der Film, aber mit der Erweiterung .txt. Dieser Report gibt an, wie viele Bytes die einzelnen Teile des Films in der endgültigen Shockwave-Datei in Anspruch nehmen. Der Report ist besonders dann nützlich, wenn Sie die Animation optimieren und die Dateigröße so klein wie möglich halten wollen.

■ **JPEG-Qualität:**
Bestimmt die Kompressionsrate der in der JPEG-Datei enthaltenen Bitmaps. Eine geringere Grafikqualität verringert die Datei-

größe, während die Dateien bei höherer Grafikqualität größer werden. Probieren Sie verschiedene Einstellungen aus, um den besten Kompromiß zwischen Dateigröße und Bildqualität zu finden. Wenn die exportierte Grafik keine Bitmaps enthält, hat der Schieber keine Wirkung.

- **Audiodatenrate und -komprimierung:**
  Audiodaten setzen ein und hören auf, wenn der Flash-Film startet und anhält.

- **Audio-Ereignisart und -komprimierung:**
  Audio-Ereignisse werden durch Ereignisse im Flash-Film, wie z. B. Drücken einer zugewiesenen Taste, ausgelöst.

Nachdem Sie Ihre Parameter eingegeben haben, klicken Sie einfach auf „OK". Die Datei wird nun komprimiert und auf die Festplatte gesichert.

7.3 Einbindung mittels <EMBED> und <OBJECT>

In einem HTML-Editor legen wir eine neue Seite an. In dieser Seite wird mit dem <EMBED>-Tag der Shockwave-Flash-Film „fl_menu.swf" plaziert. Der HTML-Code der Seite sieht wie folgt aus:

```
<HTML>
<HEAD>
<META HTTP-EQUIV="content-type"
CONTENT="text/html;charset=iso-8859-1">
<TITLE>Navbar</TITLE>
</HEAD>
<BODY>
<CENTER>
<P><EMBED SRC="FL_MENU.swf" WIDTH="300" HEIGHT="125"></P>
</CENTER>
</BODY>
</HTML>
```

<EMBED>-Tag:
<fl_menu.swf>

Wenn Sie die Seite nun in einem Browser ansehen, erscheint der entsprechende Film. Mit dieser Methode haben wir sechs HTML-Seiten erstellt, in die jeweils ein anderer Shockwave-Film (Film1 bis Film5 sowie eine Seite mit FL_Menu) eingebettet wurde.

Die eigentliche Hauptseite, die Datei „flash.htm" hat folgenden HTML-Code:

```
<HTML>
<HEAD>
<META HTTP-EQUIV="content-type"
CONTENT="text/html;charset=iso-8859-1">
<META NAME="generator" CONTENT="GoLive CyberStudio">
<TITLE>Welcome to GoLive CyberStudio</TITLE>
</HEAD>
<FRAMESET ROWS="200,*">
<FRAME SRC="navbar.htm" NAME="Frame_Oben" SCROLLING="NO">
<FRAME SRC="page2.htm" NAME="Frame_Unten" NORESIZE>
</FRAMESET>
<NOFRAMES>
<BODY>
</BODY>
</NOFRAMES>
</HTML>
```

Diese Seite besteht nur aus zwei Frames, „Frame_Oben" und „Frame_Unten". Der obere Frame zeigt als Referenz-Objekt die HTML-Seite „navbar.htm". Der untere Frame zeigt die HTML-Datei „page2.htm". Wenn Sie nun die einzelnen Buttons des oberen Films anklicken, so wird im unteren Frame jeweils die entsprechende HTML-Seite (page1.htm bis page5.htm) angezeigt. Wir haben also ein interaktives Angebot komplett aus einzelnen Shockwave-Flash-Filmen erstellt.

Die Einbindung von Shockwave-Flash-Filmen mit dem <EMBED>- oder <OBJECT>-Tag in eine HTML-Seite erfolgt nach den gleichen Methoden wie bei der Einbindung von Director-Filmen. Im Workshop „Shockwave für Director" (Kapitel 6) finden Sie ausführlichere Information zu diesem Thema.

7.3.1
Shockwave-Parameter für Flash

Shockwave-Flash unterstützt ebenfalls Parameter, um Informationen und Einstellungen an Shockwave-Flash zu übergeben. Diese Parameter werden direkt im <EMBED>-Tag angegeben.

- Verwenden Sie **Quality = LOW, AUTOLOW, AUTOHIGH, oder HIGH** für die Steuerung von Antialiasing.

  - Bei Angabe von **AUTOLOW** (Standardwert) beginnt die Animation mit normaler Qualität. Die Anzeige wechselt zu hoher Antialiasing-Qualität, wenn der HOST-Computer schnell genug ist.

  - Bei Angabe von **AUTOHIGH** beginnt die Animation mit hoher Qualität. Die Anzeige wechselt zu normaler Qualität, wenn der HOST-Computer zu langsam ist.

- Bei Angabe von **HIGH** wird unabhängig von der Geschwindigkeit des Computers Antialiasing durchgeführt.

- Bei der Angabe **LOW** wird immer der normale Anzeigemo-
  dus angewendet. Dieser eignet sich für Animationen, die sehr
  schnell ablaufen sollen.

■ Verwenden Sie **LOOP=TRUE** oder **FALSE,** um den Film in
  einer Schleife abzuspielen (TRUE).

■ Verwenden Sie **PLAY=TRUE** oder **FALSE,** um die Animation
  nach dem Laden des Filmes automatisch zu starten (TRUE).

■ Verwenden Sie **BGCOLOR=(Wert-in-rrggbb),** um der Hintergrundfarbe des Shockwave-Flash-Filmes einen eigenen Wert zu-
  zuweisen. Mit diesem Wert können Sie den Hintergrund an die
  Farbe Ihrer HTML-Seite anpassen.

■ Verwenden Sie **SCALE=SHOWALL, NOBORDER** oder
  EXACTFIT, um festzulegen, wie die Animation in der zugewie-
  senen Fläche Ihres Fensters auf der HTML-Seite eingepaßt wer-
  den soll. Dieser Parameter steht nur zur Verfügung, wenn Sie die
  Parameter für die Höhe und die Breite („HEIGHT" und
  „WIDTH") in Prozentwerten angegeben haben.

  - Bei der Angabe von **SHOWALL** (Standard) wird der Film
    der Fensterfläche eingepaßt, wobei die Proportionen beibe-
    halten werden. Bei diesem Parameter können Hintergrund-
    streifen an einer oder zwei Kanten des Filmes zurückbleiben.

  - Bei der Angabe von **NOBORDER** wird der Film so skaliert,
    daß das gesamte Fenster ausgefüllt wird, während das Seiten-
    verhältnis des Filmes beibehalten wird. Es sind keine Hinter-
    grundstreifen zu sehen. Es kann jedoch geschehen, daß ein
    oder zwei Kanten des Filmes abgeschnitten werden.

  - Bei der Angabe von **EXACTFIT** wird der Film unabhängig
    von seinem Seitenverhältnis genau in das Fenster eingepaßt.
    Dies kann zu Verzerrungen führen.

■ Verwenden Sie **SALIGN=L, R, T, B,** um die Ausrichtung des
  Filmes in seinem Fenster festzulegen. Mit dem Parameter wird
  definiert, wo Hintergrundstreifen zu sehen sind, wenn Sie den Parameter SCALE=SHOWALL verwenden. Außerdem wird damit
  festgelegt, welche Kanten des Filmes abgeschnitten werden, wenn
  Sie den Parameter SCALE=NOBORDER verwenden. Sie können
  L (left) bzw. R (right) beliebig mit T (top) und B (bottom) kombinieren, z.B. für eine Ausrichtung oben links geben Sie den Wert
  TL an.

7.3.2
Einbindung mittels <OBJECT>-Tag

Der Hauptunterschied zwischen dem <EMBED>- und dem <OBJECT>-Tag besteht darin, daß der Shockwave-Flash-Player mit Hilfe des Parameters CODEBASE im <OBJECT>-Tag automatisch auf einem Computer installiert werden kann.

Im folgenden sehen Sie ein Beispiel für die Verwendung des <OBJECT>-Tags:

```
<OBJECT classid="clsid:D27CDB6E-AE6D-11cf-96B8-444553540000"
codebase="http://active.macromedia.com/flash2/cab5/swflash.cab"
WIDTH="630" HEIGHT="321">
```

7.4
Interaktive Einführung in Flash

In den vorhergehenden Abschnitten haben wir 5 Beispielseiten aufgebaut und in unser HTML-Angebot integriert. Im folgenden Abschnitt wollen wir Ihnen anhand veränderter Parameter im <EMBED>-Tag das Spektrum der Befehlsmöglichkeiten aufzeigen.

<page1.htm>
des Flash-
Workshops

Auf der ersten Seite „page1.htm" haben wir den <EMBED>-Tag wie folgt abgeändert:

```
<EMBED SRC="film1.swf" WIDTH="350" HEIGHT="300"
QUALITY="AUTOHIGH" PLAY="TRUE">
```

Der Film wird nun sofort in der besten Auflösung gezeigt, außerdem fängt er sofort zu spielen an, sobald der Ladevorgang beendet ist.

Der Film zeigt eine Animation, die sich ständig wiederholt. Ein Buchstabe fällt aus einer Textzeile heraus und wird dann von einem

Hammer „erschlagen". In den Film sind kleine Sounds eingebaut
worden.

Im zweiten Beispiel haben wir den <EMBED>-Tag wie folgt verändert:


```
<EMBED SRC="film2.swf" WIDTH="350" HEIGHT="375"
SCALE="SHOWALL" BGCOLOR="#CC6699" PLAY="TRUE" LOOP="FALSE">
```

In diesem Fall wird der Shockwave-Film in einem Bild angezeigt,
das eine Breite von 350 Pixel und eine Höhe von 375 Pixel aufweist.
Der Film wird durch den Parameter SCALE=SHOWALL an den
Bildrahmen angepaßt. Hat der Film eine andere Größe als der Bildausschnitt, so können an einer oder zwei Kanten Hintergrundstreifen
zu sehen sein. Mit dem Parameter BGCOLOR haben wir die Hintergrundfarbe des Filmes an die Hintergrundfarbe des Frames angepaßt.
Die sichtbaren Hintergrundstreifen würden in diesem Fall ver-
schwinden.

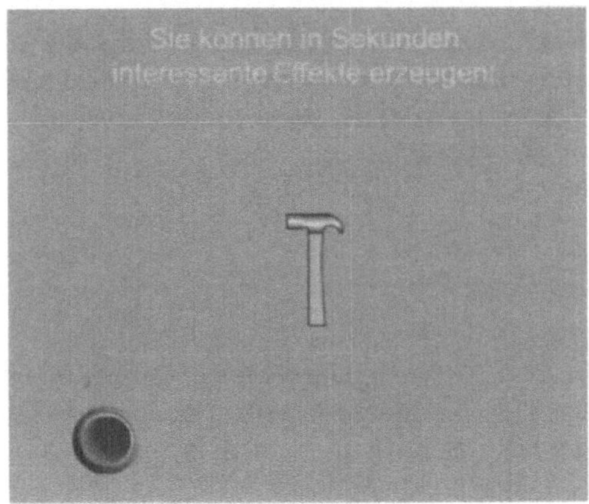

Der Film zeigt die Animation unseres ersten Beispieles. Nach dem
ersten Abspielen bleibt der Film aber bei einer zweiten Szene stehen.
Durch einen Klick auf den dargestellten Button wird wieder zur
ersten Szene gesprungen und der Ablauf wird erneut gestartet.

Der ursprüngliche Flash-Film besitzt eine Größe von 528 KByte.
Der resultierende Shockwave-Film besitzt dagegen nur eine Größe
von 50 KByte. Somit ist alles im Nu über das Netz übertragen.

Im dritten Film <film3.swf> wurde ein kleines Infosystem entwickelt. Die Landkarte zeigt einen Ausschnitt aus der Karte von
Miami – Florida. Die Karte wurde in FreeHand erstellt und mittels
Kopieren und Einsetzen in unseren Film importiert. Auf der Karte
befinden sich drei Buttons, die jeweils zu einer neuen Szene ver-

zweigen. Die einzelnen Szenen zeigen einen vergrößerten Bildausschnitt sowie einen Infotext. Über die Pfeiltaste kommen Sie wieder zur Karte zurück.

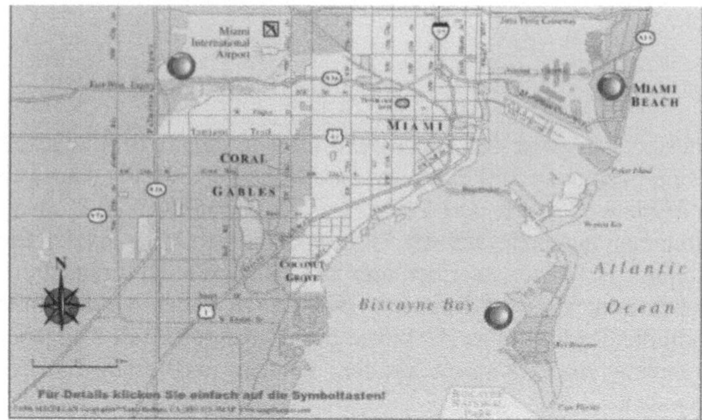

Flash eignet sich also vorzüglich für die Erstellung auch mehrseitiger Dokumente. Der Shockwave-Flash-Film hat dabei in unserem Beispiel eine Größe von 99 KByte. Die Größe ist vor allem durch die aufwendige Grafik beeinflußt.

Mit dem folgenden <EMBED>-Tag wurde der Film auf der Seite plaziert:

```
<EMBED SRC="film3.swf" WIDTH="575" HEIGHT="345" ALIGN="middle"
SCALE="EXACTFIT" QUALITY="AUTOHIGH" PLAY="true">
```


Der vierte Film zeigt wiederum eine kleine Animation eines drehenden Schriftzuges. Die Animation wird durch einen Klick auf den Button gestartet. Der Schriftzug wird dann gedreht, und der Film kehrt an den Anfangspunkt zurück.

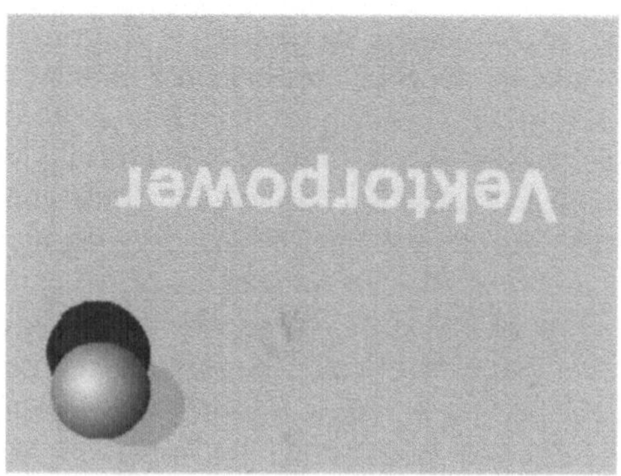

Mit dem folgenden <EMBED>-Tag wurde der Film auf der Seite
plaziert:

```
<EMBED SRC="film4.swf" WIDTH="90%" HEIGHT="90% "SCALE="SHOWALL"
BGCOLOR="#C0C0C0">
```

In diesem Beispiel wird der Film auf 90% der Höhe und der Breite
des Frames skaliert, in dem er dargestellt wird. Wird der Farme
(bzw. die HTML-Seite) im Browser auf eine andere Größe gezogen,
so wird auch der Film entsprechend skaliert. Durch den Parameter
SCALE=„SHOWALL“ wird aber sichergestellt, daß die Proportio-
nen des Filmes erhalten bleiben. Um unschöne Ränder zu vermeiden, haben wir die Hintergrundfarbe auf den gleichen Wert wie die
Hintergrundfarbe des Frames gesetzt. Somit wirkt der Film so, als
sei er transparent. Der Hintergrund ist aber nicht wirklich transparent. Eine Hintergrundgrafik des Frames würde verdeckt werden.

Das letzte Beispiel zeigt einen Film mit einer „Farbanimation“. *Spiel mit*
Dabei wurden in den einzelnen Schlüsselbildern bestimmten Objek- *Farben*
ten unterschiedliche Farben zu geordnet.

Der Film läuft in einer Schleife. Mit folgendem <EMBED>-Tag
wurde der Film in die HTML-Seite eingebunden:

```
<EMBED SRC="film5.swf" WIDTH="80%" HEIGHT="80%"
SCALE="EXACTFIT" ALIGN="top">
```

Workshop:
<film5.swf>

Der Film wird wieder so skaliert, daß er 80% der Höhe und der
Breite des Frames annimmt. Mit dem Parameter SCALE=

„EXACTFIT" wird der Frame in jedem Fall an die Größe des Bildausschnittes angepaßt. Das führt häufig zu Verzerrungen, denn egal wie groß die Browser-Seite aufgezogen wird, füllt der Shockwave-Film immer diese Fläche aus.

Die Beispiele sollen Ihnen eine Anregung geben, wie Sie mit Shockwave-Flash arbeiten können. Spielen Sie und probieren Sie verschiedene Techniken von Flash am besten selbst aus. Nur so können Sie die Leistungsfähigkeit von Flash ergründen. Schauen Sie auch ins Netz selbst. Auf vielen Seiten werden Sie interessante Beispiele und Anwendungen finden. Netzadressen zum Thema Flash finden Sie im Kapitel 10 „Service".

7.5
Probieren, Testen, Publizieren

Sie haben nun alle wichtigen Funktionen, Befehle und Konzepte kennengelernt. Alle? Sicherlich nicht.

Das Netz, die Programme und Shockwave werden ständig weiterentwickelt. Die Netzperformance steigt, und die Anzahl der Anwender und deren Anforderungen werden größer. Um dieser Entwicklung gerecht zu werden, sollten Sie vieles ausprobieren, sich andere Lösungen ansehen und Erfahrungen mit anderen „Shockwavern" austauschen. Dazu gibt es im Web ein großes Angebot, das nur auf Sie wartet; eine Liste hierzu finden Sie im Kapitel 10 „Service".

Nehmen Sie unsere Beispiele aus den Workshops und verändern Sie diese nach Lust und Laune. So werden Sie am besten mit der Materie vertraut.

Was Sie unbedingt bei der Entwicklung beachten sollten: Das Netz hat sehr viele Möglichkeiten, aber auch Unzulänglichkeiten, die bei der Konzeption und Realisation berücksichtigt werden sollten. Alle die Faktoren zu benennen ist unmöglich. Das Netz ist eine freie Plattform, in der „Standard" weitgehend ein Fremdwort ist. Wichtig ist es daher, umfangreiche Tests mit Ihren Anwendungen zu fahren. Läuft die Anwendung mit allen Browsern, auf verschiedenen Computern und Betriebsoberflächen? Werden die Daten richtig angezeigt? Ist die Geschwindigkeit ausreichend?

Für das Testen und Debugging ist es wichtig, in einer echten Netzumgebung zu arbeiten. Dazu können Sie ein lokales Intranet benützen oder die Daten auf einen „echten" Webserver transferieren und testen. Nur so lassen sich Links und Verweise testen und Fehler erkennen.

Bitte bedenken Sie, daß Ihre Anwendung von möglichst vielen benutzt werden sollte. Wenn Sie sich für Cutting-Edge-Technology entscheiden, machen Sie diese Entscheidung Ihrem Auftraggeber bewußt! Denn durch die Anwendung der neuesten Technologien, fordern Sie den Benutzer auf, sich ebenfalls auf diese Ebene zu begeben. Folgt er dieser Bitte nicht, werden Sie mit der „gehobenen" Technologie möglicherweise nur ein bestimmtes Publikum erreichen.

Binden Sie auch die Anwender in diesen Prozeß mit ein. Ein Gästebuch, in dem der Anwender Notizen, Meinungen oder Fragen an den Webmaster schicken kann, ist da sicherlich hilfreich. Sie sollten dann natürlich auch die Fragen beantworten und Fehler beseitigen. Eine fehlerhafte Seite wird vielleicht noch ein zweites Mal besucht, aber sicherlich kein drittes Mal.

Neben der rein „technischen" Qualitätskontrolle sollten natürlich auch Ziele und Wirkungen Ihrer Anwendung immer wieder kontrolliert und überprüft werden. Das Web lebt von Aktualität. Mit Shockwave ist es ein leichtes, z.B. nicht immer die gleiche Banner-Animation zu zeigen. Und mit unseren Übungen haben Sie ja gelernt, wie einfach es ist, „dynamische" Front-Ends zu entwickeln, die auf leicht zu aktualisierende Daten zugreifen.

Unsere Erfahrung zeigt auch, daß nicht die brillante technische Realisierung den Effekt bringt, sondern der Inhalt – die Botschaft. Eine wirklich witzige Animation kann mehr Sympathie für Ihre Seite erzeugen als ein ausgeklügeltes Spiel. Es kommt eben immer darauf an, WARUM-WER-WAS mit Ihrer Anwendung macht.

8 Überlegungen zur Interaktion im Netz

She swallowed a cow to catch the goat...

Shockwave dient dazu, Interaktion und Animation im Netz voranzubringen. Mit den hier beschriebenen Produkten und ihren Möglichkeiten haben Sie alle Tools, um eine wirklich vernetzte, moderne und digitale Kommunikation zu verwirklichen. Das heißt, Sie können kleine Brötchen backen und Ihre Seite mit einer kleinen Animation bereichern, oder Sie können ein weltweites Informationssystem mit Datenbanken und verteilter Datenhaltung realisieren. Was Sie umsetzen, hängt eigentlich nur von Ihren Ideen ab und natürlich von Ihren Fähigkeiten, diese Ideen auch zu realisieren.

Wenn Sie an Multimedia denken und sich fragen, was Multimedia für Sie bewegen kann, dann lassen Sie uns einige Sekunden gemeinsam Überlegungen über Ihre Aufgabe anstellen.

Wir fangen immer mit einer Vision an. Die Vision wird durch das Unternehmen und sein(e) Produkt(e), Dienstleistung(en) und Aura vitalisiert, während der Bedarf im Markt entweder als Promotor oder als Empfänger oder beides zugleich dient. Zwischen dieser Vision und dem Kunden liegt die Kommunikation. Die kann sich komplex wie eine Beziehung oder so einfach wie Händeschütteln gestalten. Am Ende des Tages wissen wir alle im geheimen, daß die „korrekte" und beste Kommunikation das ist, „was der Kunde hören möchte". Aus dieser Überlegung ist Point of Information (interest!) Communication (POI) geboren – Information auf Abruf, bei eigenem Tempo und in individuell gewünschter Tiefe –, eine ideale Form der persönlichen und direkten Kommunikation.

Bis vor kurzem war allerdings POI-Kommunikation technisch kaum faßbar. Dank den Fortschritten in der Computertechnik hat gerade Internet Türen zu neuen Dimensionen der Kommunikation eröffnet, welche uns viel näher als je zuvor an den Point of Information, Point of Reference, Point of Sales und Purchase gebracht hat. In Wahrheit bleiben jedoch Internet und Multimedia jeweils nur ein Glied in der Kommunikationskette zwischen der Vision und dem Kunden. Der Schlüssel zur Kommunikation liegt nach wie vor in der Definition des Bedarfs, des Wie, Was und Wann – erst danach kommt die (Multi-)Media.

8.1
Erscheinung unserer Zeit

So selbstverständlich wie Multimedia klingt, ist es auch. Multimedia ist eine Erscheinung und Reflexion unserer Zeit und unserer Gesellschaft. Wenn wir uns die Trends der Zeit vor Augen führen, sehen wir auch, wie gut Multimedia dort hineinpaßt:

- Kokon-Dasein

- Phantasie-Abenteuer

- Kleine Genüsse

- Egonomics

- Karriere-Chips einlösen

- Länger jung bleiben

- Möglichst lange leben

- Mobil leben

- Der wehrhafte Verbraucher

Multimedia erfüllt diese Kriterien des Verbrauchers wie kaum ein anderes Kommunikationsformat. Zwischen den Begriffen „Das finde ich toll. Es ist wie für mich geschaffen" und „Weiß Gott, ich habe es verdient" kann jeder von uns sich gut vorstellen, wie sehr eine multimediale Darstellung für Produkte, Information, Unterhaltung, Training etc. geeignet ist. Somit liegt es auch nah, daß eine gezielte Anwendung von Multimedia eine willkommene und erfrischende Form der Kommunikation darstellt.

Meistens werden Multimedia-Anwendungen mit einer konkreten Idee für einen bestimmten Zweck angedacht: Ein Produkt oder Dienstleistung zu verkaufen, Informationen zu vermitteln, für etwas zu werben bzw. den Benutzer zu unterhalten, unterrichten oder trainieren. Dies ist jedoch nicht das Zweck einer Produktion, sondern höchstens das zu behandelnde Thema. Wichtig ist es von Anfang an, eine klare Zielsetzung zu formulieren – und dies möglichst umfassend.

Multimedia-Anwendungen zu entwickeln ist ähnlich wie Häuser bauen. Die Vielfalt der Möglichkeiten, Funktionen und Geschmacksrichtungen können leicht zur Verwirrung, Enttäuschung und Entmutigung führen, wenn sich nicht von vornherein eine klare Visualisierung des Projekts abzeichnet. Oft wird der Erfolg einer Produktion durch gewisse Faktoren behindert, wie z.B. durch zu enge Fokussierung an bestimmte technische Vorstellungen oder einseitige Betrachtung des Ziels unter Vernachlässigung von Didaktik, Design, Gestaltung und Anwenderanpassung sowie vor allem unter Berücksichtigung der gesamten Kommunikationsstrategie. Deswegen ist es sinnvoll, gleich zu Beginn ein Pflichtenheft professionell zu erstellen, auch wenn dies etwas „kostet". Es sollte zumindest eine Checkliste der globalen Ziele erstellt werden:

- Zielsetzung
- Zielpublikum
- Inhalt – Tiefe und Breite
- Art der Didaktik, Gestaltung und Interaktivität
- Globale Designmerkmale
- Entwicklungssoftware
- Fileformate
- Medium
- Plattform
- Zeiträume
- Budget und Ressourcen

Selbstverständlich können/sollen weitere Punkte wie Medienauswahl, -einsatz, -quellen, Standards für Datentransfer etc. angedacht, fixiert und ausdiskutiert werden.

8.2
Rollout

Manche Firmen versuchen im Vorfeld einen Bedarfskatalog mit den erkennbaren Merkmalen des Projekts zusammenzufassen, um dann mit möglichen Produktionspartnern einen Erstkontakt zu pflegen, um ihre Eignung zu testen. Hierbei können spezielle Kenntnisse und Fähigkeiten, wie z. B. Umgang mit chemischen Formeln, Fachterminologie oder bestimmten Arten von Animation gleich zu Beginn geprüft werden. Erfahrungen haben gezeigt, insbesondere wenn es sich um Fachwissen handelt, daß das schwächste Glied in der Kette der Know-how-Transfer ist.

Wenn auf beiden Seiten keine Verständigung über den Inhalt erzielbar ist, wird unabhängig vom Zauber der Grafiken und Effekte nicht viel dabei herauskommen. Somit sollte frühzeitig auf die Kompetenz und Qualität der potentiellen Partner geachtet werden.

In diesem Zusammenhang muß ebenfalls zu einem frühen Zeitpunkt der interne Ressourcenbedarf für eine Entwicklung geklärt werden. Aus der Arbeit mit Industriefilm und Video, PR-Aktivitäten usw. sind wir etwas verwöhnt, daß A-Z-Lösungen von Externen „geliefert" werden. Der Ablauf mit Briefing, Konzepterstellung und anschließender Abnahme wird bei Multimedia nur bedingt eingehalten, da eine Reihe von neuen Gesichtspunkten und Funktionen hinzukommen, wie z B. Art der Ergonomie, Didaktik oder Interface-Design. Da die Erfahrungen und vor allem die Fähigkeit, sich derartiges vorzustellen, meist im Vergleich zu bekannten Prozessen, wie z. B. Videoproduktionen, nur rudimentär ausgeprägt sind, kommt es immer wieder zu Mißverständnissen, unscharfen Erwartungen und daraus resultierendem Zeitverzug. Aus diesen Gründen tritt bei Multimedia oft die Notwendigkeit auf, an dem Know-how-Transfer selber mitzuwirken. Daher ist zumindest in frühen Phasen eine klare Beteiligung des Auftraggebers notwendig.

Selbstverständlich stellt der Gang zur multimedialen Kommunikation neue Anforderungen. Wenn man allerdings das Ganze im Kontext der Kommunikationsstrategie, der weltweiten Entwicklungen von Informationshighways und des Verhaltens der Kunden betrachtet, müssen beinahe alle Organisationen früher oder später eine entsprechende Anpassung finden. Vielleicht dient gerade die Multimediaentwicklung als eine eher angenehme und hilfreiche Erfahrung für Unternehmen bei der Bewältigung derartiger Aufgaben.

Wenn Sie mehr zu diesem Thema wissen möchten, empfehlen wir unser Werk *Multimedia Design interaktiv! – von der Idee zum Produkt (Springer-Verlag, 1997)*.

9 Outlook

She swallowed a horse,
she's dead of course!

Was tut sich in der nächsten Zeit? Shockwave steht erst am Anfang der Entwicklung. Noch gilt es, einige Probleme zu lösen, wie z.B. die Anbindung von externen Medien im DCR-Format oder das grundsätzliche Problem Shockwave und UNIX. Mit zunehmend komplexeren Applikationen werden ebenfalls funktionsfähigere HTML-Editor- und Verwaltungsinstrumente benötigt.

Für Entwickler, die nicht warten wollen, gibt es bereits heute hierfür Lösungsansätze. Typische Beispiele bieten das Export-Xtra für Java, ein Plug-In für Director 6.x, das Director-Filme als Applets exportiert, bzw. Dreamweaver 1.2, ein HTML-Site-Verwalter.

9.1
Export-Xtra für Java

Eine Alternative zu Shockwave bietet Java. Dazu muß man allerdings die Sprache gut beherrschen. Neuerdings versucht Macromedia die Funktionen von Director 6.02 derart zu erweitern, daß Director-Filme als Java-Applets gespeichert werden können.

Das Zusatzprogramm finden Sie momentan als Programm für Beta-Developer auf der Macromedia-Website für Director-Software (www.macromedia.com/software/director/java/ features.html).
Das Export-Xtra

- komprimiert die Filmdatei;

- optimiert den Filmcode bei der Erstellung des Players, um die kleinstmögliche Dateigröße zu erzielen;

- benötigt kein Shockwave-Plug-In;

- unterstützt In-Line-Java-Code für andere Java-Eigenschaften, z.B. advanced Networking;

- unterstützt „DIR"-Dateien (einschließlich interner Media), externe Media-Dateien (jpg, gif, au) und Quellcodes;

- überprüft Director-Filme auf nicht unterstützte Funktionen oder Lingo-Befehle vor der Umsetzung in Java mit Debugging-Fenster;

- generiert folgende Dateien:

  - Java-Player-Applet <.class>

  - Movie-Quelldatei <.java>

  - Compiled-Datei und support-files <.class>

  - Streaming-Media <.djr>

  - Beispiel-Webpage <HTML> mit dem Applet embedded für sofortiges Austesten

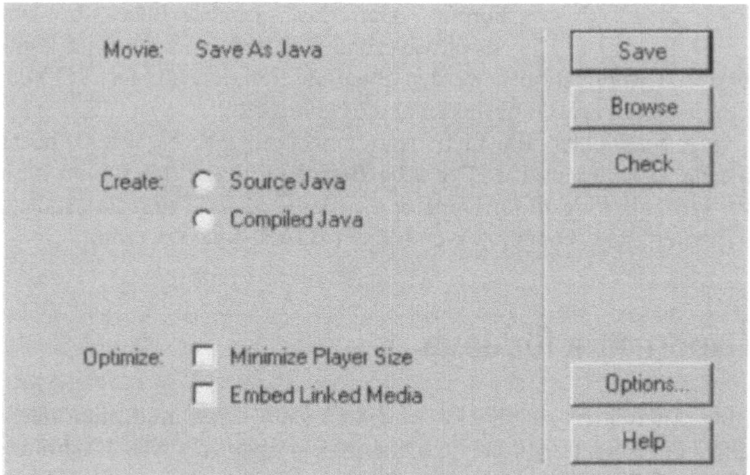

Das Xtra benötigt z.Zt. mindestens 48 MB RAM, am besten 64 MB, wenn Director und Browser gleichzeitig laufen sollen, und läuft nur unter Windows 95/NT oder PowerMacs.

Lingo-Befehle und -Funktionen werden nur bedingt unterstützt, weswegen wir empfehlen, die Movies in Schritten zu entwickeln und Schritt für Schritt mit dem Export-Xtra zu testen, um Enttäuschungen zu vermeiden.

Bitte bedenken Sie, daß das Export-Xtra immer wieder aktualisiert wird, deshalb tun Sie gut daran, die o.g. Macromedia-Website regelmäßig aufzusuchen, um neueste Informationen und Versionen zu erhalten.

9.1.1
Class-Scripts

Ein weitere Möglichkeit Ihre Filmdateien zu optimieren, besteht im Packen der Java-Class-Scripts. Hierdurch werden diese Filmsteuerungsdateien kleiner. Beinahe alle Browser können diese komprimierten Dateien automatisch entpacken. Der Browser muß allerdings durch einen Eintrag auf der HTML-Seite darauf hingewiesen werden, welche der Dateien entpackt werden sollen. Gängige Kompressionsformate sind:

- Zip für Netscape 3 unter Win95/NT und PowerMac sowie für Internet Explorer 3 unter Macintosh
- CAB für Internet Explorer unter Win95/NT
- JAR für Netscape 4 unter Win95/NT und PowerMac)

Hier einige Tips dazu:

1. Packen Sie nur die Class-Dateien (Java-Player-Applet <*.class> und Compiled-Datei und support-files <*.class>), nicht aber die Media-Dateien <*.djr>.

2. Verpacken Sie die Class-Dateien mit einem Tool, z.B. WinZip, so daß eine unkomprimierte Zip-Datei entsteht. Dabei benutzen Sie die Option „keine Kompression".

3. Erstellen Sie noch eine Zip-Datei, jedoch dieses Mal mit normaler oder maximaler Kompression. Ändern Sie den Extensionsnamen in <*.jar> für das JAR-File.

4. Falls Sie es noch nicht haben, holen Sie sich das cabarc.exe-Programm des Microsoft SDK für Java (www.microsoft.com/java/sdk/default.htm). Auf der DOS-Ebene suchen Sie das Verzeichnis mit den Class-Dateien und geben folgendes ein: <cabarc N myapplet.cab *Class>. Cabarc komprimiert den Inhalt des Verzeichnisses in einer einzelnen CAB-Datei.

5. Integrieren Sie das folgende JavaScript im <HEAD>-Tag auf Ihrer HTML-Seite, um jeden Browser-Typ auf das entsprechende Archiv zu weisen.

```
<SCRIPT LANGUAGE=JavaScript>
  <!--
  // Use a jar archive with Navigator 4
  if (navigator.appName &&
      navigator.appName.indexOf("Netscape") >= 0
              && navigator.appVersion.indexOf("4.") >=      0) {
    document.write('<APPLET CODE=DirectorPlayer  CODEBASE=.
ARCHIVE=tile_game.jar WIDTH=160 HEIGHT=176>')
      document.write('</APPLET>');
    // Navigator 3 will read the archive tag and use a zip;
    // Internet Explorer will read the cabbase and use a cab
    } else {
    document.write('<APPLET CODE=DirectorPlayer  CODEBASE=.
ARCHIVE=tile_game.zip WIDTH=160 HEIGHT=176>')
      document.write('  <PARAM NAME=cabbase
VALUE="tile_game.cab"> ');
      document.write('</APPLET>');
    }
  //-->
</SCRIPT>
```

9.1.2
Java als Alternative für Shockwave Director

Man sollte sich immer wieder daran erinnern, daß das Ziel darin
besteht, ein Maximum an Benutzern zu erreichen. Was könnte dann
besser sein, als vorab zu checken, ob Shockwave bereits in einem
Browser installiert ist, und dann zu entscheiden, welche Version –
Shockwave oder Java – heruntergeladen werden muß! Das folgende
Skript demonstriert, wie man prüft, ob das Shockwave-Plug-In bereits im Browser installiert ist.

Hier der JavaScript für Netscape:

```
<SCRIPT LANGUAGE=JavaScript>
  <!--
  var ShockwaveEnabled = 0
  if (navigator.mimeTypes && navigator.mimeTypes["application/x-
director"] &&
      navigator.mimeTypes["application/x-director"].enabledPlug-In) {
      ShockwaveEnabled = 1; }

  if ( ShockwaveEnabled ) {
    // use document.write to put an object and/or embed tag on the page
    } else {
    // use document.write to put an applet on the page
    }
  //-->
</SCRIPT>
```

Der entsprechende VBScript für ActiveX Control (nur Internet Explorer unter Win 95/NT) lautet:

```
<SCRIPT LANGUAGE=vbscript>
    Dim obj
    On error resume next
    Set obj = CreateObject("Macromedia.ActiveShockwave.1")
    if obj then
        ' use document.write to put an object and/or embed tag on the page
    else
        ' use document.write to put an applet on the page
    end if
    Set obj = Nothing
</SCRIPT>
```

9.1.3
Weitere Optionen

Das Export-Xtra bietet zwei weitere Features, um die Playergröße zu minimieren. Diese Optionen greifen aber nur, wenn Sie den Film als „Java" speichern und vorher die Speicher-Option „minimize player size" gewählt haben.

- „single line text only": Diese Funktion entfernt die Unterstützung von Multilinien-Feldtext – der Text erscheint in einer Zeile, nicht umbrochen.

- „single level bitmap caching": Diese Funktion entfernt die Fähigkeit, multiple Kopien eines Bitmap-Darstellers im Cache zu speichern. Das Cachen dient dazu, den Ablauf einer Bildfolge zu erhöhen, wenn ein Bitmap-Darsteller mit verschiedenen Farbeffekten, Übergangseffekten oder Farben versehen wird.

Um diese Funktionen in Anspruch nehmen zu können, müssen Sie unbedingt in Ihrem Lingo-Skript folgende Zeilen einbauen:

```
--Java begin
    --// singleLineTextOnly
    --Java end
und
    --Java begin
    --// dontCacheBitmaps
    --Java end
```

Da diese Minimalisierung die Übersetzungszeit erheblich verlängert, empfiehlt es sich, dies erst am Ende der Entwicklung anzuwenden.

9.1.4
Hinweise zur Kompatibilität von Lingo

Die Benennung von Variablen, Eigenschaften, Händlern, Befehlen oder Skripten mit einem für Java reservierten Begriff (z.B. „new" in einem Parent-Script) verursacht eine Fehlfunktion ohne Fehlermeldung.

Parent-Scripts werden nicht unterstützt, außer bei Verwendung von eingebettetem Java.

Compilationsfehler können vorkommen, wenn der Wert einer Variablen vor ihrer Deklaration verwendet wird. Zum Beispiel könnte ein Skript wie:

```
on foo
   put x + 3 into y
end
```

in Director korrekt durchgeführt werden, aber in Java nicht. Um dies zu beheben, geben Sie zuvor eine globale oder initiale Deklaration in Ihrem Lingo-Skript an:

```
global x on foo
   put x +3 into y
end
```

Applets erhalten keine Maussignale, wenn der Cursor sich außerhalb des Applet-Areals befindet. Zum Beispiel hört das kontinuierliche Feldtext-Updating auf, wenn der Cursor nicht innerhalb der Feldgrenzen gehalten wird.

`StageTop-` und `stageLeft`-Eigenschaften sind immer gleich 0. `StageRight` ist die Breite und `stageBottom` die Höhe des Applet-Fensters.

Jede Kombination von `rect`, `point`, `int` und `float` kann in Verbindung mit arithmetischen Operationen + - * / verwendet werden. Die Unterschiede zu Director bestehen darin, daß:

1. `rect` und `point` immer `ints` beinhalten und nie `floats`,

2. Operationen mit `rect` und `point` (z.B. `n rect + n point`) ergeben einen `point` in Xtra, während in Director eine Zwei-Elementenliste entsteht. Andere Operationen, wie z.B. `<>` oder `MOD`, werden nicht unterstützt.

`ExternalParamValue (parameterName)` unterscheidet sich von dem Director-6-Befehl in folgenden Punkten:

1. Er holt Applet-Parameter, nicht <EMBED>-/<OBJECT>-Tag-Parameter.

2. Er nimmt nur String-Parameter (Zeichenketten) an, keinen Integer. Wenn der Parameter nicht vorhanden ist, zeigt er eine Zeichenkette mit der Länge Null anstatt VOID an.

`Pass` wird nur für Tastenskripts in Zusammenhang mit editierbaren Sprites unterstützt. Das Default-Verhalten übergibt kein Signal beim Tastaturdruck an die editierbaren Sprites, wenn der Sprite einen `keyDown-` oder `keyUp`-Handler aufweist. Nur wenn das Skript explizit einen `pass`-command aufweist, wird die Funktion unterstützt. `Pass` gilt nicht in globalen Scripts und `dontPass` wird nicht unterstützt.

`CurrentSpriteNum` wird unterstützt.

`Sort lists`, `findPosNear` und `duplicate(list)` werden nicht unterstützt. `Value(string)` gilt nur für numerische Variablen (nicht für `lists`, `points` oder `rects` etc.).

9.1.5
Streaming & Linked Media

Non-streamed Movies laden externe Darsteller erst nach Abschluß des Downloadings. Movies mit Streaming laden externe Darsteller gemäß dem Drehbuch. Deswegen sollten die Darsteller stets in der benötigten Reihenfolge vorliegen. Wenn nicht, kann es zu einem Überspringen bzw. Auslassen von Medien und/oder Verlust an Performance kommen.

Die Quelldateien von extern gelinkten Darstellern müssen in dem gleichen Verzeichnis liegen wie der Director-Film. Wenn die Quelldateien woanders liegen, passiert folgendes:

1. Es erscheint eine Warnung über einen ungültigen Pfad.

2. Die Media der Darsteller wird eingebettet in die Media-Datei <*.djr>.

3. Die konvertierte Datei kann abgespielt werden, aber die Media wird nicht extern gelinkt sein. (Achtung: Inhalte können nicht mehr einfach ausgetauscht werden, und die Datei kann ggf. größer sein.)

Verknüpfte Darsteller werden typischerweise im GIF- oder JPEG-Format gehalten. Falls dies nicht zutrifft, wird das Export-Xtra die Bilder entsprechend exportieren.

Wenn die Bittiefe kleiner als 8 ist, wird die Datei als GIF exportiert. Bei Bittiefen 8 oder 16 wird die Datei je nach Optionswunsch der Dialogbox exportiert. Bei 24- bzw. 32-Bittiefe wird die Datei im JPEG-Format mit der angeklickten Qualität der Dialogbox exportiert.

Übrigens wird Macintosh Pict-Format immer als 32-Bittiefe behandelt; GIF-Dateien werden in 8 Bit importiert, wenn die Quelldatei 8-Bit-Farbtiefe oder weniger aufweist.

Wenn Dateien als Links importiert werden, dann werden für den Export die Originaldateien verwendet, nicht die internen stellvertretenden Darsteller.

Wenn Sie ein Verzeichnis mit einem Director-Movie mit externen Media kopieren und in ein anderes Folder einfügen, müssen Sie die Links in der kopierten Datei erneut setzen, sonst sind sie auf den Originalpfad gesetzt.

9.1.6
Multiple Applets auf einer Seite

Um mehr als ein Director-Movie-Applet auf einer Webseite zu integrieren, sollte man jedes Applet in einem eigenen Verzeichnis innerhalb des Hauptfolders mit der HTML-Datei ablegen. Mit der CODEBASE-Eigenschaft wird das Applet-Tag entsprechend gekennzeichnet. Zum Beispiel:

```
mySite:myPage.html
mySite:movie1:classfiles for movie1
mySite:movie2:classfiles for movie2
```

Wobei die beiden Applets in `myPage` folgendermaßen eingebunden wurden:

```
<applet CODEBASE = "movie1/" code=DirectorPlayer width=160
height=400 align="left"> </applet>

<applet CODEBASE = "movie2/" code=DirectorPlayer width=320
height=400 align="right"> </applet>
```

9.1.7
Font Support

Das Export-Xtra übernimmt von Windows bzw. Mac die folgenden Fonts als Java-Fontmap nach der folgenden Tabelle:

Mac standard	Mac MS Office	Windows	Java
Helvetica	Arial	Arial	Helvetica
Times	Times New Roman	Times New Roman	TimesRoman
Courier	Courier New	Courier New	Courier
Chicago	NV	NV	Dialog
Charcoal	NV	MS Sans Serif	Dialog
Geneva	NV	NV	DialogInput
Zapf Dingbats	WingDings	WingDings	ZapfDingbats
andere Fonts	Andere Fonts	andere Fonts	default

NV = nicht vorhanden

9.1.8
Sound

Das Export-Xtra kann Tondateien mit den in der Marginale aufgeführten Sample-Frequenzen problemlos integrieren. Andere Frequenzen können erhebliche Verzerrungen durch die Konversion erleiden. Insbesondere gibt es Aliasing-Rauschen bei 11128 Hz.

Falls Sie extern gelinktes Audio einsetzen möchten, können Sie es mit SoundEdit II, Version 2.07, konvertieren. Die zu empfehlenden Einstellungen sind:

    Samplerate: 8.000
    Sample-Size: 16 Bit
    Compression: 2:1 µLaw

9.1.9
Debugging

Mit dem Export-Xtra werden diverse Tools mitgeliefert. Sehr nützlich erweist sich der Debugging-Viewer, mit dem man Fehlermeldungen bzw. Hinweise über einen fehlerhaften Ablauf des Filmes entdecken kann. Man kann mit dem „Java System.out object" Debugging-Nachrichten an die Netscape-Java-Konsole senden. Zum Beispiel:

```
on startMovie
--Java begin
--System.out.println("startMovie handler executing");
--Java end
end
```

9.1.10
Behaviors

Die folgenden Verhalten (Behaviors) stehen in der Verhaltensbiblio-
thek (Behavior Library) für Java zur Verfügung. Laut Macromedia
sind die Eigenschaften gleichwertig für Lingo und Java in der Ex-
port-Version für Macintosh (Version DR1). Testen Sie Ihre Filme
Schritt für Schritt sowohl auf dem Mac als auch auf der PC-Seite,
um sicher zu sein, daß die Befehle tatsächlich gleich sind.

> Hold on Current Frame
> Go Frame on MouseUp
> Go Frame on exitFrame
> Go Marker on MouseUp
> Go Marker on exitFrame
> Go Previous Marker on MouseUp
> Go Previous Marker on exitFrame
> Go Next Marker on MouseUp
> Go Next Marker on exitFrame
> GotoNetPage on MouseUp
> GotoNetPage on exitFrame
> Rollover Change Member
> Button Pushbutton
> Setting Toggle Button
> Java Slider
> Pointer Change
> Pointer Change on Rollover
> Pointer Change on Rollover and MouseDown
> Gesture Snap to Sprite
> Gesture Snap to Sprite List
> Sound Play Member on MouseUp
> Sound Play Member on exitFrame
> Media PreLoad on exitFrame
> Net Show Proxy
> Net Hold Until Frame Ready
> Net Get Text From URL
> Utility listValue (string) and newValue (string)

Für weitere Details besuchen Sie die Macromedia-Website für Export-Xtra unter:

www.macromedia.com/software/director/java/features.html.

9.2
Dreamweaver

Mit Dreamweaver 1.2 bringt Macromedia einen HTML-Editor auf den Markt. Seit dem Frühjahr 1998 ist die deutsche Version erhältlich. Dreamweaver ist ein Programm zur Gestaltung einzelner Webseiten oder ganzer Angebote sowie zum Programmieren von Scripts und Java. Die Oberfläche von Dreamweaver ähnelt anderen HTML-Editoren. Man findet die üblichen Menüs für die Einbindung von Bildern und Texten und alle Elemente zum Aufbau von Frames oder Tabellen.

Dreamweaver zeigt im Hauptfenster eine Übersicht aller Elemente an: Bilddateien sind sichtbar, und Text wird entsprechend den Vorgaben formatiert angezeigt. Dreamweaver unterstützt HTML 4.0, wie es durch das W3-Konsortium definiert wurde. (W3 ist ein Konsortium aus verschiedenen Firmen, Organisationen und Entwicklern, das Standards für HTML definiert.)

Die HTML-Befehle lassen sich direkt editieren. Das Ergebnis wird sofort im grafischen Hauptfenster angezeigt. Bei der Editierung einer HTML-Seite wird entgegen anderen Programmen jedoch der Code nicht verändert. Viele HTML-Editoren schreiben selbständig einige Tags in die HTML-Seite. Wenn eine Seite in mehreren Editoren bearbeitet wird, kann es versehentlich dazu kommen, daß nicht notwendige Code-Strukturen innerhalb eines Codes generiert werden. Bei Dreamweaver hat man die Möglichkeit, dies zu verhindern.

Dreamweaver bietet eine Reihe von Paletten, Bibliotheken und Werkzeugen. Ein besonders nützliches Tool stellt die HTML-Palette dar, die zu dem gerade ausgewählten Objekt alle Formatierungsmöglichkeiten anzeigt. Überdies gibt es einen HTML-Checker (Debugger), der jeden Code nach Fehlern und Problemstellen untersucht. Ebenfalls werden Probleme, die mit unterschiedlichen Browsern auftreten können, angezeigt.

Ein sehr interessantes Tool wird mit den Stilvorlagen (Cascading Style Sheets) angeboten. In den Stilvorlagen werden Formatbefehle abgelegt, die sich mit einfachen Befehlen auf ganze Seiten oder ein gesamtes Projekt anwenden lassen.

Dreamweaver verfügt auch über ein ausgezeichnetes Animationstool. Dabei unterstützt es sowohl die Netscape Layer-Technik als auch dHTML (dynamic HTML) von Microsoft. Allerdings muß sich der Anwender für eine Methode entscheiden. Interessant ist, daß Animationen direkt in ein JavaScript umgesetzt werden. Somit verkörpert Dreamweaver eine Lösung für den Grabenkrieg zwischen Netscape und Microsoft. Die Ergebnisse werden in beiden Browsern gleich gut angezeigt.

Der Aufbau der Animationstools ähnelt sehr stark Director. Man übernimmt ein Objekt in die Zeitachse (Timeline) und kann dann festlegen, welche Aktionen in welchen Zeiteinheiten erfolgen. Im Hintergrund erzeugt Dreamweaver ein JavaScript der kompletten Animation. So braucht der Anwender keinerlei Programmierkenntnisse in JavaScript.

Macromedia hat angekündigt, Dreamweaver um Tools zur Verwaltung und Organisation von gesamten Servern zu ergänzen. Damit sollen alle Arbeiten, die beim Webdesign eine Rolle spielen, in das Programm integriert werden. Ein weiterer Ausbau soll es auch ermöglichen, Projekte in einem Team zu erarbeiten. Dreamweaver übernimmt dann die Organisation und den Datenaustausch sowie die Dokumentation.

9.3
Scaleable Movies

Zweifelsohne stellt die Übertragungsbandbreite eine deutliche Hürde für die Kommunikation dar, wobei man sich meistens mit der Problematik der niedrigeren Bandbreite beschäftigt. Wenn Sie es jedoch explizit wünschen, MPEG in voller Auflösung oder Stereo in CD-Qualität zu übertragen, und Sie wissen, daß Ihr „Partner“ über eine entsprechende Zugriffsmöglichkeit verfügt, dann können Sie im Netz alle Ihre Vorstellungen verwirklichen. Allerdings empfiehlt sich das Angebot derart aufzubereiten, daß sowohl der „Breitbandempfänger“ als auch der Surfer mit der üblichen Ausstattung davon Gebrauch machen kann.

Hierfür bietet sich die Technik des Scalings an, um gemäß der Übertragungsrate, Inhalte individuell bereitzustellen und zu transferieren. Unter Scaling versteht man die Bereitstellung unterschiedlicher Versionen einer Website, die nach der Bandbreite gerichtet sind – hochqualitatives Bild-, Video- und Animationsmaterial für die Breitbandübertragung und eine „abgespeckte“ Version für den Einsatz bei niedriger Übertragungsgeschwindigkeit. Es kann beliebige viele Versionen geben; die Limitation richtet sich mehr nach der Kommunikationsstrategie und dem Budget als nach der Technik. Egal wie Sie sich entscheiden, bietet Shockwave hierfür geeignete Unterstützung.

Zunächst gibt es grundsätzlich zwei Möglichkeiten, den User-Bitstream zu bestimmen:

- User-Befragung, in der diverse Übertragungsraten auf der Homepage gelistet sind und der Benutzer seine verfügbare Anbindung auswählt.
- Abtast-Methode, bei der Sie über Lingo-Skript die Übertragungsrate testen und die entsprechende Datei für die gemessene Bandbreite liefern.

Obwohl die erste Methode sehr einfach ist, können bei der User-Befragung Fehler durch falsche Angaben (bewußt und unbewußt) entstehen. Bei dieser Methode besteht die Gefahr, daß Frustration durch lange Wartezeiten bzw. Systemüberforderung aufkommen kann.

Bei der Abtast-Methode können Fehler durch typische Übertragungsstörungen (Netzverkehr, andere simultan durchgeführte Netzoperationen, verborgene Übertragungsstörungen etc.) auftreten. Diese Methode führt stets dazu, eine langsamere Bandbreite wahrzunehmen als tatsächlich vorhanden ist. Somit kann der Benutzer im schlimmsten Falle eine wesentlich „einfachere" Version erhalten, als sein Setup zuläßt, aber er wird niemals überfordert.

Bei beiden Optionen kann die gewonnene Information auf der Festplatte des Benutzers in sogenannten Präferenzdateien gespeichert werden und somit für die Steuerung anderer Shockwave-Movies noch nutzbringend sein.

Für die automatische Bestimmung der Übertragungsrate sollte man via Lingo ein CGI-Skript aktivieren, das eine gezielte Datenmenge an den Browser transferiert. Hätte man eine spezifische Datei für die Bestimmung benutzt, bestünde die Gefahr, daß diese Datei sich bereits im Cache des Benutzers befände, und somit die Übertragungsbestimmung verfälschen könnte. Deswegen sollte das CGI-Skript eine Zufalls-Datenmenge generieren, um sicherzustellen, falls der Benutzer den Test mehrfach nacheinander durchführt, daß die Daten aus dem Netz und nicht aus dem Cache kommen. Die generierte Datei sollte vorzugsweise aus Text und Bildern bestehen, da der ausschließliche Transfer von Text auch eine Verfälschung der Transferzeit darstellen könnte, da Text bis zu 6 KByte pro Sekunde über ein 28.8-KBPS-Modem übertragen werden kann. Das folgende Lingo-Skript löst den Abtast-Vorgang aus:

```
global gBitTestData, gBitTestFlag, gKPerSec

on startbitCheck
   set bSize=1000 + random(100)
   getNetText "http://www.springer.de/cgi/check.cgi?" &¬
string(bSize)
   set bandID = getLatestNetID()
   set gBitTestData = [#ID:bandID,#start:theticks,¬
#size:integer(bSize),#finish:0]
   set gBitTestFlag = 1
end
```

Die lokale Variable bSize setzt die vom CGI-Skript zu generierende Datenmenge fest. In diesem Beispiel werden bSize = 1000 KByte transferiert. Der Faktor „random(100)" wird als Zufallszahl dazu addiert, um jeden Abruf von check.cgi einzigartig zu gestalten, damit ausgeschlosen ist, daß die Daten aus dem Cache anstelle des Servers entstehen.

Nach Abruf des CGI-Skripts werden die Daten durch die globale List-Funktion gBitTestData gespeichert. Die folgenden Daten werden dabei erfaßt und für die Berechnung des Bitstreams benutzt:

- transferID [getLatestNetID()]

- bSize

- Zeitpunkt des Transfers

Zum Abschluß wird gBitTestflag auf 1 (=TRUE) gesetzt, so daß der Idle-Handler den Kalkulationsprozeß überwachen kann:

```
on idle
   global gBitTestFlag, gAutoPlayFlag
   if gBitTestFlag = 1 then checkBitstream
...
end
```

Der checkBitstream-Handler überprüft nun, ob das check.cgi-Programm mit der Datentransfer zum Shockwave-Movie fertig ist. Falls dies zutrifft, kalkuliert es die Bitstreamrate (transferierte Datenmenge dividiert durch die Übertragungszeit) und setzt den gBitTestFlag auf „0", um den Meßvorgang zu beenden.


```
on checkBitStream
   if netDone(getAprop(gBitTestdata, #ID)) then
     if netError() = "OK" then
       setAprop gBitTestData,#finish,theTicks
       set testTime = getAprop(gBitTestData,#finish) - ¬
getAprop(gBitTestData,#start)
       set gKPerSec = float(gAprop(gBitTestData,#size)/1000) ¬
/ float(testTime/60)
       debug string(gKPerSec)
       set foo = netTextResult(getAprop(gBitTestData,'ID))
       set foo = 0
       if gKPerSec > 10 then
         set bandwith = 1
       else set bandwith = 0
```

```
            makePref "bandwidth",bandwidth
        end if
        set gBitTestFlag = 0
    end if
end
```

Das Beispiel nutzt den Wert `gBitTestData`, um die Datentransferrate zu kalkulieren. Dabei wird die Zeit in „Ticks" durch Abzug `#start` ermittelt, nachdem `netDone()` und `netError()` kontrolliert haben, daß der Datentransfer erfolgreich stattgefunden hat. Somit erhalten wir die Dauer des Datentransfers in „Ticks" (Sechzigstel einer Sekunde). Daraufhin wird die Größe des Datentransfers durch die Zeitdauer dividiert. Wir erhalten durch den Einsatz von entsprechenden Brüchen den Bitstream-Parameter in Kilobytes pro Sekunde. Dies wird unter `gKPerSec` gespeichert. Falls die Bitstreamrate größer als 10 KByte ist, wird der `Bandwidth`-Flag auf 1 gesetzt. Dieser Wert wird anschließend durch die Funktion `makePref`-Handler in einer Datei auf der Festplatte gespeichert (sogenannte Präferenzdatei, s. unten) Mit `foo` werden bereits vorhandene Variablenwerte gelöscht.

Ein Beispiel eines Bitstream-Detektor-Films finden Sie unter <detektor.dir> auf der CD-ROM.

Präferenzdateien

Mit der Bitstream-Abtastung hat man eine Schätzung der momentanen Transferrate. Natürlich wäre es optimal, diesen Wert durch eine Serie von Abtastungen zu bestimmen, um den Unzulänglichkeiten des Netzes Rechnung zu tragen. Dies nimmt allerdings mehr Zeit in Anspruch. Hat man einen Wert bestimmt, dann kann man ihn durch den `setPref`-Befehl als eine Textdatei (mit der Extension .txt) im Verzeichnis „Prefs" des Shockwave-Support-Ordner des Browsers speichern, um die gewonnene Bitstreamrate für zukünftige Shockwave-Movie-Abfragen parat zu halten.

```
on mouseUp
    global gKPerSec
    setPref "myPrefFile.txt", gKPerSec
end
```

Diese Information und deren Auswertung bleibt und erfolgt zunächst nur auf dem Client-Rechner, ist also nicht direkt über den Hostserver erhältlich. Wenn man als Website-Betreiber diese Information speichern möchten, muß man dafür ein CGI-Skript erstellen, damit die Information vom Client zum Host wandern kann. Allerdings kann ein anderes Shockwave-Movie auf diesen Wert zurückgreifen, indem man den gespeicherten Wert wie folgt abruft:

```
on startMovie
   global gKPerSec
   set prefsData = getPref("myPrefFile.txt")
   if not(voidP(prefsData))) then set gKPerSec = prefsData
end
```

Durch den Befehl `readPrefs` können Sie in jedem beliebigen Shockwave-startMovie-Skript diese Bitstreamrate in Ihrem Öffnungs-Movie abrufen, um dann das nachfolgende Angebot an Filmen entsprechend zu bestücken. Mit dem Befehlen `writePrefs` können Sie die Präferenzdatei in Ihrem `stopMovie`-Skript modifizieren, um eine Kette von Befehlen aufzubauen bzw. die Daten auf der Clientseite entsprechend Ihrem Bedarf für zukünftige Abrufe zu modifizieren. Durch `gPrefsettings` kann man jederzeit die gespeicherten Daten abrufen und mit `makePref` diese Information editieren bzw. auch neu erstellen.

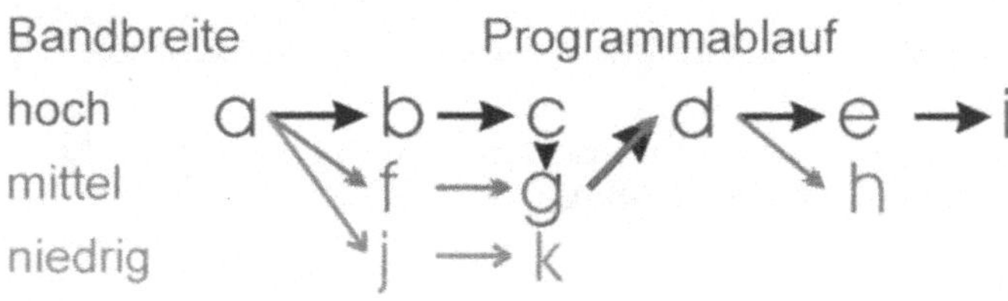

Nun haben wir einen Schlüssel in der Hand, um „scaleable Movies" sachgerecht dem Benutzer zu liefern. Stellen Sie sich vor, daß Ihnen jetzt durch diese korrekte Verschlüsselung Tür und Tor offenstehen, um sowohl Medien in unterschiedlichen Qualitäten als auch völlig unterschiedliche Angebotskonfigurationen offerieren zu können!

10 Service

10.1
Wo finde ich Shockwave?

Shockwave-Plug-Ins können Sie jederzeit von
der Macromedia-Website herunterladen:

http://www.macromedia.com/shockwave/download

Mittlerweile gibt es eine Reihe von Plug-Ins, je
nach dem für welche Plattform (Mac, Power-
Mac, Win 3.x, Win 95/NT) und für welches
Produkt Sie es benötigen. Mehr Information
über Shockwave finden Sie im Kapitel 5
„Shockwave".

10.2
Sehenswerte Sites

Sehenswert ist vieles im Web, aber wenn Sie sich selbst ein Bild von
dem Unterschied zwischen toller Grafik allein und Shockwave machen wollen, besuchen Sie einige dieser Sites:

    http://www.marcromedia.com/shockwave/epicenter/index.html
    http://www.mcli.dist.maricopa.edu/director/shockwavelist.html
    http://shocker.com/shocker/cool.html
    http://www.teleport.com/~arcana/shockwave

10.3
Hilfsangebote

Das schöne am Global Village ist der Zugang zu Information und Hilfsangeboten. Wie mehrfach erwähnt, evolviert auch Shockwave und dessen Einsatz beinahe täglich. Es empfiehlt sich, einen Blick in die kreative Welt der Shockwave-Entwickler zu werfen. Hier einige Stellen, die immer wieder erstaunen:

http://www.marcromedia.com

Wie sagt man? – „his master's voice". Die Urquelle, in der Sie die neuesten Updates, XObjects und Xtras, technische Notizen und Superbeispiele finden können. Natürlich gibt es auch nur hier Shockwave zu holen. Wenn Sie da sind, werfen Sie einen Blick auf die Seiten:

    http://www.marcromedia.com/shockwave/epicenter/index.html
    http://www.marcromedia.com/toys/resources/director/resources/index.html

http://www.mcli.dist.maricopa.edu/director

Maricopa Center ist das Mekka der Director-Entwickler. Hier finden Sie Kommentare, Tips & Tricks, Bugs, Beispiele und lange, lange Listen von Shockwave-Sites. Es ist Marcromedia-unabhängig und immer eine Quelle für gute Ideen, Lösungen und Hilfe. Hut ab vor Alan Levine für seinen unermüdlichen Einsatz, um „die Welt wirklich besser zu machen". Checken Sie auch folgende Maricopa-Seiten:

    http://www.mcli.dist.maricopa.edu/director/digest
    http://www.mcli.dist.maricopa.edu/director/director-l/manners.html
    http://www.mcli.dist.maricopa.edu/director/tips/unlingo/index.html
    http://www.mcli.dist.maricopa.edu/director/shockwavelist.html
    http://www.mcli.dist.maricopa.edu/director/shocklist/faq.html

http://clevermedia.com

Es dürfte kein Geheimnis sein, daß Gary Rosenzweig einer der Besten der Besten ist. Gary gibt wöchentlich Tips, bietet Lingo-Skripts für alle möglichen Probleme an, hat ziemlich coole Spiele und nette Einlagen auf der Seite. Sie finden Tools für Director und immer wieder Gutes.

http://www.updatestage.com

Was wäre Faust ohne Gretchen? Sicherlich stimmt dies für Director und Gretchen MacDowell. Hier finden Sie etwa alle zwei Wochen aktualisiert Gretchens Kommentare zu Director, eine gut organisierte

Datenbank mit Lösungen für Probleme, Bugs, Ideen und die vernüf-
tigen Ansichten einer Frau unter Männern.

http://shocker.com
Hier finden Sie eine exzellente Liste von Shockwave-Sites. Wenn
Sie sich in der Shocker-Mailingliste eintragen, bekommen Sie
regelmäßig Tips und Hinweise zu Shockwave.

http://www.core-ad.co.jp/lbd
Wenn Sie sich mit Lingo mehr auseinander setzen möchten, finden
Sie hier die richtige Adresse.

http://gmatter.com
Wenn Sie jemals ein Xtra für Director angewandt haben, verstehen
Sie, wie man eine gute Sache besser machen kann. Terry Schüssler
produziert mit seiner Mannschaft mehr Xtras als alle anderen zusammen.

http://quicktime.apple.com/
http://quicktimevr.apple.com
Spice is nice: Was wäre Internet ohne QT und QTVR? Hier finden
Sie die neuesten Infos und Updates.

http://www.ddce.cqu.edu.au/IMU/tools/director
Hier finden Sie Tools, Xtras und Lingo-Support.

http://shell.conknet.com/~dabab/fusion/FUSION.HTML
Das E-zine über Director und Multimedia.

Http://www.muj.com
Das Journal für Macromedia-User.

http://www.lingoPark.com
Der deutsche Lingo-Treff im Web.

Und nun einige weitere Adressen für News, Infos und Anwendungen:

    http://www.pcslink.com/~sbullock/abtboble.htm
    http://www.teleport.com/~arcana/shockwave
    http://www.itp.tsoa.nyu.edu/~review
    http:/shenzi.cc.missouri.edu/shockwave/index.html
    http://www.hotwired.com/frontdoor/index.html
    http://www.director-online.com

10.4
Programmer's Guide

Netzwerkoperationen können per netLingo, die Programmiersprache von Director für Internetapplikationen, gesteuert werden. Es handelt sich um eine Auswahl der Lingo-Befehle, die von HTML und Java unterstützt werden, weswegen man diese Auswahl mit netLingo kennzeichnet. Die folgenden Arten der Steuerung können mit net-Lingo vorgenommen werden:

- Kommunikation zwischen dem Film und anderen Stellen im Netzwerk,

- Herunterladen der Multimediasteuerungen durch Streaming, sobald spezifische Filmbilder verfügbar sind,

- Unterstützung von URL-Adressen als Referenzen auf externe Dateien sowie

- Interaktionen von Film und Umgebung.

Die im nachfolgenden Abschnitt „netLingo-Lexikon" aufgeführten Parameter gelten sowohl für Netscape Navigator als auch für Internet Explorer. Dennoch muß man berücksichtigen, daß das Web sich täglich weiter entwickelt, weswegen es dringend empfehlenswert ist, regelmäßig auf entsprechende Websites zu schauen, um die aktuellsten Informationen zu erhalten. Dabei muß man bedenken, daß die Entwicklung der Browser-Spezifikationen eher auseinander als zueinander geht. Aus diesem Grund müssen Sie zunehmend mehr auf die Richtigkeit und korrekte Kombination von Befehlen achten, um sicherzustellen, daß Ihre Applikationen von verschiedenen Browsern unterstützt werden.

Weitere Informationen zu netLingo, Shockwave, dem Internet und Beispielfilme können Sie in erster Linie auf der Webseite des Macromedia-Director-Entwicklungszentrums finden. Ferner gibt es einige informative Sites, die einem bei der Entwicklung der eigenen Projekte hilfreich sein können. Eine umfangreiche Liste finden Sie im vorhergehenden Kapitel 10.3 „Hilfsangebote".

Nun gehen wir zum netLingo-Lexikon über. Wir haben zunächst die Befehle und Eigenschaften in die Kategorien gültiges netLingo, eingeschränkt verfügbares Lingo, ausgeschlossenes Lingo und potentiell verfügbares Lingo eingeteilt. Darüberhinaus wurde die Reihenfolge der Befehle nach deren „Wichtigkeit" bei der Programmierung und Einbindung von Shockwave-Dateien in Websites gewählt.

10.4.1
netLingo-Lexikon

goToNetMovie URL

goToNetMovie URL   *Syntax*

Der eingetragene URL-Parameter muß ein Universal Resource Locator sein, der einen HTTP-Pfad für ein Movie spezifiziert, wie beispielsweise:

    http://www.yourdomain.com/loopMovie.dcr

Dieser Befehl holt einen Director-Film vom Netz und zeigt ihn in   *Beschreibung*
dem Bereich, in dem der aufrufende Film sich befindet. Der Befehl eignet sich für das Abspielen von Filmsequenzen mit der gleichen Höhe und Breite innerhalb einer HTML-Seite. Wenn der neue Film abspielbereit ist, wird der aktuelle Film ohne Vorankündigung abgebrochen und der neue Film im selben Anzeigebereich wie der aufrufende Film abgespielt.

Der HTML-Anchor-Link, der gewöhnlich einen spezifischen Link zu einer HTML-Seite ermöglicht, kann benutzt werden, um einen Marker innerhalb des Shockwave-Filmes zu spezifizieren, z.B. ruft der URL-Parameter

    http://www.yourdomain.com/demo.dcr #intro

den Film demo.dcr ab dem Marker Intro auf.

Wenn Sie relative Pfadnamen einsetzen, um Filme aus demselben Support-Verzeichnis wie des aufrufenden Filmes zu starten, setzen Sie einen Punkt und einen Vorwärtsslash (. /) vor den Dateinamen, damit der Pfad auch für den Internet Explorer 3.0 lesbar ist. Diese Handhabung gilt ebenfalls für die folgenden Befehle:

    goToNetPage, preloadNetThing, getNetText.

Falls der aufgerufene Film mit preloadNetThing vorausgeladen wurde, versucht der Browser den Film vom Festplatten-Cache zu laden. Falls der Film sich noch nicht im Cache befindet, holt der Browser ihn vom Netz, wenn getToNetMovie befohlen wird.

Der momentan gezeigte Shockwave-Film wird weiter abgespielt, während der Browser goToNetMovie ausführt. Man sollte deswegen den Befehl nie in einem wiederholt abgerufenen Lingo-Skript, z.B. in einem exitFrame-Handler in einer Looping-Sequenz oder am Ende eines Looping-Filmes, einsetzen.

<table>
<tr><td>Beispiel</td><td>gotoNetMovie "http://www.yourdomain.com/demo.dcr"
gotoNetMovie "./demo.dcr"</td></tr>
</table>

gotoNetPage URL[, target]

<table>
<tr><td>Syntax</td><td>gotoNetPage URL[, target]</td></tr>
</table>

Der eingetragene URL-Parameter muß ein Universal Resource Locator sein, welcher einen HTTP-Pfad spezifiziert, wie beispielsweise:

"http://www.yourdomain.com/index.html"

Der optionale „target"-Parameter spezifiziert den Namen eines HTML-Frames oder eines HTML-Anzeigebereiches.

<table>
<tr><td>Beschreibung</td><td>Der Befehl eröffnet eine URL im Browser. Die URL kann ein HTML-Dokument oder irgendein gültiges MIME-Format aufrufen. Der Shockwave-Befehl gotoNetPage gleicht dem HTML-Tag <code><A HREF=url></A></code>. Sie können damit den Inhalt einer Seite ersetzen oder eine neue Seite öffnen. Ferner können Sie den Browser damit starten, wenn dieser nicht geöffnet ist.</td></tr>
</table>

Falls die gewünschte URL bzw. die gelisteten Daten bereits geladen wurden, versucht der Browser diese aus dem Cache zu holen, bevor sie vom Netz heruntergeladen werden. Der Versuch preloadNetThing vor dem gotoNetPage ist immer lohnend, auch wenn man nie weiß, ob die Files bereits im Cache sind, da dadurch Übertragungsschwierigkeiten überspielt werden können.

Der aktuelle Shockwave-Film wird weiter gespielt, während der gotoNetPage-Befehl ausgeführt wird.

Mit dem optionalen Parameter „target" kann man ein Frame oder ein Fenster bestimmen. Target kann ein spezifischer Name oder ein Magic-Target (= spezifischer Zusatztarget, beginnend mit Unterstrichenzeichen) sein, z.B. „_blank", "_self", " _parent", und "_top".

Mit „_blank" als target lädt der Befehl die aufgerufene Seite in ein neues, leeres Browserfenster ohne Namen.

Mit „_self" wird die Information in das gleiche Fenster bzw. den Rahmen geladen, im dem der aktuellen Film läuft.

Die Angabe „_parent" veranlaßt, daß die aufgerufene Seite in den unmittelbaren FRAMESET _parent geladen wird, vorausgesetzt, daß sich der Shockwave-Film innerhalb einer HTML-Seite mit Frames befindet. FRAMESET _parent wird auf der HTML-Seite festgelegt, in der die Frames definiert sind. Wenn keine Definition vorliegt, liest der Browser den Befehl wie bei der Angabe „_self" target.

Mit „_top" erreicht der Befehl, daß die aufgerufene Seite die gesamte zur Verfügung stehende Fensterfläche ausnutzt. Somit kann man eine neue volle Seite aus einem Frame aufrufen und gleichzeitig die Framestruktur unterbrechen.

Dies öffnet eine URL innerhalb des Browserfensters: *Beispiel*

    gotoNetPage "http://www.yourdomain.com/index.html"

Dies öffnet eine URL innerhalb eines Fensters bzw. Rahmens namens „seeme".

    gotoNetPage "http://www.yourdomain.com/index.html","seeme"

Falls „seeme" noch nicht als Frame oder Fenster existiert, wird ein neues Fenster mit dem Namen „seeme" kreiert.

preloadNetThing URL

preloadNetThing URL   *Syntax*

Der eingetragene URL-Parameter muß ein Universal Resource Locator sein, der einen HTTP-Pfad spezifiziert, wie den folgenden.:

    "http://www.yourdomain.com/loopMovie.dcr"

Der Befehl startet den Transfer eines HTTP-Typs in den lokalen   *Beschreibung*
Cache. Der Vorgang läuft asynchron im Hintergrund.

Der Status des Datentransfers kann durch netDone() und netError() überwacht werden. Zusätzliche Information über die jeweilige Datei kann über die Funktionen netMIME() und netLastModDate() erhalten werden. Im voraus geladene Datei(en) können durch gotoNetPage bzw. gotoNetMovie aktiviert werden.

Wenn preloadNetThing für mehrfache asynchrone Vorausladungen verwendet wird, kann man durch getLatestNetID() spezifische Operationen davon bedienen. Dabei sollte man bedenken, daß normalerweise nur bis zu vier gleichzeitige Operationen als Defaultwerte im Browser eingestellt werden.

Falls mehr Operationen angesetzt werden, als im Browser eingestellt, dann werden die zusätzlichen Befehle nicht durchgeführt. Dies
gilt auch für preloadNetThing, gotoNetPage, gotoNetMovie, getNetText und
getPrefs. Ferner sind die Überwachungsfunktionen getLatestNetID() und
netDone() ebenfalls auf die Anzahl der im Browser eingestellten Ver-
bindungsoperationen beschränkt.

Beispiel Dieser Befehl startet die Vorausladung einer GIF-Datei „pink.gif",
die sich im gleichen Verzeichnis wie der aufrufende Film befindet:

```
preloadNetThing "pink.gif"
```

Dieser Befehl lädt eine Datei und deren Netzwerkkennung in die
Liste gXferIDlist:

```
on preLoadItem theURL
   global gXferIDlist
   preloadNetThing theURL
   append(gXferIDlist,getLatestNetID())
end
```

getNetText URL

Syntax getNetText URL

Der eingetragene URL-Parameter muß ein Universal Resource Locator sein, der einen HTTP-Pfad wie den folgenden spezifiziert:

```
"http://www.yourdomain.com/index.html"
```

Beschreibung Dieser Handler startet den Transfer eines HTTP-Typs, welcher von
Lingo als Text gelesen wird. Der Vorgang erfolgt im Hintergrund.
getNetText kann benutzt werden, um dynamische Veränderungen
innerhalb eines Shockwave-Filmes vorzunehmen, in dem die externen Textdateien vom Netz geholt werden.
Der Status des Transfers kann durch netDone() und netError() überwacht werden. Nach dem Transfer kann der Text in einem Lingo-
Skript durch netTextResult() gelesen werden.
Wenn getNetText für mehrfache Textladungen eingesetzt wird,
können die individuellen Operationen durch getLatestNetID() kontrolliert werden.

Dieser Befehl initiiert das Herunterladen der Textdatei „fliege.txt" *Beispiel*
aus dem obersten Verzeichnis des Servers www.digitalfusion.com:

```
getNetText "http://www.digitalfusion.com/fliege.txt"
```

getLatestNetID()

getLatestNetID() *Syntax*

Der Aufruf gibt ein eindeutiges Kennzeichen für die zuletzt begon- *Beschreibung*
nene asynchrone Operation zurück. Das Kennzeichen kann an ande-
re Funktionen vergeben werden, um den Status eines Dateitransfers
und der davon abhängigen Textdateien wiederzugeben.

Der Einsatz von getLatestNetID() ermöglicht Lingo, multiple simul-
tane Ladungen zu überwachen. Über den Abruf durch getLatestNetID()
kann man den Status des Transfers mit netError() und netDone() überprüfen.

Der Befehl startet die Ladung des Bildes „Laura.gif" von myser- *Beispiel*
ver.com und speichert die Netzerkennung für diese Operation in dem
globalen Parameter gCurrID:

```
on preLoadPictures
   global gCurrID
   preloadNetThing "http://myserver.com/laura.gif"
   put getLatestNetID() into gCurrID
end
```

netDone()
netDone(netID)

netDone() *Syntax*
netDone(netID)

Diese Funktion wird TRUE, wenn der in netID designierte asynchro- *Beschreibung*
ne Transfer abgeschlossen ist. Bis dahin antwortet die Funktion mit
FALSE.

Verwenden Sie netDone(), um die letzte Netzwerkoperation zu testen. Wenn der netID-Parameter nicht verwendet wird, zeigt netDone()
den Status des letzten und somit aktuellsten Datentransfers an.

Dieser Befehl spielt einen Glockenton nach Abschluß des zuletzt gewünschten Transfers:

```
if netDone() = TRUE then puppetSound "Bell.aif"
```

Im folgenden Beispiel wird der Status des Transfers durch eine Variable angezeigt:

```
put netDone(lastTransferID) into isDone
```

In diesem Falle kennzeichnet lastTransferID das Ergebnis der Operation getLatestNetID(). Wenn der Datentransfer fertig ist, wird isDone gleich TRUE. Falls der Transfer noch nicht abgeschlossen ist, ist isDone gleich FALSE.

Die folgende Prozedur verwendet die Funktion netDone, um zu prüfen, ob die letzte Netzwerkoperation abgeschlossen ist. Wenn die Operation abgeschlossen ist, wird der von netTextResult zurückgegebene Text in „Textanzeige" des Felddarstellers angezeigt:

```
on exitFrame
    if netDone() = TRUE then
        put netTextResult() into member "Textanzeige"
    end if
end
```

Diese Prozedur benutzt eine bestimmte Netzwerk-ID als Argument für netDone, um den Status einer bestimmten Netzwerkoperation zu prüfen:

```
on exitFrame
    --stay on this frame until the net operation is completed ¬
    global mynetid
    if netDone(mynetid) = FALSE then
        go to the frame
    end if
end
```

netError()
netError(netID)

netError()
netError(netID)

Syntax

Diese Funktion ermittelt, ob ein Fehler in einer Netzwerkoperation stattgefunden hat. Prüfen Sie mit netError die letzte Netzwerkoperation und mit netError(netID) die durch netID angegebene Netzwerkoperation.

Beschreibung

Falls die Operation erfolgreich war, gibt die Funktion „OK" an. War die Operation nicht erfolgreich, dann erhält man über die Funktion eine Fehlerzahl. Wenn noch kein Ladervorgang im Hintergrund begonnen hat, gibt die Funktion eine leere Zeichenkette an.

Meistens wird auf netError() kein Fehler angezeigt, wenn die aufgerufene Datei nicht existiert, weil die Mehrzahl aller Webserver eine HTML-Seite mit „File not Found" präsentieren, wenn ungültige Aufrufe getätigt werden. Mit dem Einsatz von getnetText() können Sie diese Meldung vermeiden.

Dieses Skript zeigt eine Fehlermeldung an, falls der aktuelle Transfer nicht glückt:

Beispiel

```
if netError() contains "Error" then
   alert "network Error:" && netError()
end if
```

Diese Prozedur verwendet on idle, um zu prüfen, ob der Transfer abgeschlossen ist. Die Kennzeichnung für die Transferdatei wird in der globalen Variable gCurrID gespeichert. Wenn netDone() gleich TRUE wird, überprüft on idle Fehlerquellen. Bei erfolgreichem Transfer wird die Funktion gNextMovieReady gleich TRUE gesetzt.

```
on idle
   global gCurrID, gNextMovieReady
   if netDone(gCurrID) = TRUE then
     if netError(gCurrID) = "OK" then
       if netTextResult(gCurrID) contains "not found" then
         alert "File Not Found"
       else
         set gNextMovieReady = TRUE
       end if
     else if netError() contains "Error" then
       alert "Network Error:" &h netError()
     end if
   end if
end
```

netLastModDate()
netLastModDate(netID)

Syntax netLastModDate()
netLastModDate(netID)

Beschreibung Diese Funktion gibt die Zeichenkette „letztes Modifizierungsdatum"
aus dem HTTP-Kopf für den bestimmten Gegenstand an. Das For-
mat der Zeichenkette ist: „Wed, Nov 18, 1997 12:00:00 AM GMT"
Die Funktion kann nur aufgerufen werden, nachdem netDone oder
netError mitteilt, daß die Operation abgeschlossen ist, und bevor die
nächste Operation beginnt.

Nach Beginn der Operation löscht der Director-Film oder Projektor die Ergebnisse der vorherigen Operation, um Speicherplatz zu
sparen.

Beispiel Diese Prozedur setzt das Datum der zuletzt transferierten Datei in
docDate:

```
put netLastModDate() into docDate
```

Diese Anwendung prüft das Datum der vom Internet heruntergeladenen Datei:

```
If netDone() then
   set theDate = netLastModDate()
   if char 6 to 11 of theDate <> "Jan 30" then
      alert "Die Datei ist veraltet"
   end if
end if
```

netMIME()
netMIME(netID)

Syntax netMIME()
netMIME(netID)

Beschreibung Diese Funktion gibt die MIME-Art der Internet-Datei an, die gerade
durch die Befehle getNetText und preloadNetThing heruntergeladen
wurde.

Der optionale netID-Parameter kennzeichnet den zuletzt geladenen Identifier durch getLatestNetID(). Wenn der Zusatz netID fehlt, ergibt netTextResult() eine Fehlermeldung, da die dann entstandene Information sich auf den jüngsten, aber nicht explizit den letzten Datei-Transfer bezieht.

Diese Prozedur setzt einen MIME-Typ, der durch netID identifiziert wird, in eine Variable namens gMimeType ein:


```
put netMIME(netID) into gMimeType
```

Das nächste Beispiel prüft den MIME-Typ. Wenn der MIME-Typ „application/x-director" ist, startet es die Datei durch gotoNetMovie. Falls es sich um etwas anderes als ein Shockwave-Movie handelt, übernimmt der Befehl gotoNetPage den Ablauf. Der Handler transfer-Complete bedarf zweier Argumente: die URL-Adresse und netID, welche durch die netMIME-Funktion gerade geholt wurde:

```
on transferComplete theURL, netID
    if netMIME(netID) contains "application/x-director" then
      gotoNetMovie theURL
    else
      gotoNetPage theURL
    end if
end
```

netTextResult()
netTextResult(netlD)

netTextResult()
netTextResult(netID)

Diese Funktion setzt den von der angegebenen Netzwerkoperation erhaltenen Text ein. Wenn die angegebene Operation getNetText oder preloadNetThing war, bezieht sich "Text" auf die Datei im Text des Netzwerks.

Die folgende Prozedur setzt den Textinhalt der transferierten Datei, die durch netID gekennzeichnet ist, in netDocumentText ein:


```
put netTextResult(netID) into netDocumentText
```

In diesem Beispiel wird zunächst überprüft, ob der Texttransfer stattfand und, wenn ja, initiiert, daß der Text im Felddarsteller "Textanzeige" erscheint:

```
on exitFrame
    if netDone() = TRUE then
        put netTextResult() into member "Textanzeige"
    end if
end
```

netAbort

Syntax netAbort

Beschreibung Dieser Befehl bricht eine Netzwerkoperation ab, ohne auf ein Ergebnis zu warten. netAbort kann eingesetzt werden, um einen Ladevorgang zu stoppen, wenn dieser unnötig wird.

Beispiel Der folgende Befehl ist für einen Button gedacht. Dieser unterbricht den Transfer der aktuellen Datei, bevor der Film „Urlaub.dcr“ gestartet wird. Der globale Befehl gBaseURL speichert den Pfad für die HTTP-Datei.

```
on mouseDown
    global gBaseURL
    if netDone() = FALSE then netAbort
    gotoNetMovie gBaseURL & "urlaub.dcr"
end
```

setPref prefName, prefValue

Syntax setPref prefName, prefValue

Beschreibung Dieser Befehl schreibt die in prefValue angegebene Zeichenkette in die durch prefName bestimmte Datei auf das lokale Verzeichnis des Computers.

Wenn der Film innerhalb eines Browsers abgespielt wird, dann wird bei der Durchführung von setPref ein Ordner mit dem Namen „PREFS“ automatisch im Plug-In-Unterstützungsverzeichnis kreiert.

Wenn der Film außerhalb eines Browsers abgespielt wird, so wird das Verzeichnis im selben Ordner wie die Anwendung erstellt.

Jede von setPref kreierte Datei wird im PREFS-Ordner gespeichert. setPref schreibt nur komplette Dateien auf die Festplatte, es kann nicht eine existierende Datei ergänzen.

Um plattformübergreifend kompatibel zu sein, empfiehlt sich für den prefName nur Namen mit acht oder weniger alphanumerischen Zeichen zu verwenden.

Diese Prozedur registriert als Button eingesetzt, den aktuellen Wert *Beispiel*
in dem Feld „Score" in einer Listendatei namens „Mygame.txt".

```
on mouseDown
  setPref "Mygame.txt", the text of field "Score"
end
```

Im nachfolgenden Beispiel werden multiple Präferenzen in einer
Liste, genannt gPrefSettings, über den Befehl makePref gespeichert. Der
writePref-Befehl wird verwendet, um die Liste in eine externe Textdatei (hier Mygame.txt) zu schreiben. Dieses generische Skript kann
durch Abänderung des Namens im gPrefsFile in dem writeprefs-
Handler spezifiziert werden.

```
global gPrefsFile, gPrefSettings

on makePref prefName, prefData
    if voidP(gPrefSettings) then set gPrefSettings = [:]
    setAProp gPrefSettings, prefName, prefData
    debug string (gPrefSettings)
end
on writePrefs
    if the movieName contains ".dcr" and listP(gPrefSettings) then
     if not(gPrefsFile) then set gPrefsFile = "mygame.txt"
    set prefData = ""
    repeat with i = 1 to count(gPrefSettings)
    set prefName = getPropAt(gPrefSettings,i)
    set prefSetting = getProp(gPrefSettings,prefName)
    set prefData = prefData & prefName & "=" & prefSetting & RETURN
    end repeat
    setPref gPrefsFile, prefData
    debug "writing prefs: " & prefData
  end if
end
```

getPref(prefName)

getPref(prefName)   *Syntax*

Dieser Befehl holt den Text der Datei namens prefName, die mit dem   *Beschreibung*
Befehl setPef kreiert wurde. Die Funktion bleibt „VOID", wenn eine
solche Datei nicht existiert.

Der für prefName eingesetzte Dateiname kann nur ein gültiger
Dateiname sein. Geben Sie für prefName nicht den Pfadnamen mit an.
Die einzigen gültigen Dateierweiterungen für prefName sind TXT und
HTM; alle anderen Erweiterungen werden zurückgewiesen.

Beispiel   Diese startMovie-Prozedur holt den Text der Datei mygame.txt und speichert ihn in der globalen Variablen gLastScore beim Laden des Shockwave-Films.

```
on startMovie
    global gLastScore
    set gLastScore = getPref("mygame.txt")
    put gLastScore into field "Score"
end
```

Diese Prozedur holt nur eine einzelne Datei aus dem externen Präferenzordner. Falls mehrere Präferenzen gespeichert wurden, muß man die Daten ggf. in einzelne Elemente aufgliedern, um sie abrufen zu können.

externalParamCount()

Syntax   externalParamCount()

Beschreibung   Diese Funktion gibt die Anzahl der Parameter an, die ein <EMBED>- oder <OBJECT>-Tag in HTML an einen Shockwave-Film weitergibt.

Beispiel
```
on startMovie
    global gParamNum
    set gParamNum = externalParamCount()
end

if externalParamCount() > 0 then
    -- Aktion ausführen
end if
```


externalParamName()

Syntax   externalParamName(n)

Beschreibung   Diese Funktion zeigt den Namen eines bestimmten Parameters in der Liste der externen Parameter eines HTML-<EMBED>- oder -<OBJECT>-Tags an. Wenn n eine Ganzzahl ist, zeigt externalParamNamen den n-ten Parameternamen in der Liste an. Wenn n eine Zeichenkette ist, zeigt externalParamName „n" an, wenn irgendwelche externen Parameternamen zu n passen. Die Anpassung muß nicht groß- oder kleingeschrieben werden. Wird kein passender Parameternamen gefunden, zeigt externalParamName „VOID" an.

Der <OBJECT>-Tag zum Einbetten des Shockwave-Filmes kann z.B. das folgende Shockwave-PARAM-Element beinhalten, um die URL via Lingo zu bestimmen:

Beispiel

```
<PARAM NAME="swURL"
VALUE="http://www.yrserver.com/random.html"
```

Die externalParamName()-Funktion wird im nächsten Beispiel verwendet, um die Zahlen externer Parameter passend zu deren externen ParameterNamen zurückzuholen, und sie anschließend in einer Liste zu speichern.

```
on startMovie
    global gParamNum, gParamNameList
    set gParamNum = externalParamCount()
    if gParamNum then
        if voidP(gParamNameList) then
            set gParamNameList = [:]
            repeat with n = 1 to gParamNum
                set parName = externalParamName(n)
                setAprop gParamNameList, n, parName
            end repeat
        end if
    end if
end
```

Diese Anweisung setzt den Wert eines externen Parameters gleich der Variablen myVariable:

```
if externalParamName (swURL) = swURL then
    set myVariable to externalParamValue(swURL)
end if
```

externalParamValue(n)

externalParamValue(n)

Syntax

Diese Funktion zeigt einen bestimmten Wert von der externen Parameterliste eines HTML-<EMBED>- oder -<OBJECT>-Tags. Die externalParamValue-Funktion gibt den n-ten Parameterwert der externen Parameterliste an, wenn n eine Ganzzahl ist. Wenn n eine Zeichenkette ist, gibt externalParamValue den Wert an, der mit dem ersten Namen zusammenhängt, der zu n paßt. Groß- oder Kleinschreibung des Namens wird dabei nicht berücksichtigt. Wenn solch ein Parameterwert nicht existiert, gibt externalParamValue VOID zurück.

Beschreibung

        Hier ist n eine Zahl:

```
on startMovie
   global gParamNum, gParamNameList
   set gParamNum = externalParamCount()
   if gParamNum then
      if voidP(gParamNameList) then
         set gParamNameList = [:]
         repeat with n = 1 to gParamNum
            set parName = externalParamName(n)
            set parValue = externalParamValue(n)
            setAprop gParamNameList, parName, parValue
         end repeat
      end if
   end if
end
```

Hier ist n eine Zeichenkette:

```
on exitFrame
   global gRandomPage, gUrlFlag
   if gUrlFlag then set gRandomPage = ¬
   externalParamValue("swURL")
   if gRandomPage contains "http" then preloadNetThing ¬
   gRandomPage
end
```

URL of member

Syntax   set the URL of member *whichCastmember* = HTTP-Pfad

Beschreibung   Diese Funktion legt die URL-Adresse für den Shockwave-Audio-Darsteller fest. Die URL ist eine spezielle Eigenschaft für Darsteller, die mit Shockwave-Streaming-Audio-Xtra erstellt wurden.

Die Eigenschaft kann getestet werden. Die URL-Adresse kann jederzeit geändert werden außer beim Abspielen der Audiodatei.

Die HTTP-Adresse kann einen relativen oder absoluten Pfad für die SWA-Datei angeben:

```
set the URL of member "SWAHolder" = "knoedel.SWA"
```

Beispiel   on mouseDown
```
   global gSWAHolder
   set the URL of member gSWAHolder = ¬
   "http://www.busibee.com/letmanfree/living.swa"
   prepForPlayback(gSWAHolder)
end
```

preLoadTime of member

preLoadTime of member
set the preloadTime of member [SWA member] = [seconds]

Syntax

Diese Funktion bestimmt die Menge, die vom Shockwave-Audio-Streaming-Darsteller heruntergeladen wird, bevor das Abspielen beginnt oder wenn ein preLoadBuffer-Befehl verwendet wird. Der Wert wird in Sekunden angegeben.

Beschreibung

Veränderungen an der Einstellung können nur erfolgen, wenn der Darsteller gestoppt ist. Der Standardwert beträgt 5 Sekunden. Bedenken Sie, daß die angegebene Sekundendauer die Anzahl Sekunden der Audiodatei, die vorher geladen werden soll, darstellt und nicht die Dauer der Ladezeit des Browsers. Diese Zeit wird von der Bitrate bestimmt und kann sehr unterschiedlich sein (Bitrate der Datei, Art der Verbindung, momentane Netzwerkauslastung).

```
on prepForPlayback(SWACast)
    set the preLoadTime of member SWACast = 5
end
```

Beispiel

preLoadBuffer member ([SWA member])

preLoadBuffer member ([SWA member])

Syntax

Der preLoadBuffer-Befehl lädt einen Teil einer bestimmten (SWA member) Shockwave-Audio (SWA-)Datei, je nach Einstellung der preLoadTime of member-Eigenschaft.

Beschreibung

```
on prepForPlayback(SWAcast)
    set the preLoadTime of member "SWACast" = 5
    preLoadBuffer (member "SWACast")
end
```

Beispiel

play member ([SWA member])

play member ([SWA member])

Syntax

Der play-Befehl startet die Wiedergabe einer Streaming-Audiodatei, spezifiziert mit [SWA member]. Die URL of member-Eigenschaft muß vorher gesetzt werden. preLoad-Operationen müssen nicht vor dem play-Befehl abgelaufen sein.

Beschreibung

```
on mouseDown
    play (member "SWAHolder")
end
```

pause member([SWA member])

Syntax

pause member ([SWA member])

Beschreibung

Der Pause-Befehl hält die durch SWA member bestimmte Streaming-Audiodatei an. Falls die Wiedergabe durch play erneut betätigt wird, setzt die Tondatei ab der Unterbrechung fort. Wenn der Ton unterbrochen wird, ist die Eigenschaft state of member gleich 4.

Beispiel

```
on mouseDown
    set SWAStatus = the state of member "SWAHolder"
    if (SWAStatus <= 2) or (SWAStatus = 4) then
        play (member "SWAHolder")
    else if SWAStatus = 3 then
        pause (member "SWAHolder")
    end if
end
```

stop member ([SWA member])

Syntax

stop member ([SWA member])

Beschreibung

Der stop-Befehl stoppt das Abspielen eines Shockwave-Audio-(SWA) Streaming-Darstellers. Wenn der Darsteller gestoppt ist, ist der Status der Darstellereigenschaft = 0. Wenn wieder mit play begonnen wird, fängt die Datei wieder vom Anfang an.

Beispiel

```
on mouseDown
    stop (member "SWAHolder")
end
```

state of member [SWA member]

Syntax

the state of member [SWA member]

Beschreibung

Dieser Befehl bestimmt den aktuellen Status der Streaming-Audio Datei. Mit der state of member-Eigenschaft können Operationen überwacht werden. Zum Beispiel können Sie während des Preloadings ein idleloop setzen, um nahtloses Abspielen zu gewähren.

Hier folgen die möglichen Werte und ihre jeweilige Bedeutung
für den Status des Darstellers:

0   Gestoppt

1   Vorausladen

2   Vorausladen erfolgreich beendet

3   Abspielen

4   Unterbrechen

5   Fertig

9   Fehler

10   Nicht ausreichende CPU

Beispiel

```
on Idle
  global gSWAflag
    if gSWAflag = 1 then
        set SWAStatus = the state of member "SWAHolder"
        if SWAStatus = 2 then
          set gSWAFlag = O
          play (member "SWAHolder")
      end if
    end if
end
```

duration of member [SWA member]

the duration of member *whichCastmember* [SWA member]   Syntax

Diese Funktion bestimmt die Dauer in Sekunden des angegebenen Beschreibung
Shockwave-Audio-Darstellers.

Wenn *whichCastmember* eine Streaming-Sound-Datei ist, ist dies
die Sound-Dauer. Die Eigenschaft „Dauer" kehrt auf 0 zurück, bis
das Streaming beginnt. Durch die Einstellung von preLoadTime auf 1
Sekunde kann die Bitrate zur eigentlichen Dauer zurückkehren.

Wenn *whichCastmember* ein Digitalvideo-Darsteller ist, zeigt diese Funktion die Dauer des Digitalvideos an. Der Wert wird in Ticks
gemessen.

Wenn *whichCastmember* ein Übergangsdarsteller ist, gibt diese
Eigenschaft die Dauer des Übergangs an. Der Wert des Übergangs
wird in Millisekunden gemessen. Während des Abspielens bewirkt
diese Eigenschaft dasselbe wie die Einstellung „Dauer" im Dialogfeld „Bild: Übergang".

Beispiel Wenn der SWA-Darsteller "SWAHolder" vorher geladen wurde, zeigt diese Anweisung die Sound-Dauer in der Daueranzeige „duration" des Felddarstellers an:

```
on displaySWAData
    if the state of member "SWAHolder">= 2 then
        put the duration of member "SWAHolder" into field "duration"
    end if
end
```

percentStreamed of member [SWA member]

Syntax the percentStreamed of member [SWA member]

Beschreibung Diese Funktion zeigt den Prozentsatz der angegebenen Shockwave-Audiodatei (SWA) an, der bereits von einem HTTP- oder ftp-Server gestreamt wurde.

the percentStreamed of member ist nicht direkt mit dem Playback verbunden. Zur Information über die Menge der tatsächlich abgespielten SWA-Datei benutzen Sie besser die percentPlayed of member-Eigenschaft.

Beispiel
```
on idle
    if the state of member "SWAHolder"= 1 then
        showLoading(the percentStreamed of member "SWAHolder")
    end if
end
```

percentPlayed of member [SWA member]

Syntax the percentPlayed of member [SWA member]

Beschreibung Dieser Aufruf gibt den Prozentsatz der bestimmen Shockwave-Audio-(SWA) Datei zurück, der schon abgespielt wurde.

the percentPlayed of member-Eigenschaft gibt eine Zahl zwischen 0 und 100 an. Die Funktion eignet sich für die Anwendung von grafischen Statusbalken, um das Verhältnis zwischen abgespielten vs. noch zu spielenden Anteilen zu verdeutlichen.

Beispiel
```
on idle
    if the state of member "SWAHolder"= 3 then
        updateStatusBar(the percentPlayed of member "SWAHolder")
    end if
end
```

bitRate of member [SWA member]

the bitRate of member [SWA member] *Syntax*

Diese Funktion gibt die Bitrate des angegebenen Shockwave-Audio- *Beschreibung*
Darstellers an, die vom Server vorher geladen wurde. Der Wert wird
in Kbps angegeben. Die bitRate of member-Eigenschaft zeigt 0 an, bis
das Preloading abgeschlossen ist. Um vorzeitig Information über die
SWA-Datei zu erhalten, kann man the preLoadTime of member = 1
setzen, allerdings kann es dann zu Qualitätsverlusten beim Abspielen
kommen.

```
if the state of member "SWAHolder"= 2 then
    set bRate = the bitRate of member "SWAHolder"
end if
```
Beispiel

getError(member [SWA member])
getErrorString(member [SWA member])

```
getError(member [SWA member])
getErrorString(member [SWA member])
```
Syntax

Durch diese Funktionen erhält man Informationen über Streaming- *Beschreibung*
Audio-Fehler. Die getError()-Funktion gibt eine Zahl zurück und die
getErrorString() eine Zeichenkette.

Hier folgen die möglichen Werte für getError() und getErrorString():

0	=	OK
1	=	Speicher
2	=	Netzwerk
3	=	Abspielgerät
99	=	Sonstiges

```
on idle
    if getError(member "SWAHolder") <> 0 then
        alert "SWA Error" && getErrorString(member Shockwave URL)
    end if
end
```
Beispiel

10.4.2
Eingeschränkt verfügbares Lingo für Shockwave

Einige Lingo-Befehle und Funktionen verhalten sich anders bzw. entfalten sich überhaupt nicht in Shockwave-Filmen. Lingo ist meistens dann eingeschränkt, wenn bestimmte Befehle bzw. Funktionen Sicherheitsprotokolle des Web-Browsers verletzen könnten. Zum Beispiel können Sie Lingo nicht einsetzen, um Dateien auf dem Client-Computer zu lesen, die außerhalb des Shockwave-Plug-In-Verzeichnisses liegen. Zur Zeit wird eine Methode entwickelt, die das Lesen gelinkter Dateien außerhalb des Ordners zuläßt, da bislang nur auf gelinkte Dateien innerhalb des Ordners zugegriffen werden kann.

Das Plug-In-Verzeichnis sitzt innerhalb des Browser-Verzeichnisses. Die Default-Pfade für verschiedene Browsers sind:

Netscape Navigator 2.0 oder später
- Windows 95
  C: \ ProgramFiles \ Netscape \ Navigator \ Program \ Plug-Ins \ NP32DSW

- Windows 3 .1
  C: \ NETSCAPE \ PLUG-INS \ NP1 6DSW

- MacOS PowerPC
  C:Plug-Ins:NP-PPC-Dir-Shockwave folder

- Macintosh 68k
  C:Plug-Ins:NP-Mac68k-Dir-Shockwave folder

Microsoft Internet Explorer 2.0 oder später
- Windows 95
  C:\Program Files\Microsoft Internet\Plug-Ins\NP32DSW

- Windows 3.1
  C:\WINDOWS\SYSTEM\NP16DSW

- MacOS PowerPC
  C:Plug-Ins:NP-PPC-Dir-Shockwave folder

- Macintosh 68k
  C:Plug-Ins:NP-Mac68k-Dir-Shockwave folder

Es folgt eine Aufstellung von Lingo-Elementen, die nur bedingt bzw. mit Einschränkungen in Shockwave-Filmen funktionieren.

openXLib fileName
closeXLib fileName

openXLib fileName
closeXLib fileName

Syntax

Diese Befehle bewirken in Director das Öffnen bzw. Schließen externer Bibliotheken, Datei-Xtras, XObjekten, DLLs und XCMD-Dateien. Alle externen Dateien, die Ihr Film verwendet, müssen auf dem Client-Computer innerhalb des Plug-In-Verzeichnisses geladen werden. Transition-Xtras, Sprite-Xtras, Lingo-Xtras, XObjects und DLLs können alle in Shockwave-Filmen eingesetzt werden, müssen jedoch vorher geladen werden. Leider kann Shockwave diese Vorgänge nicht automatisch durchführen. Director übersieht sämtliche Pfadinformationen im fileName-Parameter der Befehle openXLib und closeXLib.

Beschreibung

Hinweis: Dies gilt auch für XCMD- und XFCN-Zugriff zu Shockwave-Filmen auf Macintosh-Computern. Wenn XCMDs, XFCNs oder auch XObjects eingesetzt werden, dann müssen Kopien auf dem Client-Rechner geladen werden.

Dieser Lingo-Befehl öffnet das Xtra PrintOMatic:

Beispiel

```
openXLib "PrintOMatic"
```

Bitte denken Sie daran, die Objekte, Xtras, XObjecte, DLLs, externe Bibliotheken und Daten, die durch Lingo aufgerufen werden, zu schließen, sobald die Anwendung diese Funktionen und Dateien nicht mehr benötigt, um eine Überbelastung des Speicherplatzes zu vermeiden.

openCastlib fileName
importFileInto

open Castlib fileName
importFileInto member *whichCastMember, theFileName*
importFileInto member *whichMember of castLib*
whichCastLib, fileName

Syntax

Diese Befehle werden angewandt, um neue Inhalte in Ihr Director-Projekt zu importieren. openCastlib kann benutzt werden, um jede mit dem aktuellen Film verknüpfte Darsteller-Bibliothek zu öffnen. Externe Bibliotheken können eingesetzt werden, um den Film zu än-

Beschreibung

dern oder zu ergänzen. Neue und nur gelegentlich gebrauchte Darsteller können in einem externen Cast gespeichert werden, während die universalen Bestandteile und Lingo-Skripts im zentralen Film gespeichert werden. Auf diese Art und Weise können Sie auch per Web Updates und Zufallsänderungen an Projekten problemlos durchführen.

importFileInto importiert gelinkte Medien in den Director-Film. Mit diesem Befehl können Sie veranlassen, daß digitale Videodateien aus Ihrem Shockwave-Film heraus gestartet werden. (Shockwave unterstützt das direkte Abspielen von gelinkten QuickTime- oder Video für Windows-Darsteller nicht!) Shockwave-Filme überschreiben existierende Darsteller nicht. Wenn Sie Dateien importieren, stellen Sie deshalb sicher, daß dies auf einem leeren Darstellerplatz geschieht.

Jede externe Darsteller-Bibliothek oder gelinkte Datei für Ihren Film muß auf dem Client-Rechner im Browser-Shockwave-Verzeichnis „Plug-In" vorher geladen sein. Shockwave kann diesen Vorgang nicht automatisch durchführen. Sie müssen durch FTP, Diskette oder CD-ROM dafür sorgen, daß die Dateien transferiert werden und an die richtige Stelle gelangen.

<table>
<tr><td>Beispiel</td><td>Die folgende Funktion importiert Dateien, spezifiziert mit theFile, in die Darsteller-Besetzung des aktiven Shockwave-Filmes. Die Dateien werden in den Bereich geladen, der mit dem ersten leeren Kasten größer als 500 beginnt:</td></tr>
</table>

```
on importIt theFile
    global gImportIndex
    if not (gImportIndex) then
      set gImportIndex = findEmpty(member 500)
    else
      set gImportIndex = (gImportIndex + 1)
    end if
    importFileInto member gImportIndex, theFile updateStage
    return gImportIndex
end
```

movie
movieName

movie
movieName

Syntax

Diese Funktion gibt den Namen des aktuellen Films an. Dies funktioniert normalerweise in Shockwave-Filmen, aber man muß berücksichtigen, daß beim Downloading in den Cache der Browser meistens einen neuen Namen erteilt. Somit gleicht der movieName im Shockwave-Film nicht dem auf dem Server oder im Browser-Cache.

Beschreibung

Zum Beispiel könnte ein Film auf dem Hostserver den Namen „test.dcr" haben, während er auf dem Client-Rechner die Bezeichnung „cacheg32894.dcr" erhält. Das Downloading zum Cache ändert die Erweiterung „.dcr" nicht. Somit können Sie immer auf die Erweiterung „.dcr" in Ihren Lingo-Skripts global testen. Ferner ist diese Technik nützlich, wenn Sie offline arbeiten, da Sie kein net-Lingo benutzen müssen.

Der folgende Handler wird nur dann eine gotoNetPage-Operation starten, wenn der aktuelle Film eine „.dcr"-Erweiterung aufweist.

Beispiel

```
on goPage thePage
   if the movieName contains ".dcr" then
      gotoNetPage thePage
   else
      put thePage
   end if
end
```

delay numberOfTicks

delay numberOfTicks

Syntax

Der delay-Befehl stoppt den Abspielkopf für die angegebene Zeit. Der Ganzzahlausdruck numberOfTicks bezeichnet die Anzahl der Ticks, während denen gewartet werden soll (1 Tick = 1/60 Sek.). Die einzige mögliche Aktivität von Benutzer und Eingabegeräten während dieser Zeit ist, den Film zu stoppen, indem Sie <Strg-Alt-Punkt> (Windows) oder <Befehlstaste-Punkt> (Macintosh) tätigen.

Beschreibung

Delay-Befehle und idle-Einstellungen im Tempokanal des Drehbuchs haben keine Wirkung in Filmen, die mit Director 4 erstellt sind. Ersetzen Sie diese Befehle durch einen Handler mit einer Wiederholungsschleife für eine bestimmte Zeit.

Die folgende Routine kann eingesetzt werden, um die delay-Funktion zu ersetzen bzw. eine idle-Einstellung im Tempokanal zu simulieren.

```
on waitFor ticksToWait
    set startTime = the ticks
    repeat while the ticks < startTime + ticksToWait
    nothing
    end repeat
end
```

Ein anderes Script, ohne repeat-Schliefe, kann eingesetzt werden, um den Abspielkopf auf dem aktuellen Frame zu halten, bis die vorgesehene Anzahl von Ticks abgelaufen ist.

Repeat-Schleife haben den Nachteil, daß währenddessen keine Interaktion zwischen Benutzer und Shockwave-Film und Browser möglich ist.

```
on waitFor ticksToWait
    if the timer > ticksToWait then
        startTimer
    else
        go to the frame
    end if
end
```

Der folgende Befehl ersetzt die WaitForSnd-Einstellung (Warten auf Sound) im Tempokanal. Hierdurch bleibt der Abspielkopf auf dem aktuellen Bild bis der Sound in einem spezifischen Kanal zu Ende spielt.

```
on waitForSnd SoundChannel
    if soundBusy(SoundChannel) then
        go to the frame
    end if
end
```

pause member

Syntax

pause member

Beschreibung

Der pause-Befehl unterbricht das Abspielen eines Shockwave-Audio-Streaming-Darstellers. Wenn der Sound unterbrochen wird, ist die Eigenschaft the state of member = 4.

Beispiel

Diese Prozedur ermöglicht eine Play/Pause-Schaltfläche. Wenn der Sound abspielt (state of member = 3), unterbricht die Prozedur den

Sound, ansonsten spielt die Prozedur den SWA-Streaming-Darsteller
„klingtgutSWA“ der verknüpften Tondatei ab:

```
on mouseDown
    set whatState = the state of member "klingtgutSWA"
    if whatState = 3 then pause member "klingtgutSWA"
    else
        play member "klingtgutSWA"
    end if
end
```

Der pause-Befehl kann auch durch eine looping-Funktion ersetzt
werden.

```
on exitFrame
  go the frame
end
```

10.4.3
Ausgeschlossenes Lingo für Shockwave

Die folgenden Lingo-Ausdrücke sind für Shockwave-Entwicklungen
ausgeschlossen, primär aus Sicherheitsgründen, da alle Befehle bzw.
Funktionen externe Dateien, Pfadnamen und Systemereignisse beeinflussen.

quit

Dieser Befehl bricht normalerweise eine Director-Applikation oder
Projektor ab. In Shockwave wird der Befehl mißachtet.
Momentanes Shockwave-Verhalten: „unsupported Lingo error".

restart

Dieser Befehl startet bei MacOS den Computer neu. Unter Windows
hat er keinen Effekt. In Shockwave wird er mißachtet.
Momentanes Shockwave-Verhalten: „unsupported Lingo error".

shutDown

Dieser Befehl verursacht beim MacOS-System, daß sämtliche offene
Fenster geschlossen werden und der Computer ausgeschaltet wird.
Unter Windows 95 beendet der Befehl shutDown Director oder den
Projektor.
Unter Windows 3.1 beendet der Befehl shutDown das Director-
Programm oder den Projektor und verläßt dann Windows.
Momentanes Shockwave-Verhalten: „unsupported Lingo error".

open [filename with whichApplication]

In Director startet dieser Befehl eine Applikation. Wenn ein Dateiname und andere spezifische Information geliefert wird, öffnet sich
die Applikation entsprechend.
Momentanes Shockwave-Verhalten: „unsupported Lingo error".

openResFile filename
closeResFile filename

Unter MacOS werden diese Funktionen eingesetzt, um gelinkte Dateien und Applikationen außerhalb des Director-Filmes zu öffnen
bzw. zu schließen. Sonderfonts, Cursors und Icons können bei-

spielsweise in externen Dateien gespeichert werden. Diese Funktionen sind allerdings unter Windows ohne Effekt.
Momentanes Shockwave-Verhalten: „unsupported Lingo error".

saveMovie [filename]

Diese Funktion speichert einen Film als eine Datei. Der Film benutzt den aktuellen Namen, es sei denn der filename-Parameter wird angegeben.
Momentanes Shockwave-Verhalten: „unsupported Lingo error".

the colordepth

Mit der the colordepth-Eigenschaft läßt sich die Farbtiefe des Monitors unter MacOS verändern. Unter Windows hat der Befehl keine Wirkung.
Momentanes Shockwave-Verhalten: „unsupported Lingo error".

Hinweis:
In Shockwave-Filmen können Sie mit colordepth die Displayart in MacOS und unter Windows testen.

```
on startMovie
   if the colorDepth = 8 then
      play movie "seeme"
   else
      alert "Bitte System ändern zu 8-Bit-Farbtiefe und ¬
Computer restarten."
   end if
end
```

printFrom fromFrame [,toFrame] [,reduction%]

Diese Prozedur druckt alles, was in den Bildern auf der Bühne angezeigt wird. Dabei wird bei dem Bild begonnen, das in fromFrame angegeben ist. Wahlweise können Sie auch toFrame und die Verkleinerung 100, 50 oder 25 Prozent angeben.
Momentanes Shockwave-Verhalten: „unsupported Lingo error".

the pathName, the moviePath

Diese Funktionen zeigen eine Zeichenkette mit dem Pfadnamen des aktuellen Director-Filmes.
Momentanes Shockwave-Verhalten: „unsupported Lingo error".

the searchCurrentVerzeichnis

Diese globale Funktion bestimmt, ob Director bei der Suche nach Dateinamen das aktuelle Verzeichnis durchsucht.
Momentanes Shockwave-Verhalten: „unsupported Lingo error".

the searchPath, the searchPaths

Diese Funktion holt oder setzt eine Liste mit Pfadnamen, die Director durchsucht, wenn eine Datei im aktuellen Verzeichnis nicht existiert. searchPath ist eine globale Eigenschaft, welche eine Liste mit vollen Pfadnamen für eine Suche holt bzw. setzt.
Momentanes Shockwave-Verhalten: „unsupported Lingo error".

the fileName of castLib *whichCast*

Diese Funktion holt bzw. bestimmt den gesamten Pfad und Dateinamen einer externen Darsteller-Bibliothek. Die Eigenschaft kann aus einem Director-Film oder einem Projektor getestet und bestimmt werden.
Momentanes Shockwave-Verhalten: „unsupported Lingo error".

fileName of window *whichWindow*

Diese Fenstereigenschaft holt oder bestimmt den Dateinamen eines Filmes in einem Fenster (MIAW). Durch den Parameter whichWindow wird das Fenster spezifiziert.
Momentanes Shockwave-Verhalten: „unsupported Lingo error".

getNthFileNameInVerzeichnis (folderPath, fileNumber)

Diese Funktion holt den Namen einer Datei aus einem durch den Pfad angegebenen Ordner.
Momentanes Shockwave-Verhalten: „unsupported Lingo error".

pasteClipboardInto member *whichMember*

Dieser Befehl kopiert den Inhalt des Clipboards in einen bestimmten Darsteller.
Momentanes Shockwave-Verhalten: „unsupported Lingo error".

mci "string"

Der mci-Befehl übermittelt spezifische Zeichenketten an das Media-Control-Interface von Windows, um die Multimedia-System-

Extentions zu koordinieren. Der Befehl hat keinen Effekt bei MacOS.

Momentanes Shockwave-Verhalten: „unsupported Lingo error“.

FileIO, SerialIO, Ortho Protocol

Diese Code-Bibliotheken wurden vor den Macromedia-Xtra-Funktionen entwickelt. Sie ergänzen Directors Funktionalität. FileIO XObject/DLL wird verwendet, um Textdateien zu lesen und schreiben, während SerialIO Daten durch den seriellen Port steuert. Das Ortho Protocol ist ein Satz von Standards, welcher die Steuerung von externen Geräten, z.B. Videodiscplayer oder VCR, ermöglicht.

Momentanes Shockwave-Verhalten: XObjects und DLLs bleiben bei Shockwave-Filmen funktionell, wenn sie im Shockwave-Support-Verzeichnis (Browser-Plug-In-Verzeichnis) gespeichert sind. Es wird empfohlen keine FileIO-Funktion via Web einzusetzen, da die Gefahr besteht, daß dann durch andere Entwickler, bewußt oder unbewußt, Dateien auf oder von der Festplatte des Anwenders geschrieben und/oder entfernt werden.

10.4.4
Potentiell verfügbares Lingo für Shockwave

Momentan werden Lingo-Befehle für das Display eines Films in einem Fernster (MIAW) und für eigene Menüs nicht unterstützt. Es wird diskutiert, dies in zukünftigen Versionen aufzunehmen.

Movie In A Window (MIAW)

Die folgenden Lingo-Befehle, Funktionen, Ereignisshandler und Eigenschaften werden verwendet, um MIAWs in einem Director-Film zu öffnen, zu schließen und zu steuern:

```
window windowName
open window windowName
on openWindow
close window windowName
on closeWindow
drawRect of window windowName
fileName of window windowName
forget window windowName
modal of window windowName
moveToBack window windowName
moveToFront window windowName
rect of window windowName
title of window windowName
visible of window windowName
the windowList
```

Momentanes Shockwave-Verhalten: unsupported Lingo error bzw. von Lingo übersehen.

Custom Menus

Director-Filme in Shockwave können momentan keinen Vorteil aus eigenen Menüs ziehen, die durch Darsteller definiert werden. Die folgenden Lingo-Parameter werden benutzt, um eigene Menüs zu kreieren und zu modifizieren.

```
menuinstallMenu whichMember
name of menu whichMenu
name of menuItem whichItem of menu whichMenu
Script of menuItem whichItem of menu whichMenu
checkMark of menuItem whichItem of menu whichMenu
number of menuItems of menu whichMenu
number of menus the enabled of menuItem whichItem of menu whichMenu
```

Momentanes Shockwave-Verhalten: unsupported Lingo error bzw. von Lingo übersehen.

11 CD-ROM

 Lesen ist das eine, Umsetzen ist das andere. Wenn Sie die besprochenen Beispiele und Übungen näher unter die Lupe nehmen möchten, finden Sie auf der begleitenden CD-ROM alles, was Sie hierfür benötigen. Da es sich um „Arbeitsdateien" handelt, haben wir kein Interface für die Disc entwickelt.

Die Demos sind in PC- und Mac-Versionen abgelegt. Sämtliche Beispiele und Workshop-Übungen finden Sie jeweils in den Formaten „HTM", Shockwave (DCR bzw. SWF) und ggf. in der Ursprungsdatei (DIR bzw. FLA).

Manches Beispiel funktioniert nur in einer Serverumgebung, da sonst die relativen Pfadnamen und/oder einige Befehle zwischen der HTML-Seite, der aktuellen Shockwave-Datei, dem Browser und ggf. anderen Shockwave-Dateien nicht unterstützt werden. Wenn Sie über einen Mac mit OS 8.x verfügen, nutzen Sie die eingebaute Serverfähigkeit aus. Falls Sie einen PC benutzen, finden Sie eine Shareware-Serversoftware auf der Disc.

Um die Beispiele zu betrachten, benötigen Sie auf jeden Fall Shockwave-Plug-Ins für Director, Flash und FreeHand. Die Shockwave-Plug-Ins für Ihren Browser finden Sie auf der Webseite:

- http://www.macromedia.com/shockwave/download.

11.1
Demo-Programme

Mit der jeweiligen Setup.exe können Sie die Installation direkt vornehmen. Es handelt sich um Demo-Programme der Firma Macromedia bzw. FileMaker, Inc., die freundlicherweise sämtliche Demo-Software-Programme zur Verfügung gestellt haben. Die Produktnamen sind geschützt, und die Copyrights liegen bei der jeweiligen Firma.

Bitte lesen Sie die Lizenztexte und Readme-Dateien für nähere Informationen über den Gebrauch der Software-Dateien und die Installation.

Um die aktuelle Demo-Version von Flash zu erhalten, bitten wir Sie, das Programm von der Marcomedia-Website herunterzuladen (http://www.macromedia.com).

11.1.1
Demosoftware

Auf der Disc finden Sie:

- Authorware Working Model 4.0
- Director 6.0
- Extreme 3D
- Fontographer 4.1
- FreeHand 7.0
- XRes 3.0
- Homepage 3.0
- FileMaker Pro 4.0

11.1.2
Webserver für PC

- Fnord
  (Hier finden Sie als ZIP-Dateien alles, was Sie für die Installation und Bedienung des Servers benötigen. Der Fnord-Server ist leider nur für Windows 95 bzw. NT geeignet. Wir gehen davon aus, daß ein Mac-Benutzer über die Version 8.0 und somit über eine Server-Umgebung verfügt.)

11.2
Beispiele

- Andromed.htm (S. 47) (Beispiele von 1-Bitgrafiken)
- feldtxt.htm   (S. 40) (Lingo-gesteuertes Feldtext-Beispiel)

- findfont.dir   (S. 40)   (Überprüft, ob Standardfonts auf Ihrem Rechner installiert sind)

- jagd.dir   (S. 47)   (Prüft den Einfluß von Inking-Effekten auf die Ablaufgeschwindigkeit einer Animation)

- kacheln   (S. 48)   (Beispiel einer Kachelanimation)

- shapes.htm   (S. 50)   (Zeigt, wie Formen, Linien und Muster durch Lingo gesteuert werden können)

- skaltxt.htm   (S. 41)   (Bitmap-Grafik-Text durch Lingo gesteuert)

- vektortxt.htm   (S. 41)   (Vektorisierter Text in Flash)

11.3
Workshop für Director

(Über „Index.htm" können Sie sämtliche HTML-Beispiele in Ihrem Browser aufrufen. Alle Dateien finden Sie im Verzeichnis „Workshop".)

- logo.dir im Verzeichnis „Logo"   (S. 93)
- menu.htm im Verzeichnis „Menüleiste"   (S. 98)
- links.htm im Verzeichnis „links"   (S. 100)
- news.htm im Verzeichnis „Newsbrowser"   (S. 101) *
- param.dir im Verzeichnis „Parameter"   (S. 104) *
- tester.htm im Verzeichnis „Tester"   (S. 108) *
- navbar.htm im Verzeichnis „Steuerung"   (S. 99)
- extern.htm im Verzeichnis „External"   (S. 115) *
- intro.aif im Verzeichnis „SWA1"   (S. 117)
- SWA2.htm im Verzeichnis „SWA2"   (S. 119)
- SWA3.htm im Verzeichnis „SWA32"   (S. 120)
- database.htm im Verzeichnis „Database"   (S. 123) *

Bei den Dateien, die mit „*" gekennzeichnet sind, kann es bei der Betrachtung ohne Serverumgebung wegen der relativen Pfadnamen zu Störungen kommen.

11.4
Workshop für Flash

(Über „Index.htm" können Sie sämtliche HTML-Beispiele in Ihrem Browser aufrufen. Alle Dateien finden Sie im Verzeichnis „Flash" innerhalb des Ordners „Workshop" und die unbehandelten Filme im Ordner „Roh.Dat".)

<table>
<tr><td>■ FreeHand</td><td>(S. 83)</td></tr>
<tr><td>■ flash.htm</td><td>(S. 128)</td></tr>
<tr><td>■ fl_menu.fla</td><td>(S. 132)</td></tr>
<tr><td>■ film2.swf</td><td>(S. 139)</td></tr>
<tr><td>■ film3.swf</td><td>(S. 140)</td></tr>
<tr><td>■ film4.swf</td><td>(S. 140)</td></tr>
<tr><td>■ film5.swf</td><td>(S. 141)</td></tr>
<tr><td>■ page1.htm</td><td>(S. 138)</td></tr>
</table>

12 Index

A

Acrobat 17
Animation 19, 31
    Flash 20
    Server Push Animation 20
    VRML 21
Anker 113
Authorware 73
    Clips 73
    Runtime Version 74
    Segmentierung 75

B

Bedarfskatalog 147
Beispiel
    feldtxt.htm 40, 47
    findfont.dir 40
    jagd.dir 47
    skaltxt.htm 42
    vektortxt.htm 41
Bilder
    1-Bit 46
    Bitmap 18
    Bitstripping 46
    Bittiefe 28
    Transferrate 12
    Vektorgrafik 18

Bitstream-Abtast-Methode 161
Browser-Cache 29
browsersichere Palette 43

C

CBT 73
CGI 20
Checkliste
    Farbe 45
    FreeHand 78
    globale Ziele 147
    Internet-Kommunikation 16
    Streaming 55
    Webanimation 52
CLASSID 97
Class-Scripts 151
Clips 74
CODEBASE 97
Cross-Media 6

D

Datenbank 14, 73
Datenmenge 25, 53
Design 147
Didaktik 147, 148
Display 28
Dithering 45

DNS 62
Dreamweaver 159

E

Envoy 18
Ergonomie 148
Export-Xtra 149
    Audio 157
    Behaviors 158
    Debugging 157
    Fonts 157
    Java und Lingo Kompatibilität
        154
    linked Medien 156
    multiple Applets 156
    single line text 153
    Streaming 155

F

Farb-Gradienten 46
Farbpalette 43, 94
Farbzyklen 49
Festplatte-Cache 29
Flash
    Antialiasing 129
    Ausgabe-Parameter 134
    Embed-Tag 135
    Exactfit 142
    Exportieren als Shockwave
        134
    Menü
        Aktion 130
        Steuerung 132
    OBJECT-Tag 138
    Publizieren mit 142
    Shockwave testen 142
    Shockwave-Parameter 136
    Showall 141
    Tweening 129
    URL-Adresse 132
    Vektorgrafik 128
    Workshop 127
Flowchart 10
Fontmaps 33
Fontographer 40
Formanimation 50
FreeHand 76
    Afterburner 81
    Ausdruck 89

Bildscrollen 87
Bitmaps 83
EMBED 83
Fonts 87
Hyperlinks 86
Kompression 81
Restriktionen 88
Symbolleiste 84
URL-Editor 79
Zoomen 86
FutureSplash 60

G

Gestaltung 147
GIF 18
gPrefsettings 164
Grafikkarte 30

H

HREF 113
HTML 12
    EMBED 95
    OBJECT 97
HTML-Code
    Flash 135
HTML-Debugger 159
HTML-Editor 13, 159
Hybrid 125
Hybridsystem 55

I

Inking 47
Internet Explorer 69
Internet-Auftritt 7
IP-Addresse 62

J

Java 66, 149
Java-Applets 149
JavaScript 65
    Archiv 151
    checkForPlug-In 108
    HideRoutine 109
    HTML-Filmsteuerung 112
    Shockwave oder Java 152
    Shockwave-Flash 68

Shockwave-Version 67
Smart-Shockwave 66
JPEG 18

K

Kacheln 47, 48
Know-how-Transfer 148
Kommunikationsstrategie 147,
  148
Kompetenz 148
Kompressionsverfahren 53

L

Lingo 31, 51
Lingo-Skript
  bitCheck 161
  Bitstreamberechnung 162
  buttonName 104
  checkSpeed 31
  colorcycle 50
  colorDepth 28
  externalEvent 115
  lineSize 52
  makePictureFromRichText 37
  setLineHeight 40
  shapeCast 51
  swURL 121

M

makePref 164
Marketing-Evolution 4
Megatrends 146
Memory-Cache 30
MIME-Dateityp 71
Modem 26
Multifunktions-Button 106
multilinguale Applikationen 33
Multimedia 17
Multimedia im Web 145

N

netLingo 168
  bitRate of member 187
  duration of member 185
  externalParamCount 180
  externalParamName 180
  externalParamValue 181
  getError 187
  getLatestNetID 173
  getNetText URL 172
  getPref 179
  goToNetMovie URL 169
  gotoNetPage URL 170
  netAbort 178
  netDone 173
  netError 175
  netLastModDate 176
  netMIME 176
  netTextResult 177
  pause 184
  percentPlayed of member 186
  percentStreamed of member
    186
  play 183
  preloadBuffer 183
  preloadNetThing 171
  preloadTime of member 183
  set the URL of member 182
  setPref prefName, prefValue
    178
  state of member 184
  stop 184
netLingo ausgeschlossen 194
netLingo eingeschränkt 188
  delay numberOfTicks 191
  movie 191
  openCastlib 189
  openXLib 189
  pause member 192
netLingo potentielles 198
Netscape Navigator 70
Netscape Palette 44
netTextResult 103
Networking 4
Netzkommunikation 5
Netzwerkoperationen 54

P

PDF 77
Pflichtenheft 147
Plug-In
  Shockwave 64
PNG 19
POI 55, 145
Point of Interest *Siehe* POI
Point of Purchase 146

Point of Reference 146
Point of Sales 146
Preference-Dateien 163
PrintOMatic 42
Propagation Delay 27
Provider 62
Prozessorgeschwindigkeit 31

R

readPref 164
redaktionelles Backbone 10
Referenzbild 12
Response-Management 10
Ressourcenbedarf 148

S

scaleable Movies 160
scaling 27
setPref 124, 163
Shockwave 24, 59
   Audio 60, 89, 117
   Authorware 73
   Beispiele 72
   Bühnengröße 29
   Director 91
   Downloading 64
   Einrichten 68
   externe Medien 122
   Flash 127
   Hilfsangebote 166
   HTML-Filmsteuerung 111
   Kompression in Director 92
   mit Lingo HTML-Funktionen
      aufrufen 114
   Parameter 107
   Plug-In 32, 165
   Sehenswerte Sites 165
   Systemvoraussetzungen 63
   Textausdruck 42
   Workshop-Folder Director 92
   Workshop-Folder Flash 127
Shockwave-Audio
   empfohlene
      Kompressionsraten 118
   interne Soundfiles 117
   Konversion WAV in SWA
      118
Shockzone 72
skalierbare Fonts 40

Smart-Shockwave 66
SQL 73
Streaming 54
SWA 89

T

Text
   Antialiasing 38
   ASCII 17
   Ausdruck aus Shockwave 42
   Bitmap-Grafik 37
   Editortext 38
   Feldtext 39
   Fontmap 34
   RTF- Text 38
   skalierbarer 40
   vektorisierter 41
Training 146
Transferrate 26, 163

Ü

Übertragungszeit 25
Unterhaltung 146
URL-Editor 79
User-Bandbreite 160
User-Umgebung 26, 28

V

Vektoranimation 13
Vektorgrafik 13, 18, 45, 76
Video 22
Vision 145

W

Webdesign 7
   Datenbank 14
   dynamische Seiten 14
   Fenstergröße 29
   Implementierung 14
   konzeptionelles Design 9
   Pflege 15
   Scrollfunktion 29
   strukturelles Design 10
   technische Architektur 12
   visuelles Design 11
Webserver 61

Websurfer 3
Workflow 10
Workshop
  database.dir 123
  EMBED 95
  Embed-Tag Flash 135
  extern.htm 115
  external-Parameter 104
  film_1.dcr 100
  fl_menu.fla 132
  Flash "film2.swf" 139
  Flash "film3.swf" 139
  Flash "film4.swf" 140
  Flash "film5.swf" 141
  Flash "page1.htm" 138
  flash.htm 127
  Flash-Infosystem 139
  HTML-Code "flash.htm" 135
  logo.dir 93
  logo2.dcr 114

Menüleiste 98
nav.dcr 115
navbar.htm 99
Newsbrowser 101
OBJECT 97
OBJECT-Tag Flash 138
Pfadnamen ohne Webserver
    99
player2.htm 121
SWA1 117
SWA2.htm 119
SWA3.htm 120
tester.htm 108

Z

Zielpublikum 147
Zweck 146

Springer und Umwelt

Als internationaler wissenschaftlicher Verlag sind wir uns unserer besonderen Verpflichtung der Umwelt gegenüber bewußt und beziehen umweltorientierte Grundsätze in Unternehmensentscheidungen mit ein. Von unseren Geschäftspartnern (Druckereien, Papierfabriken, Verpackungsherstellern usw.) verlangen wir, daß sie sowohl beim Herstellungsprozess selbst als auch beim Einsatz der zur Verwendung kommenden Materialien ökologische Gesichtspunkte berücksichtigen.
Das für dieses Buch verwendete Papier ist aus chlorfrei bzw. chlorarm hergestelltem Zellstoff gefertigt und im pH-Wert neutral.

Springer